U0581145

高等院校"十三五

物流学概论

主　编　徐　旭
副主编　张　炜

微信扫一扫

教师服务入口　　　学生服务入口

南京大学出版社

编委会名单
（排名按照拼音顺序）

蕾 茜	上海电力学院
蔡依平	上海电力学
富立友	上海电机学院
高志军	上海海事大学
何 婵	上海电机学院
姜超雁	上海海事大学
凌定成	上海海关学院
刘 伟	上海海事大学
马慧民	上海电机学院
马洪伟	上海电机学院
宋娟娟	上海工程技术大学
孙 浩	上海海关学院
孙丽江	上海电机学院
王生金	上海剑桥学院
徐 旭	上海电机学院
徐晓敏	上海电机学院
鲜于建川	上海电机学院
杨桂丽	浙江大学宁波理工学院
张广胜	嘉兴学院
朱培培	上海电机学院
张世翔	上海电力学院
张 炜	上海电机学院
朱卫平	上海工程技术大学

前　言

"物流学概论"作为物流管理相关专业的入门课和专业基础课,如何编写一本融知识性、趣味性为一体的教材,力求让初学者产生学习兴趣并引导他们去掌握现代物流的基本理论、基本方法和基本技能,是我们的基本出发点和最大愿望,同时也是一个难题。为实现这个愿望和破解这个难题,我们经过探索实践,编写了《物流学概论》这本教材。本书既可作为高等院校物流类专业本科生、中高级物流专业的培训教材,也可作为物流行业从业人员的阅读书籍。

本书的特色如下:

(1)结构清楚,突出重点。直接点明主题的各章、各节列示方式,明确各章、各节内容的核心,并在各章节中以学习目标和知识内容直接列出章节的学习重点。

(2)案例导入与分析。本书在每章、每节的开头,结合章节的主要学习内容,给出一个适当的案例并给出案例分析的基本思路和内容,以激发学生的学习兴趣,引导学生去阅读案例,思考问题,分析问题。

(3)内容新颖。本书吸引了当前现代物流研究的最新成果,在内容方面具有新颖性,在基本理论阐述上呈现出内容充实、信息充足、资料翔实、注重理论、强调应用等鲜明特点;在此基础上,本书还进一步阐述了现代物流发展的热点和趋势中,如绿色物流、低碳物流、物联网等。

(4)配合教学内容的案例思考与讨论。本书在每一章的最后,结合本章所阐述的内容,给出一个综合性案例,要求学生进行思考和讨论,以培养学生分析问题和解决问题的能力。

本书由上海电机学院徐旭副教授任主编。由徐旭拟订编写大纲,并负责最后总纂定稿。主要编写人有上海电机学院的杨俨斌、马洪伟、金凤花、朱培培、杨白玫、何婵、范思遐、鲜于建川等。

本书凝聚了教材编写团队的集体智慧。在此,对参与编写工作的成员的辛勤劳动和大力支持表示诚挚的感谢!为了尽量吸收现代物流理论和实践的最新研究成果,本书在编写过程中参阅了大量的国内外物流学教材及有关论著,其中主要的参考资料已在参考文献中列出,在此向所有有关参考文献(不仅限于列出部分)的作者表示诚挚的谢意!

尽管我们反复斟酌并进行仔细修改,但就如每本书都要说的:由于时间仓促和作者水平所限,不足之处在所难免。我们恳请使用本书的同仁和各位同学,将你们认为的本书不足之处、所发现的差错以及宝贵的意见和建议,发电子邮件至 xuxu007@sina.com,我们将不胜感谢。

编　者

2017 年 7 月

目 录

第1章 现代物流概述

学习目标

● 理解物流的概念
● 了解物流的分类
● 掌握现代物流的特点和作用
● 了解现代物流行业及发展现状
● 掌握物流系统的内涵、要素及功能

 案例导入

NIKE:物流缔造"运动商品王国"

NIKE 通过对物流系统的改造,创造了一个"运动商品王国"。

一、全球化的快速响应系统

NIKE 公司非常注重其物流系统的建设,跟踪国际先进物流技术的发展,及时对其系统进行升级。NIKE 的物流系统在 20 世纪 90 年代初期就已经非常先进,近年来更得到了长足的发展,可以说其物流系统是一个国际领先的、高效的货物配送系统。

NIKE 在全球布局物流配送网络。NIKE 在美国有三个配送中心,使得 NIKE 运动商品能够保证在用户发出订单后 48 小时内发出货物。

NIKE 的商标标志成了世界上最著名的标志之一。为适应市场环境,NIKE 对孟菲斯配送中心做了重大调整,并制定了一套新的营销策略。"我们抛弃了 1980 年的仓库储存技术,启用了最新的现代周转技术,"NIKE 孟菲斯作业主管说,"这包括仓库管理系统(WMS)的升级和一套新的物料传送处理设备。我们需要增加吞吐能力和库存控制能力。同时,还要尽力从自动化中获取效益而不会产生废弃物。"

NIKE 在欧洲也加强了物流系统建设。NIKE 与 Deloitte 公司共同制订了欧洲配送中心建造、设计和实施的运营计划。其配送中心有着一流的物流设施、物流软件及先进的数据通信系统,从而能将其产品迅速地运往欧洲各地。

另外,NIKE 决定巩固在日本的配送基础,以此来支持国内的市场。由于日本的地价高,他们计划建造高密度的配送中心,这样更适合采取先进的配送中心控制系统——ASRS。同时也巩固了韩国的配送中心,以支持其在韩国国内的市场营销活动。

二、使用电子商务物流方案

在 2000 年年初，NIKE 开始在其电子商务网站 www.nike.com 上进行直接到消费者的产品销售服务，并且扩展了提供产品详细信息和店铺位置的网络功能。为支持此项新业务，UPS 环球物流实现了 NIKE 从虚拟世界到消费者家中的快速服务。

三、部分物流业务外包

NIKE 的部分物流业务外包，其中的一个物流合作伙伴是 MENLO 公司。该公司是美国一家从事全方位合同物流服务的大型公司，其业务范围包括货物运输、仓储、分拨及综合物流的策划与管理。

NIKE 在日本的合作伙伴岩井，是一个综合性的贸易公司，全球 500 强之一，公司每年的贸易额高达 715 亿美元。它主要负责日本地区 NIKE 商品的生产、销售和物流业务。

无论从工作效率还是服务水平上说，NIKE 物流系统都是非常先进高效的。其战略出发点就是"一个消费区域由一个大型配送中心来服务，尽量取得规模化效益"。NIKE 还非常注重物流技术的进步，以此作为降低成本和提高工作效率的最基本的手段。

分析： 国外一些先进的企业物流系统大多是基于其良好的社会物流环境，才得到了很好的应用和发展。而我国由于社会物流环境尚不健全，在一定程度上制约了企业物流的发展。即使是 NIKE 这样的跨国公司到了中国，由于社会物流环境的束缚，也只能采取适应中国物流现状的对策。应当说，中国加快现代物流发展，势在必行。

 **相关知识**

随着电子商务和信息技术的发展，现代物流业已成为我国国民经济发展的重要产业，成为国家和地区新的经济增长点、企业的核心竞争力。

1.1 物流概述

案例 1－1

1.1.1 物流概念的提出

物流概念的提出晚于物流活动的开展。在人类历史的早期，并没有提出物流的概念，人类只从事物流中的一些具体活动。在长期的物流活动中，人们产生了物流的观念，最后将观念进行系统的抽象和总结，最后提出物流的概念。

运输是人类最早的物流活动之一。人类有记载的交通运输历史已经有 6 000 年左右。英国自然史科学家梅森在《自然科学史》中指出"在公元前 4 000 年时，底格里斯河和幼发拉底河流域的苏美尔人……制造了用动物拖动的轮车，建造船舶……"关于中国文明，他认为"在公元前 1500 年左右，商代曾在黄河边的安阳建都……以马匹驾驶车辆"等等。

金字塔的建造体现了古埃及人朦胧的物流思想。在公元前 27 世纪，古代埃及人完全用人工将 230 万块平均每块重 2.5 吨的大石块从远处的高山上采掘下来，搬运到工地，最后将它们提升 100 多米高并按照设计要求将巨石垒起来,如果没有系统的组织和管理,没有科学合理的物流作业方法,即使是用的人再多、花的时间再长,也是难以想象的。

第二次世界大战中,围绕着战争供应,美国军队建立了"后勤"(Logistics)理论,并将其用于战争活动中。这里的"后勤"是指战时物资生产、采购、运输、配送等活动作为一个整体进行的统一布置,以求战略物资补给的费用更低、速度更快、服务更好。后来"后勤"一词在企业的经营活动中得到了广泛的应用,随之又有了"商业后勤"、"流通后勤"的提法。

物流这一概念最早是美国的 Arch Shaw 在 20 世纪初提出的,他在《市场流通中的若干问题》一书中提出"物流是与创造需要不同的一个问题",并提到"物资经过时间或空间的转移,会产生附加价值"。这里时间和空间的转移指的是销售过程的物流。

1.1.2　物流的定义

1986 年,美国国家物流管理协会(National Council of Physical Distribution Management,NCPDM)更名为美国物流管理协会(The Council of Logistics Management,CLM),并对物流(Logistics)有了明确的定义:物流是对原料、在制品、制成品及相关信息从供应地到消费地的有效率、有效益的流动和储存进行计划、执行和控制,以满足顾客要求的过程。该过程包括进向、去向、内部和外部的移动以及环境保护为目的的物料回收。1998 年,CLM 将物流的定义修改为:物流是供应链的一部分,是对货物、服务及相关信息从起源地到消费地的有效率、有效益的流动和储存进行计划、执行和控制,以满足顾客要求。2002 年,CLM 进一步修订了物流的定义,修订后的定义为:物流是供应链过程的一部分,是对货物、服务及相关信息从起源地到消费地的有效率、有效益的正向和反向流动和储存进行计划、执行和控制,以满足顾客要求。

1994 年欧洲物流协会(European Logistics Association,ELA)发表了《物流术语》,将物流定义为:物流是在一个系统内对人员及(或)商品的运输、安排及与此相关的支持活动的计划、执行与控制,以达到特定的目的。

日本流通综合研究所将物流定义为:物流是物资从供应地向需求者的物理性移动,是创造时间性、场所性价值的经济活动。

我国的《物流术语国家标准》将物流定义为:物流是物品从供应地向接收地的实体流动过程。根据实际需要,对运输、储存、装卸、搬运、包装、流通加工、配送、信息处理等基本功能实施有机结合。

综上所述,物流的确切定义目前各国各不尽相同,但都有一些共同的理解,具体包括:

(1) 通常认为,物流概念中的"物",广义地讲是指一切有经济意义的物质实体,即指商品生产、流通、消费的物质对象,包括生产过程中的物资,如原材料、零部件、半成品及成品,又包括流通过程中的商品,还包括消费过程中的废弃物品。但在实际工作中,总是根据具体的物流范围来确定和理解物的含义,这是狭义的"物"的概念。

(2) 物流概念中的"流",指的是物质实体的定向移动,既包含其空间位移,又包括其时间延续。这里指的"流"是一种经济活动。

(3) 流通加工从其活动性质来说,应属于生产活动(产生物品的形质变化),但其目的是为了提高物流系统的效率,解决功能隔离问题,所以把它看作是物流功能的扩大而归入物流活动。

1.1.3 传统物流与现代物流

从物流的定义可以看出,物流活动是自古就有的,只不过随着管理技术和方法的进步,现代物流在目标、方法和手段等方面出现了一些新的特点,物流才逐渐成为人们研究和讨论的热点。虽然我国颁布的《物流术语标准》对物流的概念有严格的定义,但国内的理论和实务界对物流内涵与外延的认识还存在诸多分歧。一方面"现代物流"的称谓为人们所熟知;另一方面,很多人却不承认传统的运输、仓储等活动为物流活动,给它们冠以"准物流"或"类物流"的称谓。

如果提出这样的问题:与"现代物流"所对应的"传统物流"是什么?超出"类物流"之上的"物流"与"现代物流"又有什么区别?显然,根据以上理解是难以回答这些问题的。因此,本书遵从"国标"的定义,从广义上理解物流,认为"现代物流"代表了 Logistics 的含义;与"现代物流"所对应的"传统物流"就是对传统运输、仓储等所谓"类物流"活动的一种统一认识,相当于传统物流,"传统物流"与"类物流"之间并无本质区别,而"物流"则是对所有这些概念的总称。

当然,由于我国的"物流"称谓最早来源于 Physical Distribution(传统物流),之后又将其等同于 Logistics(现代物流)。所以,在当前的现实中,人们通常所说的"物流"含义应该更接近于这里所说的"现代物流"。传统物流与现代物流之间的区别,如表 1-1 所示。

表 1-1 传统物流与现代物流的比较

内　容	传统物流	现代物流
物流服务特点	各种物流功能相对独立 无物流中心 不能控制整个物流链 限于地区物流服务 短期合约	广泛的物流服务项目 第三方物流被广泛采用 采用物流中心 供应链的全面管理 提供国际物流服务 与全球性客户的长期合作
物流服务管理	价格竞争 提供标准服务	以降低总物流成本为目标 增值物流服务 为顾客提供"量身定做"的特殊服务
物流信息技术	无外部整合系统 有限或无 EDI 联系 无卫星定位系统	实时信息系统 与顾客、海关等的 EDI 联系 卫星跟踪系统 存货管理系统
物流管理	有限或无现代管理	全球质量管理 时间基础管理 业务过程管理

 **思考与讨论**

1. 简述对物流概念的理解。
2. 简述对几种物流学说的理解。
3. 简述传统物流与现代物流的区别。

案例分析

1.2 物流分类

案例 1-2

　　物流概念虽然产生于 20 世纪初,至今也不过百年的历史,但是作为企业与国民经济重要组成部分的物流活动却是源远流长、与人类共生的。而且,以"物的流动"为本质特征的物流活动存在于各个领域,具有不同的表现形式,也有不同的种类与层次。因此,为了全面认识物流,有必要对存在于各个领域的不同层次、不同表现形式的物流进行分类,这也是进行物流研究的基本前提。通常,物流可以按以下几种分类方法进行分类。

1.2.1 按物流研究范围的大小分类

按物流研究范围的大小不同,物流可分为宏观物流和微观物流。

1. 宏观物流

　　宏观物流(Macroscopical Logistics)是指社会再生产总体的物流活动,是从社会再生产总体角度认识和研究的物流活动。这种物流活动的参与者是构成社会总体的大产业、大利益集团。因此,宏观物流既是研究社会再生产的总体物流,也是研究产业或集团的物流活动和物流行为。宏观物流还可从空间范畴来理解,在很大空间范畴的物流活动往往带有宏观性,在很小空间范畴的物流活动则往往带有微观性。宏观物流也指物流全体,从总体看物流而不是从物流的某一个环节来看物流。

　　因此,物流活动中,社会物流、国民经济物流、国际物流等应属于宏观物流。宏观物流研究的主要特点是综合性和全局性。宏观物流主要研究内容是物流总体构成、物流与社会的关系、物流在社会中的地位、物流与经济发展的关系、社会物流系统和国际物流系统的建立和运作等。

2. 微观物流

　　消费者、生产企业所从事的实际的、具体的物流活动属于微观物流(Microcosmic Logistics)。在整个物流活动之中的一个局部、一个环节的具体物流活动也属微观物流,在一个小地域空间发生的具体的物流活动也属于微观物流,针对某一种具体产品所进行的物流活动也是微观物流。企业物流、生产物流、供应物流、销售物流、回收物流、废弃物物流、生活物流等均属微观物流。微观物流研究的特点是具体性和局部性。由此可见,微观物流是更贴近具体企业的物流,其研究领域十分广阔。

1.2.2 按物流活动的地域范围分类

按物流活动的地域范围的不同,物流可分为国际物流、国内物流(或国民经济物流)、区域物流、城市物流、企业物流等。

1. 国际物流

国际物流是指不同国家之间的物流。这种物流是国际贸易的一个必然组成部分,世界发展主流是国家与国家之间的经济交流越来越频繁,国际、洲际的原材料和商品相互流通,各国之间的相互贸易最终通过国际物流来实现。国际物流已成为物流研究的一个重要分支。

2. 国内物流(或国民经济物流)

国内物流(或国民经济物流)是指发生在一国之内的物流,是存在于一国国民经济各个领域的物流。

3. 区域物流

区域物流较国际物流的范围小,即在某一地区内所进行的物流活动。区域可以有不同的划分标准:可以按行政区域划分,也可以按地理区域位置划分。一些区域性组织内部的物流,如欧盟的内部物流、北美自由贸易区的物流活动等,都是典型的区域物流形式。另外,还可以把区域限定在一个国家的范围内,或者国家的局部区域等,如东北区域物流、长江三角洲区域物流、珠江三角洲区域物流、沿海区域物流、内陆区域物流、东部或西部物流等。

4. 城市物流

城市物流是指发生在一个城市之内的物流,如上海市物流、北京市物流、大连市物流等。

5. 企业物流

企业物流是指发生在一个企业内部或者由企业组织的物流,主要指企业在生产运作过程中,物品从供应、生产、销售以及废弃物的回收及再利用所发生的运输、储存、装卸、搬运、包装、流通加工、配送、信息处理等活动。

1.2.3 按物流系统的性质分类

按物流系统性质的不同,物流可分为社会物流、行业物流、企业物流等。

1. 社会物流

社会物流是指在流通领域所发生的物流,是全社会物流的整体,也有人称之为大物流或宏观物流。社会物流是伴随商业贸易活动发生的,物流过程和所有权的更迭是相关的。物流科学主要的研究对象是社会物流,社会物资流通网络是国民经济的命脉,流通网络分布的合理性、渠道是否畅通至关重要。必须进行科学管理和有效控制,采用先进的技术手段,以保证高效率、低成本运行,这样可以带来巨大的经济效益和社会效益。物流科学对宏观国民经济计划的重大影响是物流科学受到高度重视的主要原因。

2. 行业物流

同一行业中所有企业的物流总称为行业物流。同一行业中的企业是市场上的竞争对手，但在物流领域中常相互协作、共同促进行业物流系统的合理化。行业物流系统化的结果将使参与的各个企业都得到相应的利益。

3. 企业物流

企业物流是指在企业范围内进行的相关物流活动的总称。企业是为社会提供产品或某些服务的一个经济实体。按照企业性质可以把企业物流分为如图 1-1 所示的几种类型。

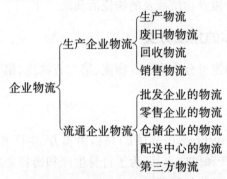

图 1-1　企业物流分类图

1.2.4 按物流业务活动的性质分类

按物流业务活动性质的不同，物流可分为采购物流、供应物流、生产物流、销售物流、逆向物流（或反向物流）、废弃物物流等。

1. 采购物流

采购物流是指原材料、零部件从供货方送达作为购入方的制造业企业所发生的物流活动。

2. 供应物流

供应物流是指提供原材料、零部件或其他物料时所发生的物流活动，即生产企业、流通企业，或消费者购入原材料、零部件或配套件的物流过程。对生产企业而言，供应物流指的是对生产活动所需要的原材料、零部件在采购供应过程中发生的物流活动；对流通企业而言，供应物流指的是交易活动中从买方自身角度出发的交易行为中所发生的物流活动。

3. 生产物流

生产物流是指企业在生产产品的过程中发生的涉及原材料、在制品、半成品、产成品等物流活动，即生产企业通过供应物流将生产所需要的材料送达生产现场后，在整个生产过程中所有物流活动的总称。生产物流的科学合理与否对企业的生产秩序、生产成本有较大影响。生产物流的平稳可以保证生产顺畅流转，减少库存，缩短生产周期。

4. 销售物流

销售物流是指企业在出售商品过程中发生的物流活动，即产成品确定销售给某客户后，从生产企业成品仓库到送达客户手中整个过程中所涉及的物流活动。

5. 逆向物流(或反向物流)

逆向物流(或反向物流)是指物品从供应链下游向上游的运动过程所引发的物流活动,即伴随产成品销售发生的返品回收所涉及的物流活动。

6. 废弃物物流

废弃物物流是指将经济活动或人民生活中失去原有使用价值的物品,根据实际需要进行收集、分类、加工、包装、搬运、储存等,并分送到专门处理场所的物流活动,包括生产、流通、消费过程中产生的各种废弃物所涉及的物流活动。

1.2.5 按物流主体的角度分类

按物流的主体不同,物流可分为第一方物流、第二方物流、第三方物流、第四方物流、第五方物流等。

1. 第一方物流

第一方物流(First Party Logistics,1PL)是指由卖方、生产者或者供应方组织的物流,这些组织的核心业务是生产和供应商品,为了自身生产和销售业务需要而进行物流自身网络及设计设施设备的投资、经营与管理。

2. 第二方物流

第二方物流(Second Party Logistics,2PL)是指由卖方、需求者和消费者组织的物流,这些组织的核心业务是物资采购,为了采购业务需要投资建设物流网络、物流设施和设备,并进行具体的物流业务运作组织和管理。

3. 第三方物流

第三方物流(Third Party Logistics,3PL)是指物流活动由供方和需方之外的第三方去完成,是指专业物流企业在整合了各种资源后,为客户提供包括设计规划、解决方案以及具体物流业务运作等全部物流服务的物流活动,它是企业物流业务外包的产物。第三方物流也叫契约物流或合同物流(Contract Logistics)。

4. 第四方物流

第四方物流(Fourth Party Logistics,4PL)是在第三方物流基础上发展起来的供应链整合,是供应链的集成者,它与职能互补的服务提供商一起组合和管理组织内的资源、能力和技术,提出整体的供应链解决方案。

5. 第五方物流

第五方物流(Fifth Party Logistics,5PL)是指专门从事物流业务培训的一方。人们对物流的认识有一个过程,因此专门提供现代综合物流的新理念以及实际运作方式等有关物流人才的培养便成为物流行业中一项重要的工作。

1.2.6 按物流的特殊性分类

按照物流活动所使用的技术方法的特殊性不同,物流可划分为一般物流和特殊物流。

1. 一般物流

一般物流是指具有共性和一般性的物流活动,这种物流活动的一个重要特点是具有普遍适用性,进行这样的物流活动所使用的技术和装备也基本上具有大众性和普遍性。一般物流的研究着眼于探讨物流的一般规律,建立普遍适用的物流系统,以及研究物流的共同功能要素等诸多内容。

2. 特殊物流

特殊物流是指专门范围、专门领域、特殊行业,在遵循一般物流规律的基础上,带有特殊制约因素、特殊应用领域、特殊管理方法、特殊劳动对象以及特殊技术装备的物流活动。特殊物流活动的产生是社会分工深化、物流活动合理化和精细化的产物,对推动现代物流的发展起促进作用。特殊物流还可以进一步细化,如根据劳动对象的特殊性对特殊物流进一步细化,可以分为水泥物流、石油及油品物流、煤炭物流、危险品物流等。

1.2.7 按物流所涉及的领域分类

从物流活动发生主体的角度分,物流可以分为工业企业物流、商业企业物流(包括批发企业物流、零售企业物流等)、非营利组织物流(包括医院、社会团体、学校、军队等单位物流)及废品回收企业物流等。

 思考与讨论

1. 按照不同的标准,物流的分类有哪些?
2. 请以一个企业为例,指出它的物流活动有哪些,并分析这些物流活动分别属于哪一类。
3. 试简述物流、社会物流与企业物流的区别和联系。

案例分析

1.3 物流的特点与作用

案例 1 – 3

1.3.1 物流的特点

物流是物品从供应地向接收地的实体流动过程。根据实际需要,对运输、储存、装卸、搬运、包装、流通加工、配送、信息处理等基本功能实施有机结合。其主要具有系统性、广泛性和效用性等特点。

1. 系统性

(1) 物流活动是一个复杂的系统,它涉及物流的组织主体、物流客体、物流手段、物流技术、物流信息、物流空间区域以及物流过程的要素和环节等诸多因素。

(2) 物流活动是一个动态的系统,其目的是为了实现产品价值和使用价值,完成国民经济发展的需要,因而,必须不断地运动。在纵向上,物流活动表现为商品实体从产地向中转地、集散地、消费地运行;在横向上,物流活动表现为商品实体在不同地区之间交流。

(3)物流活动是一个多环节、多层次的系统,物流过程是由商品包装、装卸、运输、储存、编配、整理、发运等多个环节构成的商品实体流,商品实体从产地经过中转地流向消费地的过程中又明显地表现出物流活动的层次性。

(4)物流活动是一个连续性的系统,是一个连续性的作业过程,包装、装卸、运输、储存、编配、整理、发运等作业环节存在着先后的继起性,在时间上不能中断,否则会影响整个社会的生产经营活动。

2. 广泛性

物流活动贯穿于整个社会生产和生活的领域,所有涉及生产和生活的物质实体的流动,都属于物流的范畴。物流活动没有区域的界限,物流可以在小范围内进行,也可以跨越地区,甚至跨越国界进行。物流载体涉及两大方面,即基础设施和运输设备,这两方面又包含许多方面内容。基础设施方面有运输网站,如铁路网、公路网、水运网、航空网、管道网、港口、车站、机场等;运输设备方面有各种运输工具,如车辆、船舶、飞机、装卸搬运设备等。物流活动的外部环境相当复杂,影响物流活动的外部环境因素包括不同地区的社会经济状况、交通设施条件、资源分布、生产布局、科学技术水平以及经营管理状况等。由此可见,物流活动有着明显的广泛性特点。

3. 效用性

物流的效用性表现为具有形态效用(Form Utility)、占有效用(Possession Utility)、时间效用(Time Utility)和空间效用(Place Utility)。

(1)形态效用是在生产过程中,通过对低价值的原材料、零部件、半成品进行生产、加工,创造出具有新形态的高价值产成品来实现的,而其中为完成生产任务而进行的原材料采购,原材料、半成品的运输、储存、调拨等都是物流活动的重要内容。此外,在配送中心进行的改包装、流通加工等增值服务业也构成物流活动的一部分。可见,物流可以创造形态效用。

(2)占用效用是由企业多个职能部门共同完成的。营销部门的促销活动使消费者了解产品,并对产品产生购买的欲望;销售部门与用户达成销售协议;财务部门配合销售部门的销售活动,收回货款;配送部门负责集货、配货,并将货物交付到消费者手中,协助完成商品所有权的让渡,使消费者占有产品而实现占有效用。

(3)时间效用是通过储存来克服生产与消费在时间上的距离,并在特定时间服务于消费者,给消费者带来效用。

(4)空间效用是通过运输将物质实体在空间上进行位移,缩短生产与消费在空间上的距离,使生产与消费在空间上得以统一,并通过在特定地点服务于消费者,给消费者带来效用。

1.3.2 物流的作用

随着科学技术的进步,现代化生产规模的不断扩大,人民生活水平的日益提高,国际贸易的空前发展,连接国民经济各部门、各行业、各环节的物流业的地位和作用日显重要。在社会分工日益细化的情况下,社会再生产的顺利进行,要求从生产到消费之间实现最合理、最紧密、最及时的联系与协作,才能适应市场经济发展的要求,国民经济才能正常运转,而能够实现这样联系并有效进行协作的只有物流业,物流业已经越来越广泛地渗透到各个经济活动中。

1. 物流在宏观层面上的作用

从宏观上讲,物流就是从社会再生产总体角度,综合、科学地组织生产、流通、消费的全过程,是创造时间价值和空间价值的经济活动。在社会再生产中,物流连接生产与消费;在产业结构中,物流连接第一、第二、第三产业;在地区经济发展中,物流连接城市与农村;在产业的采购、生产、销售三个阶段中,物流连接采购、生产与销售,通过物流系统将为数众多、星罗棋布的企业连成一个有机整体。

物流合理发展有利于加速国民经济的发展,推动生产企业的发展;有利于做好生产和生活资料的供应,满足城乡居民生活的需要;有利于提高经济效益,挖掘第三方利润源泉;有利于连接市场与生产,引导各行业生产。它的合理发展使其在经济发展中具备主动性、能动性和先导性的调节作用,促进国民经济各行业的持续、快速发展。

(1) 对国民经济的持续、稳定、健康发展的保障作用。

一个国家的经济通常是由众多的产业、部门和企业组成的,这些产业又都分布在不同的城市和地区,属于不同的所有者。它们相互提供产品用于对方的生产性消费和生活性消费,它们之间相互依赖又互相竞争,形成错综复杂的关系。物流活动连接社会生产各个部门使之成为一个有机整体,从而成为维系这些关系的纽带。特别是现代科学技术的发展和新技术革命的兴起,正在导致经济结构、产业结构、消费结构的一系列变化。这样众多的企业和复杂多变的产业结构,以及成千上万种产品,也必须靠物流把它们连接起来。

物流是保障各行业、各部门、各企业生产顺利进行的前提。社会再生产的重要特点就是它的连续性,这是人类社会得以永续发展的重要保证。社会不能停止发展,就不能停止消费,而连续不断的再生产过程,是以物流系统的畅通来保障的。国民经济各行业、各部门生产的产品如果不能顺利通过流通过程进入市场,就不能实现其使用价值,就要陷入逆境,社会再生产就会中断,市场就会混乱,人民生活就不能得到保障,社会的安定团结、经济的持续增长就会受到影响。因此,物流的发展,在宏观上维护了国民经济的稳定和发展。

(2) 对国民经济各行业资源配置的促进作用。

资源配置是指资源在各部门、各行业、各企业之间的配置,它的合理配置对节约国家资源、优化产业结构、提高经济效益有巨大影响。在我国计划经济体制时期,各行业、各部门各自为政,忽视市场需求,以行政手段推行产、供、销一体化和仓储、运输一条龙服务,物流设施属于部门,地区之间或在部门内部不能相互调剂使用,重复建设严重,造成极大的浪费。

物流是面向所有的生产领域和流通领域,面向全社会开办的集保管、包装、加工配送、代购代销、信息等多功能为一体的最佳服务系统;通过对社会提供服务,使社会资源得到合理利用和优化组合,减少重复建设。同时利用已有资源,从系统观点出发来优化各种物资的产、供、运、销的组织工作,既可降低社会的总储备水平,又能加速物资周转及物资在各部门之间的调剂,提高经济效益,以市场控制生产,使各行业、各部门积极参与到市场竞争中去,优胜劣汰,协调发展。

（3）对推动经济增长方式转变的作用。

当今经济增长主要依靠提高科技进步在经济增长中的含量,促进整个经济由粗放型向集约型转变,由追求数量、速度、产值为目的转移到重视经济发展的质量、效益、效率上来。这与物流通过合理利用资源,减少投入,依靠先进的管理手段来提高社会经济效益的观点如出一辙。

物流作为市场经济的产物,被喻为"第三个利润源泉",其起源就是在通过简单降低人力、物力投入取得利润的传统经济发展模式受阻的情况下提出的。它的内涵就是在劳动力、资金等不增加甚至减少的情况下,通过运作环节的改善和简化,合理组织运输,减少装卸次数,提高装卸效率,改进包装水平和装卸工具来增加企业利润,增加社会效益。同时,由于物流对于生产与市场的双重趋进,成为连接生产与市场的纽带,企业依照市场需求,通过竞争提高产品质量,使通过市场来调节生产规模成为现实。

（4）对区域经济发展的促进作用。

在社会主义市场经济体制下,物流可以保证资源在空间上的自由流动,促进资源合理布局,促进区域经济的发展。由于自然条件、环境和经济发展的不平衡,导致区域经济发展的差异。物流以系统的观点,综合考虑从产品的原材料采购、存储、运输等过程,实现商品降低成本及较好服务效果并举的位移结果。因此,它可以把市场延伸到地球的任何角落,把经济发达地区和欠发达地区直接联系起来,可以把货源从丰富地区带到贫乏地区,从而带来人员、信息、科技的交流,促进不同资源的相对集中配置,有利于形成产业的集聚效益和规模放益,促进区域经济发展。

（5）对物流业相关产业快速发展的推动作用。

物流是一个系统化和科学化的业务领域,所涉及的领域是空前的。它具有很高的产业关联度,涉及运输、包装、仓储、邮电通信、信息等许多与流通相关的行业,其发展可以带动以上各行业甚至广告业、房地产业、金融业等的发展,为社会提供大量的就业机会。同时与流通有关的各部门的技术进步、科技发展,也促进了物流的合理化,它们互相促进,共同带动社会经济的发展。

2. 物流在微观层面上的作用

（1）降低企业物流成本。

企业重视物流管理的一个重要原因是在保证一定的服务水平下,尽可能降低物流成本,从而形成企业第三利润源泉。随着企业通过提高物流服务水平来提高市场竞争力的不断追求,必然会对物流系统注入更大的投资,从而提高了物流成本。高的物流成本是高水平的物流服务的保证,这是物流系统效益背反性的体现,企业很难既提高了物流服务水平,同时又降低了物流成本,除非有根本性的技术进步。因此我们需要研发高新技术来降低运输、保管、装卸、包装等各环节的物流费,所节省的费用就是利润。如果仅依靠增加销售额来获得等额的利润,那难度会相当大。

其次,现代物流使货物从起始地到目的地之间进行正确速度的流动能够大大节约企业的时间成本。时间的节约就是成本的节约，主要体现在两个方面：一是生产过程中劳动时间的节约，这主要是提高劳动生产率，减少单位产品生产的劳动时间；二是减少非劳动时间的生产时间，如原材料的储备时间等。

（2）实现企业竞争战略。

从市场需求变化趋势看，市场范围在空间上不断延伸，原来分割的国家或区域市场正逐渐演变成一个统一的全球市场。同时，产品生命周期越来越短，为了实现争夺市场和降低成本的双重目标，跨国公司一方面在全球范围内进行生产和营销体系布局，另一方面通过提高准时供应减少库存以降低成本，物流管理成为企业管理的关键环节。

目前，制造企业的竞争环境正发生着剧烈的变化，其中最显著的变化是全球竞争加剧，精益生产、及时生产等新制造理念的出现，对信息技术的更加重视，贯穿于供应链增值活动的一体化。这些变化的一个结果是产品生命周期被大大压缩。在过去的 20 年，制造商面对着连续开发新产品和有效进入市场的巨大压力，在这种竞争环境下，新产品在市场中获利的期限大大减少，而产品的开发和引入市场成本却是实质性的。为了弥补产品开发和引入市场的巨大的投资要求，企业必须把目光投向更广阔的国际市场，进入全球市场的能力已成为竞争成功的基础，获得全球市场份额已成为企业长期生存的关键因素。因此，制造企业必须开发在过去曾经被忽略的新领域，物流就是它们追求的一个领域。

（3）满足消费者多样化需求和增加消费者剩余。

物流的顾客经济价值一方面体现为顾客在其所希望的时间和地点拥有所希望的产品和服务，另一方面体现为顾客所支付的价格低于其所期望的价格，即顾客获得了消费者剩余。简言之，创造顾客价值和满意是物流顾客经济价值的核心所在。如果产品或服务不能在顾客所希望消费的时间、地点供给顾客，它就不存在价值。当企业花费一定的费用将产品运到顾客处，或者保持一定时期的库存时，对顾客而言，就产生了以前不存在的价值。这一过程与提高产品质量或者降低产品价格一样创造价值。例如，联邦快递公司的顾客所获得的众多利益中，最显著的一个就是快速和可靠的包裹递送。但是，在采用联邦快递时，顾客可能还会取得一些地位和形象价值。因为采用联邦快递通常会使包裹发送人和收件人均感到更加重要。顾客在决定是否采用联邦快速寄送包裹时，会将这些及其他一些价值与使用这些服务所付出的金钱、精力和精神成本之间进行权衡和比较。而且，他们还会对使用联邦快递公司与使用联合邮政系统、空运公司等其他承运公司的价值进行比较，从而选择能给他们最大价值的那家公司。

 **思考与讨论**

1. 物流活动具有哪些特点？它们是如何体现的？
2. 物流在国民经济中起到了什么样的作用？
3. 物流能够创造什么价值？这些价值实现的途径有哪些？

案例分析

1.4 现代物流的行业组成

案例 1-4

1.4.1 交通运输业

马克思在观察、研究劳动生产、劳动分工时第一次阐明了运输业的性质和特征。从区别生产劳动和非生产劳动,创造价值的劳动和不创造价值的劳动的根本立场出发,提出了"除采掘业、农业和加工工业以外,还存在着第四物质生产领域,……在这里,劳动对象发生某种物质变化——空间的、位置的变化。至于客运,这种位置变化只不过是企业主向乘客提供的服务……"同时也明确指出了运输业不同于其他物质生产部门的特征:"运输业一方面形成一个独立的生产部门,从而形成生产资本的一个特殊的投资领域。另一方面,它又有如下的特征:它表现为生产过程在流通领域的继续,并且为了流通过程而继续。""这种产业的真正产品,是被运输的商品(或者也包括人)的位置变换,即变动场所。"这些论述对于运输业的性质和特征做了基本的阐明。

交通运输业是现代物流业的主体行业。运输在整个物流过程中具有举足轻重的地位,在实现实物从生产地到消费地的转移中起着决定性的作用。任何有形产品的生产与消费都存在着空间位置的差异,为完成生产的目的,满足消费者的需要,就要借助运输工具和运输手段来实现。改革开放三十多年来,我国交通运输业得到了迅速发展,到目前为止,铁路运输紧张状况有所缓解,公路交通明显改善,民航运输基本适应需求,为我国国民经济和社会发展提供了重要保障。

1. 铁路运输业

铁路运输业主要是指货运部分,承担的业务有整车运输业务、集装箱运输业务、混载运输业务和行李托运业务。铁路运输的优势在于能承担低价值物品的中长远距离大宗货运。

铁路运输业是运输产业的一个重要行业。它是近代产业革命的成果,是适应资本主义工业化的需要而迅速发展起来的。1825 年英国在斯托克顿和达灵顿之间修建了一条铁路,用蒸汽机牵引列车,运输煤炭和旅客,这就是世界铁路运输业的起始。190 多年来,这一行业随着社会经济的发展,科学技术的进步和经营管理的完善而不断得到发展和壮大。

世界铁路运输行业开创和发展初期,正处于自由资本主义时代,铁路运输企业都由民间筹资兴建,私营公司运营。由于修建铁路,特别是里程较长的线路,需要大量资本投入,仅靠个人或少数人的财力难以达到,于是股份制公司这种新型企业制度便在铁路运输业出现并迅速得到发展。19 世纪下半叶持续半个多世纪的世界性修路热潮,主要就是靠股份制筹集大量资金才得以实现。在工程完了转入运营后,一般都在公司本部按业务分工,设置运输、机务、工务、财务等职能机构,领导沿线站段工作。特别是还在运输部门内设立机构和相应的轮值人员,不间断地统一组织、指挥列车运行和车辆调配等工作。管辖里程较长的,还在公司之下设立运输段,主要负责统一协调辖区内有关列车和车辆的日常工作,而与日常运营无直接关系的工作仍由公司本部统筹管理。国家则通过法律、政策和规划,一方面给予引导、支持和鼓励,如对铁路用地的征购或赠予、营业税收的优惠等;另一方面针对运输企业间出现的过度竞争或垄断行为进行监督和规制,如市场出入、运价管理、财务资产等有关方面。政府只在主管交通运输部门内设立铁路运输管理机构(署或局)负责宏观管理,并不介入各公司的具体运营业务。

2. 公路运输业

公路运输分别有汽车货运和特殊汽车货运。特殊汽车货运是指专运长、大、重物品或危险品、特殊物品的货运业。中国公路汽车运输在整个交通运输中占有特殊地位。在中国东部铁路和水运都较发达的地区,公路起着辅助运输作用,承担短途运输;在西南和西北地区则担负着干线运输的任务。目前,全国基本上实现了县县通公路,有99%以上的乡和91%以上的村都通了汽车,初步形成了以北京为中心,沟通各省省会,连接枢纽站、港口和工矿区、农林牧生产基地的公路网。

运输是物流的重要环节,公路运输更是以其机动灵活的特点,可以实现"门到门"运输,从而在现代物流中起着重要作用。与其他运输方式相比,公路运输更能承担小批量、多频次的配送业务。面对物流的发展,公路运输业如何融入物流,成为真正意义上的"第三方物流",是许多公路运输企业,特别是一些较有实力的大型公路运输企业进一步发展所关注的问题。

据交通部的统计数字显示,2015 年全国新增公路通车里程 11.34 万公里,其中高速公路 1.16 万公里;新改建农村公路 9.9 万公里;2016 年京台高速、京秦高速、唐廊高速天津段一期工程、津围公路北二线、续建常熟至嘉兴高速昆山至吴江段、宁通高速江都至广陵段等繁忙路段扩容改造工程、杭州湾跨海大桥北接线二期、钱江通道北接线杭浦至沪杭高速段等重点项目已建成投入运营。截至 2015 年年底我国高速公路通车总里程达 12.35 万公里,居世界第一位。按照中国高速公路网发展规划,到 2020 年基本建成国家高速公路网,届时,中国高速公路通车总里程将达 16.9 万公里。

公路运输随着治超的深入以及降低大吨位车辆路桥通行费等政策措施的落实,运价水平回落,货运量将保持较快的增长,运输市场将出现供大于求的局面。我国公路在客运量、货运量、客运周转量等方面均遥遥领先于其他运输方式的总和。根据交通部规划,到 2020 年公路总里程要达到 500 万公里,全面建成横贯东西、纵贯南北、内畅外通的"十纵十横"综合运输大通道。

3. 水路运输业

水路运输分别有远洋、沿海、内河三大类别的船舶运输。它与铁路运输业一道成为综合交通系统的主干运力。中国水路运输在国民经济和对外贸易中的作用日益凸显。中国作为航运大国,外贸运输九成左右通过海运完成,海上运输已成为中国战略性资源进出口的重要通道。货运业务在煤炭、石油能源资源、矿石、矿建等大型散货以及集装箱、长大重件等货物运输需求方面持续扩大,业务前景看好。

2015 年世界集装箱港口排名中,包括香港港在内的中国港口共包揽七席,余下的第二、第六、第九名分别由新加坡港、韩国釜山港、阿联酋迪拜港摘得。前十大港口中,中国港口"军团"完成的集装箱吞吐量所占比重占到七成,为 69.53%。在港行基础设施建设方面,港口码头泊位继续增加。2015年新增万吨级以上深水泊位111个;全年新增及改善内河航道里程932公里。目前,我国港口货物吞吐量、集装箱吞吐量均位居世界第一。

4. 航空运输业

航空运输是指在国内和国际航线上使用大中型旅客机、货机和支线飞机以及直升机进行的商业性客货邮运输。在行业归属上,航空运输业属于交通运输业(是航空、铁路、公路、水运、管道等五种运输方式之一),但它所涵盖的范围较广,国际上的航空运输业通常包括航空器的提供者和经营者、发动机制造厂商、燃油供应者、机场及空中交通管制系统等。

航空运输业作为交通运输基础产业,具有以下特点:

(1)高投入。航空运输业需要不断提高运输的安全性,提高飞机的舒适性,改善航班和地面服务,不断更新飞机,这一切都需要大量投资。

(2)高产出。不管用什么尺度衡量,航空运输业作为一个规模巨大的经济实体,其产出是巨大的,仅从世界民航组织最新报告所列数字即可略见一斑:2015年,全球共航空运输货物1.04亿吨,约占出口制品总价值的31%;航空公司年业务量的产值约为7 000多亿美元,约占GDP总值的1%。

(3)高效率。航空运输业的高效率直接表现在飞行的高速度上,特别是在跨国、跨洲运输中尤为显著,这也为产品的销售和服务提供了新的更快的运作机制,带动相关产业的迅猛发展。

(4)风险小。航空运输业具有基础性设施产业的基本特性。虽然投资大、回收期较长、收益率较低,但却能提供较为长期和稳定的回报;同时由于国家在投资、贷款、税收等方面的政策倾斜和保护,航空运输业的投资和经营风险相对较小。

(5)利润薄。航空运输业作为国民经济的基础产业,较强的服务性质,不允许其获取高额利润。目前世界航空运输业的平均利润率只有4.6%左右,世界前100家最大航空公司的平均利润率也只有5%左右。因此,相对于其他行业而言,航空运输业的利润颇微。

5. 管道运输业

管道运输业的特点是不仅运输量大、连续、迅速、经济、安全、可靠、平稳,以及投资少、占地少、能耗少、无污染、不受气候影响、损耗少、费用低,并可实现自动控制。管道在中国是既古老又年轻的运输方式。早在公元前3世纪,中国就创造了利用组织连接成管道输送卤水的运输方式,可说是世界管道运输的开端。

但现代化管道运输则自20世纪50年代以后才得到发展。1958年冬我国修建了一条现代输油干线管道——新疆克拉玛依到乌苏独山子的原油管道,全长147公里。20世纪60年代以来,随着大油田的相继开发,在东北、华北、华东地区先后修建了多条输油管道。1991年年初在辽东湾海域铺设长距离海底输气管道(锦州——兴城连山湾)。管道运输除了广泛用于石油、天然气的长距离运输外,还可运输矿石、煤炭、建材、化学品和粮食等。管道运输可省去水运或陆运的中转环节,缩短运输周期,降低运输成本,提高运输效率。当前管道运输的发展趋势是:管道的口径不断增大,运输能力大幅度提高;管道的运距迅速增加;运输物资由石油、天然气、化工产品等流体逐渐扩展到煤炭、矿石等非流体。中国目前四大油气资源进口战略通道初步建成,基本形成联通海外、覆盖全国、纵贯南北、区域管网紧密跟进的骨干管网布局。截至 2015 年年底,中国已建油气管道的总长度约 12 万公里,其中原油管道 2.5 万公里,成品油管道 2.3 万公里,天然气管道 7.2 万公里。

1.4.2　仓库业

仓库业是通过提供仓库承担存储货运业务。现代物流业的存储环节除了保管货物,还要承接大量流通加工业务,如分割、分拣、组装、标签贴付、商品检验、备料发送等。另外它和运输业一道还承担了物流中分量很重的装卸业务。

1.4.3　配送业

配送业务指短距离、小批量的送货上门业务。这是物流活动中连接消费者的不可忽视的一个重要环节。以配送为主体的各类行业要从事大量商流活动,是商流、物流一体化的行业。近 10 年来,我国物流配送业得到了较快的发展。今后,国内贸易局仍将大力推进商品物流配送业的发展。

1.4.4　通运业

通运业是货主和运输业之外的第三者从事托运和货运委托人的行业。各种运输业除了直接办理承运手续以外,都由通运业从事委托、承办、代办等实现货主的运输要求。这是国外物流业中主要行业之一,我国这一行业刚刚诞生,尚未达到一定规模。这是物流中发展较快的一个行业,在国外已形成了较大规模。通运业在物流中起了很重要的沟通和桥梁作用,如集装箱联运业、运输代办业、行李货运业、集装箱租赁经营业、托盘联营业。

思考与讨论

1. 现代物流行业主要由哪几个部分组成?
2. 五种主要运输方式各自的特点是什么?
3. 我国配送行业主要存在哪些问题?应该如何改进?

案例分析

1.5　物流系统

1.5.1　系统概述

1. 系统的概念

系统是由相互作用、相互依赖的若干组成部分结合而形成的,是具有特定功能的有机体。而这个整体又是它从属的更大系统的组成部分。简单地说,系统是同类或相关事物按一定联系组成的整体。相对于环境而言,系统具有一定目的和功能并相对独立。

案例 1-5

系统的形成应当具备以下 3 个条件：① 由两个或两个以上要素组成；② 各要素之间相互联系，使系统保持相对稳定；③ 具有一定结构，保持系统的有序性，从而使系统具有特定的功能。

系统具有普遍性。自然界和人类社会中的很多事物都可以看作系统，如人体的循环系统、神经系统，铁路系统、公路系统、国家的教育系统、司法系统等；一个工厂、一个部门、一个计划、一个研究项目、一套制度等也都可以看成是一个系统。

2. 系统的分类

对系统进行分类是研究系统不可缺少的工作。从不同角度考察，可以把系统分为不同的类型。下面列举了几种常见的分类：

(1) 根据客观世界存在的物质和精神两种现象，可以把一切系统划分为实物系统和概念系统。实物系统的要素都是物质实体，如天体系统、生物系统、机械系统。概念系统也叫思想系统，它的要素是由概念、原则、原理、符号等构成，如理论系统、法律概念系统等。

(2) 根据人是否参与对系统或系统要素的改造，可以把系统区分为天然系统、人造系统和复合系统。一切由天然物质（不经人的改造）组成的系统叫天然系统，如宇宙系统、海洋系统等。人造系统包括人造自然系统和社会系统。人造自然系统是经过人加工改造过的天然系统，如机器系统、农田水利系统、材料系统等。社会系统是人创造的人和人的关系系统，包括政治、经济、军事、文化教育等组织及由一定的制度、程序等构成的管理系统和人们对自然、社会的认识所构成的科学体系、技术体系等。自然系统和社会系统的结合称为复合系统。在现实生活中，大多是复合系统。例如，工厂既有自然系统的原料、材料、机器，更离不开人和一整套管理制度，所以复合系统也称"人—机系统"或"自然—社会系统"。

(3) 按照系统的运动状态可分为动态系统和静态系统。生物体不停地新陈代谢，工厂不停地进行生产都是动态系统。一个设计图、一栋建筑物是相对静止的静态系统。

(4) 按系统与环境的关系可分为开放系统和封闭系统。凡是与环境发生物质、能量、信息交换的系统都是开放系统，反之则为封闭系统。例如，潜艇和宇宙飞船中的密封舱在一定时候与外界相对隔绝，是封闭系统。而大多数常见的系统是开放系统。

(5) 按照系统的复杂程度，可将系统划分为简单系统、一般系统、大系统和特大系统。由为数不多的几个要素组成的系统是简单系统，如一个学习小组、一架比较简单的机器等。当系统的结构可以划分为两组以上的要素，并且各组要素相互作用着，那么这个系统是一般系统，如小型企业包括几个车间（可视为几组要素），各车间发生相互作用就是一般系统。大系统是指规模庞大、结构复杂、因素众多、目标多样、功能综合的系统，如大企业、大工程、复杂的成套设备、国家管理机构及其各个系统等。特大系统是指规模特别庞大、结构十分复杂的系统，如整个人类社会、整个宇宙星系就是特大系统。

3. 系统的特征

系统应具备以下特征：

(1) 目的性。组成系统的各个要素之间的相互关系均受某种特定的要求制约,以达到某种既定目标,因此系统具有目的性。

(2) 整体性。系统整体性表现在系统的特质、功能及其运动规律,只有从整体上才能显示出来。系统整体的功能不是各组成要素功能的简单叠加,而是呈现出各组成要素所没有的新功能,概括表述为"整体大于部分之和"。组成系统的各要素之间,其相互联系和作用不能离开整体去考虑。研究整体中某一要素或某些要素的作用不能离开整体去考虑。

(3) 相关性。系统相关性表现在整体与组成整体的各要素之间,整体与环境之间是有机联系的,并且按其内在联系形成了一定的有序结构。它们之间相互作用、相互影响,具有关联性,从而使系统具有生命力。

(4) 结构稳定性和层次性。稳定性是指系统结构的相对不变性,表现为系统某一状态的持续出现。系统结构的稳定性就是系统内部诸要素相互联系的稳定性。结构的层次性表现为一个系统有自己的结构,但对于更大范围或更多过程的系统来说,这个系统就成为其子系统或要素,这个系统的结构就为其子系统之一,与其他子系统或要素构成高一级层次的系统和结构。

(5) 环境适应性。环境是指出现于系统以外的事物(物质、能量、信息)的总称,相对于系统而言,环境是一个更高级的复杂的系统。由于系统是存在于更高级系统的环境之中,所以系统对于外部环境具有适应性。

1.5.2　物流系统的含义

1. 物流系统的概念

物流系统是指在一定的时间和空间里,由所输送的物资和其他相关设备(如包装设备、装卸搬运机械、运输工具、仓储设备等)、人员以及通信联系等若干相互制约的动态要素所构成的,具有特定功能的有机整体。物流系统的目的是实现物资的空间效益和时间效益,并在保障社会再生产顺利进行的前提下,实现物流活动中各环节的合理衔接,取得最佳的经济效益。物流系统是社会经济大系统的一个子系统。

物流系统的输入要素是物流活动所消耗的劳务、设备、材料等资源,经过系统的处理转化,变成系统的输出要素,即物流服务。因此,物流系统整体优化的目的是使输入最少,即物流成本、消耗的资源最少,使输出的物流服务效果最佳。

物流系统服务水平(即物流服务产品的质量)具体表现为 7 个"准确"(7R):准确的质量(Right Quality)、准确的数量(Right Quantity)、准确的时间(Right Time)、准确的地点(Right Place)、准确的产品(Right Product)、准确的条件(Right Condition)、准确的费用(Right Cost)。

2. 物流系统的一般模式

物流系统作为一个开放系统,和一般系统一样,具有输入、转换、输出 3 大功能。通过输入和输出使系统与社会环境进行交换,使系统和环境相依存。图 1-2 是物流系统的基本模式。应当说明的是,在物流系统中输入、输出及转换活动往往是在不同环境下,在不同领域或不同的子系统中进行的,所以具体的输入、输出及转换有不同的内容,不会是全然不变的。

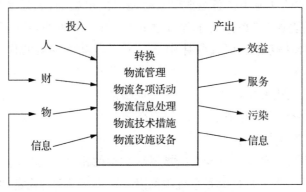

图 1 - 2　物流系统基本模式

3. 物流系统的特点

物流系统是社会经济大系统的一个子系统和组成部分,主要具有以下六个主要特点:

(1) 物流系统长期客观存在,但一直未被充分准确认识。可以说,物流系统是现代科技与现代观念结合的最佳结果之一。

(2) 物流系统是一个地域跨度与时间跨度均十分巨大的动态系统,由此带来的主要问题是管理难度较大,对信息的依赖程度相当高。

(3) 物流系统稳定性较差而动态性较强。物流系统联结多个节点和用户,随着需求供应、水平价格等要素的变化,系统结构及系统运行经常发生变化,很难长期稳定。因此要求物流系统有足够的灵活性和可调整性,从而增加了系统管理和运行的难度。

(4) 物流系统具有可分解性,属于中间层次系统范畴。既能分解成若干个子系统,又受更大的系统(如社会流通系统、区域经济系统)的制约,从而对物流系统给予了界定,对物流系起了约束作用。

(5) 物流系统具有复杂性。物流系统的运行对象遍及全部社会物质资源,物流系统各要素间的关系十分复杂多变。

(6) 物流系统各要素间具有"效益背反"的特点。"效益背反"是指两种行为目的对于同一种资源会产生两种不同的结果时,为了更好地完成其中一种目的,而可能需要对另一种目的的完成做出部分牺牲。这种行为目的间的关系,就是"效益背反"关系。现代物流的"效益背反"可以理解为:改变物流系统的任一要素,都会影响到其他要素,系统中任一要素的增益都将对系统其他要素产生减损作用。因此,解决物流系统的"效益背反"问题,既是物流系统管理的困难所在,也是现代物流管理的精华所在。典型的物流系统"效益背反"关系可归纳为:物流服务水平和物流成本之间存在"效益背反"关系;物流各个子系统之间存在效益背反关系;部分物流功能和物流费用之间存在"效益背反"关系等。

具体的"效益背反"关系举例如下:

① 各种运输方式的运输费用与保管费用存在"效益背反"关系,如图1-3所示。

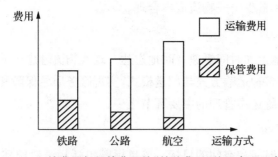

图1-3　运输费用与保管费用的"效益背反"关系表现示意图

② 商品库存量与服务水平之间存在"效益背反"关系,如图1-4所示。

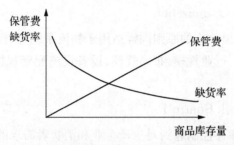

图1-4　商品库存量与服务水平、保管费的"效益背反"关系

③ 服务水平与物流成本之间存在"效益背反"关系,如图1-5所示。

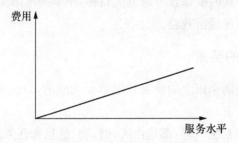

图1-5　物流服务水平与费用的"效益背反"关系

1.5.3　物流系统的目标

1. 服务目标(Service)

物流系统连接生产与再生产、生产与消费,是社会流通系统的一部分,是连接生产与消费的纽带和桥梁,有很强的服务性。其服务目标的衡量标准有:按用户的定货要求准时地完成配送——高效配送,准时配送;接受用户订货时商品的在库率高——安全库存保障,缺货率低;在运送中,交通事故、货物损伤、货物丢失和发送错误少——出错率、缺损率低;储存中变质、丢失、破损现象少,保管质量高——储存质量好;包装能很好地实现运送、保管功能——包装质量好;装卸搬运功能满足运送和保管的要求——高效优质移动;物流信息系统能保障物流活动顺畅进行,并能够及时反馈——信息处理准确快捷;合理的流通加工,以保证生产与物流费用之和最少——物流成本合理。

2. 快捷目标(Speed)

按照用户指定的地点和时间迅速及时地送达。现代物流理念下的快捷目标并不单是速度快的概念,包括采用多种运输方式与配送模式,实现服务质量保障和成本最低条件下的快捷目标,是现代物流系统运作管理的主要环节之一。

3. 节约目标(Saving)

有效地利用资源、时间和空间的目标。该目标既包括物流设施建设占用土地的节约和内部空间布局科学合理的内涵,还包括物流过程时间的节约和费用节约的要求,是整体资源节约的目标。

4. 规模化目标(Scale Optimization)

现代经济发展追求规模效应的原则同样适用于物流系统,而且表现出的效果十分突出。规模化内容包括企业规模、行业规模、布局规模、设备设施配套规模、业务组合规模、信息量规模等。

5. 合理库存目标(Stock Control)

在物流系统中,通过库存控制起到对生产企业和消费者需求的保障作用,也是宏观资源配置的重要一环,是提高企业效益与社会效益的重要问题。因此,在物流领域中正确确定库存方式、库存数量、库存结构、库存分布就是这一目标的体现。

在建立和运行物流系统时要综合考虑五大目标,不单纯考虑某个目标的最优化,而是考虑提高宏观经济效益和微观经济效益。

1.5.4 物流系统的要素

物流系统是由两个或两个以上的物流功能单元构成的,以完成物流服务为目的的有机集合体。

物流系统和其他管理系统一样,都是由人、财、物、信息和任务目标等要素组成的有机整体。现代物流系统要素具体可从以下四个方面来分别描述,如图1-6所示。

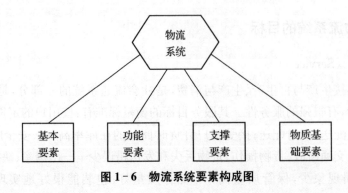

图1-6 物流系统要素构成图

1. 物流系统的基本要素

(1) 人。

人是物流系统的主要因素,是物流系统的主体。提高物流专业队伍素质,是建立合理化的物流系统并使之有效运转的根本。

(2) 财。

财是指物流活动中不可缺少的资金。物流系统建设是资本投入的一大领域,离开资金这一要素,物流不可能实现。

(3) 物。

物包括物流系统的劳动对象、劳动工具、劳动手段,如原材料、成品、半成品,各种物流设备、工具,各种消耗材料等。没有物,物流系统便成了无本之木。

(4) 信息。

信息是指与物流活动相关的信息,包括反映物流活动内容的知识、资料、图像、数据、文件等。在物流活动全过程中,始终贯穿着大量的物流信息。物流系统要通过这些信息把各个子系统有机联系起来。

(5) 任务目标。

任务目标是指物流活动预期安排和设计的物资储存计划、运输计划以及与其他单位签订的各项物流合同等。

上述要素对物流产生的作用和影响称为外部环境对物流环境的"输入"。物流系统本身所拥有的各种手段和特定功能,在外部环境的某种干扰作用下,对输入进行必要的转化活动,如物流管理、物流业务活动、信息处理等,使系统产生对环境有用的生产成品,提供给外部环境,这称为物流系统的"转换处理"。物流系统的"输出"是物质产品的转移。而大量的物流信息则贯穿于整个输入、转换和输出过程。

2. 物流系统的功能要素

物流系统的功能要素指的是物流系统所具有的基本能力,这些基本能力有效地组合、联结在一起,形成了物流的总功能,从而能合理有效地实现物流系统的总目的。物流系统的功能要素一般认为有运输、仓储、包装、装卸搬运、流通加工、配送、物流信息等。如果从物流活动的实际工作环节来考察,物流由下述七项具体工作构成,即物流能实现以下七项功能,如图 1-7 所示。

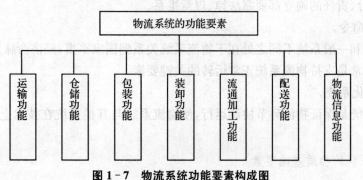

图 1-7 物流系统功能要素构成图

（1）运输。

运输指用运输设备将物品从一地点向另一地点运送,包括集货、分配、搬运、中转、装入、卸下、分散等一系列操作。

（2）仓储。

仓储指对物品进行储存,并对其进行物理性管理的活动。

（3）包装。

包装指为在流通过程中保护产品、方便储运、促进销售,按一定技术方法而采用的容器、材料及辅助物等的总体名称;也指为了达到上述目的而采用容器、材料和辅助物的过程中施加一定技术方法等的操作活动。

（4）装卸。

装卸指物品在指定地点以人力或机械装入运输设备或卸下。

（5）流通加工。

流通加工指物品在从生产地到使用地的过程中,根据需要施加包装、分割、计量、分拣、刷标志、拴标签、组装等简单作业的总称。

（6）配送。

配送指在经济合理区域范围内,根据客户要求,对物品进行拣选、加工、包装、分割、组配等作业,并按时送达指定地点的物流活动。

（7）物流信息。

物流信息指反映物流各种活动内容的知识、资料、图像、数据、文件的总称。

3. 物流系统的支撑要素

物流系统的建立及运转涉及面十分广泛,需要有许多支撑手段,主要包括以下几个:

（1）体制、制度。

物流系统的体制、制度决定了物流系统的结构、组织、领导、管理方式,国家的控制、指挥、管理方式以及系统的地位、范畴等,是物流系统的重要保障,有了这个支撑条件,物流系统才能确立其在国民经济中的地位。

（2）法律、规章。

物流系统的运行不可避免地会涉及企业及有关各方的权益问题。法律、规章一方面限制和规范物流系统的活动,使之与更大系统协调;另一方面给予物流活动保障,如合同的执行、权益的划分、责任的确立都要靠法律、规章维系。

（3）行政命令。

物流系统和一般系统不同之处在于物流系统关系到国家军事、经济命脉。所以,行政命令等手段也常常是支持物流系统正常运转的关键要素。

（4）标准化系统。

标准化系统是保证物流环节协调运行,使物流系统与其他系统在技术上实现联结的重要支持条件。

4. 物流系统的物质基础要素

物流系统的建立和运行,需要有大量的技术装备。这些要素是实现物流系统运行的物质基础。物流系统的物质基础要素主要有以下几个：

（1）物流设施。

物流设施是组织物流系统运行的物质基础条件，包括物流站、货场、物流中心、仓库、物流线路、建筑、公路、铁路、港口等。

（2）物流设备。

物流设备是保证物流系统开工的条件，包括仓库货架、进出库设备、加工设备、运输设备、装卸机械等。

（3）物流工具。

物流工具是物流系统运行的物质条件，包括包装工具、维护保养工具、办公设备等。

（4）信息技术及网络。

信息技术及网络是掌握和传递物流信息的手段，包括通信设备及线路、传真设备、计算机及网络设备等。

（5）组织及管理。

组织及管理是物流网络的"软件"，起着连接、调运、运筹、协调指挥各要素的作用，以保障物流系统目的的实现。

5. 物流系统的要素协调及要素冲突

物流系统是由两个或两个以上的物流功能单元构成的，以完成物流服务为目的的有机集合体。这个集合体由多个要素组成，但这些要素之间的关系是错综复杂的，有时它们互相协调，有时却会出现要素冲突。在物流系统各要素之间存在着相互依赖、相互作用和互为条件的关系，并具有使物流总体合理化的要素协调功能。例如，在物流系统中，主要环节是物品的存储保管和运输，其他各构成要素都是围绕这两项活动进行的。首先，根据订货信息，对物品进行订货采购活动，然后经过验收进行存储保管，等待运输或组织配送，再送往消费者，最终达到服务的目的。为了保证运输、存储保管的质量，物品需要进行包装，或进行集中单元处理，以方便装卸搬运、输送和存储保管。同时，为使物品从生产所在地向消费所在地迅速移动，降低物流费用，提高物流服务质量，就必须充分利用运输能力，实行经济运输，对存储物品进行定量控制，发挥仓储调控作用，以便提高物流系统的空间和时间效益。并且，整个物流系统的正常运转，依赖于物流信息的指挥、调节作用。

但是，物流系统各要素之间又存在着冲突。其中，最主要的表现即是物流系统要素具有"效益背反"的特点。

在一个物流系统中，存在着广泛的"效益背反"的关系（见表1-2），典型的"效益背反"关系可以归纳为物流服务水平和物流成本之间存在"效益背反"关系；构成物流系统的各子系统之间存在"效益背反"关系；各子系统的活动费用之间存在"效益背反"关系；个别职能和个别费用之间存在"效益背反"关系等等。例如，"零库存"的实施可使得库存子系统成本降低，但会增加运输的次数，提高运输成本。在物流系统设计时，必须综合考虑各子系统的综合影响，以在物流总体下取得系统内部的均衡。

表 1－2　物流系统要素关系表

要素	主要目标	采取的方法	可能导致的后果	可能给其他要素造成的影响
运输	成本等于最小运费	● 批量运输 ● 集装箱车运输 ● 铁路子线运输	1. 交货期集中 2. 交货批量大 3. 待运期长 4. 运输费用降低	1. 在途库存增加 2. 平均库存增加 3. 末端加工费用高 4. 包装费用高
存储	成本等于最小储存费	● 缩短进货周期 ● 降低每次进货量 ● 在接近消费者的地方建仓库 ● 增加信息沟通	1. 紧急进货增加 2. 送货更加零星 3. 储存地点分散 4. 库存量降低甚至达到"零库存" 5. 库存费用降低	1. 无计划配送增加 2. 配送规模更小 3. 配送地点更分散 4. 配送、装卸搬运、流通加工、物流信息成本增加
包装	1. 破损最少 2. 包装成本最小	● 物流包装材料强度高 ● 扩大内装容量 ● 按照特定商品需要确定包装材料和方式 ● 物流包装容器功能更多	1. 包装容器占用过多空间和容量 2. 包装材料费增加 3. 包装容器的回收费用增加 4. 包装容器不通用 5. 商品破损降低,但包装费增加	1. 包装容器耗用的运费和仓储费用增加 2. 运输车辆和仓库的利用率会下降 3. 装卸搬运费用增加
装卸搬运	降低装卸搬运费、加快装卸速度	● 使用人力节约装卸搬运成本 ● 农民工进行装卸搬运 ● 提高装卸搬运速度"抢装抢卸"	1. 装卸搬运效率低 2. 商品破损率高 3. 不按要求堆放 4. 节省装卸搬运费	1. 待运期延长 2. 运输工具和仓库的利用率降低 3. 商品在途和在库损耗增加 4. 包装费用增加 5. 重新加工增加 6. 流通加工成本增加
流通加工	满足销售要求,降低流通加工费	● 流通加工作业越来越多 ● 为节约加工成本,采用简陋设备	1. 在途储存和在库储存增加 2. 增加装卸环节 3. 商品重复包装	1. 商品库存费增加 2. 装卸搬运费增加 3. 商品包装费增加
物流信息	简化业务,提高透明度	● 构建计算机网络 ● 增加信息处理设备,如手持终端,采用条形码 ● 增加信息采集	1. 增加信息处理费 2. 方便业务运作 3. 提高客户服务 4. 信息安全性和可靠性影响到运作要求	无不良影响

1.5.5　物流系统的功能

1. 物流系统的基本功能

与物流系统的七个功能要素相对应,物流系统具有以下七个基本功能:

（1）包装功能。

包装（Package/Packaging）包括产品的出厂包装，生产过程中在制品、半成品的包装，以及在物流过程中换装、分装、再包装等活动。对包装活动的管理，需要根据物流方式和销售要求来确定。例如，是以商业包装为主，还是以工业包装为主，要全面考虑包装对产品的保护作用、促进销售作用、提高装运率的作用、拆装的便利性以及废包装的回收及处理等因素。包装管理还要根据全物流过程的经济效果，具体决定包装材料、强度、尺寸及包装方式。

（2）装卸功能。

装卸（Loading and Unloading）是对运输、保管、包装、流通加工等物流活动进行衔接的货物移动活动，以及在保管等活动中为进行检验、维护、保养所进行的货物移动活动。伴随装卸活动的小搬运，一般也包括在这一活动中。在全物流活动中，装卸活动是最频繁发生的，因此是容易发生产品损坏的重要环节。对装卸活动的管理，主要是确定最恰当的装卸方式，力求减少装卸次数，合理配置及使用装卸机具，以做到节能、省力、减少损失、加快速度，从而获得较好的经济效果。

（3）运输功能。

运输（Transportation）包括集货、分配、搬运、中转、装入、卸下、分散等一系列操作，包括供应及销售物流中的车、船、飞机等方式的运输，生产物流中的管道、传送带等方式的运输。对运输活动的管理，要求选择技术经济效果最好的运输方式及联运方式，合理确定运输路线，以满足安全、迅速、准时、廉价的要求。

（4）仓储功能。

仓储（Storage）包括堆存、保管、保养、维护等活动。对仓储活动的管理，要求正确确定库存数量；明确仓库以流通为主还是以储备为主，合理确定保管制度和流程，对库存物品采取区别管理方式，力求提高保管效率，降低损耗，加速物资和资金的周转。

（5）流通加工功能。

流通加工（Distribution Processing）不仅存在于社会流通过程中，也存在于企业内部的流通过程中。所以，它实际上是在物流过程中进行的辅助加工活动。企业、物资部门、商业部门为了弥补生产过程中加工程度的不足，更有效地满足用户或本企业的需求，更好地衔接产需，往往需要进行流通加工活动。

（6）配送功能。

配送（Distribution）活动一直被看成运输活动的一个组成部分，被看成是一种运输形式。因此，过去未将其独立作为物流系统实现的功能，未看成是独立的功能要素，而是将其作为运输中的末端运输对待。但是，配送作为一种现代流通方式，集经营、服务、社会集中库存、分拣、装卸搬运于一身，已不是单单一种送货运输所能包含的，所以在本书中将其作为独立功能要素。

（7）物流信息功能。

物流信息（Logistics Information）包括进行与上述各项活动有关的计划、预测、状态（运量、收、发、存数）的信息及有关的费用信息、生产信息、市场信息活动。对物流信息活动的管理，要求建立信息系统和信息渠道，正确选定信息科目和信息的收集、汇总、统计、使用方式，以保证其可靠性和及时性。

2. 物流系统的增值服务功能

物流增值服务是在物流基本服务基础上的延伸,增值性服务的内容主要有以下几点:

(1)增加便利性服务。简化操作程序,简化交易手续,简化消费者付费环节等。

(2)快速的信息传递服务与快速的物流服务。快速反应是物流增值服务的核心,更能吸引客户。

(3)降低成本服务。在为客户降低成本的同时,物流企业也在降低生产成本,实现企业与客户的双赢。

(4)延伸服务。通过物流供应链以及完善的信息系统,其增值服务还可以对其上游和下游进行延伸。例如,提供上游企业在工商管理之外而物流企业所能及的诸如加工、流通等服务,提供下游企业在原材料供给、配送、开发等方面的服务,还可以提供税收、报关、教育培训、物流方案设计等方面的服务。

思考与讨论

1. 各种系统的划分,如静态系统与动态系统的划分是不是绝对的? 可不可以相互转化?

2. 要素冲突是如何与要素协调并存于物流系统之中的? 要素冲突的存在对物流系统整体功能的发挥有没有负面的影响? 如果有,该如何处理这一矛盾?

3. 试从你身边举例说明物流系统功能的具体表现。

案例分析

本章要点

● 物流是物品从供应地向接收地的实体流动过程。根据实际需要,对运输、储存、装卸、搬运、包装、流通加工、配送、信息处理等基本功能实施有机结合。

● 物流的特点:系统性、广泛性、效用性。

● 物流系统是指在一定的时间和空间里,由所输送的物资和其他相关设备(如包装设备、装卸搬运机械、运输工具、仓储设备等)、人员以及通信联系等若干相互制约的动态要素所构成的,具有特定功能的有机整体。物流系统的目的是实现物资的空间效益和时间效益,并在保障社会再生产顺利进行的前提下,实现物流活动中各环节的合理衔接,取得最佳的经济效益。物流系统是社会经济大系统的一个子系统。

关键概念

物流、第三利润源、绿色物流、时间效用和空间效用、物流系统、功能要素、5S目标

综合练习题

1. 如何理解现代物流的内涵、特征与作用？
2. 试阐述物流活动的"效益背反"现象。
3. 请简述第三方物流的概念与内涵。
4. 现代物流系统需要具备哪些主要特点？
5. 结合实际谈谈你对我国发展绿色物流的建议。

微信扫码查看

第 2 章　现代物流功能

学习目标

● 理解现代物流运输功能的概念及功能分类
● 理解仓储的概念、功能分类和仓储合理化
● 了解装卸搬运的概念、特点、分类和装卸搬运的重要作用
● 掌握包装的概念、功能分类和仓储合理化
● 熟悉配送的概念、特点、分类和配送合理化

案例导入

美军军用包装的发展与现状

一、美军的包装管理体制

二战时期,针对物资供应中不断出现的包装问题,在当时的陆军部运输局局长 Gross 将军的倡议下,成立了专门的包装机构来处理出现的包装问题。该机构主要通过发展包装规范来处理包装问题。随着对包装标志重要性认识的逐渐提高,美国陆军部于 1942 年夏天成立了编码标志政策委员会。该委员会的成立对结束当时混乱的包装标志状态,提高运输效率起到了重要作用。经过半个世纪的发展,美军已经形成了自己一套独特的、日趋完善的包装管理体制。

二、军用包装标准化

由于当时美军对包装标准或规范的制定没有统一的计划和协调,各军兵种都独立发展自己的包装规范,从而造成了大量规范和标准的重复制定,使标准体系比较混乱。针对这种情况,美军通过运用一整套标准体系来组织指挥产品的生产和研制,并有效地控制了招标与投标的竞争过程。整个标准体系贯穿了军用装备包装的研制、审查、订购、装卸、储存使用和管理等各个环节,使整个包装工作做到了有法可依,增强了包装的可操作性和通用性,方便了军方、订购方和承制方。

三、军用包装的人才培训

美军早在二战时就提出"要有一批完全合格的人才来从事包装工作"。美军除了利用军用包装学校来培训人员之外,还充分利用地方包装院校包装教育和人才资源,为部队提供人员培训和联合进行包装科研活动,在大学中设有包装系,开设有关包装原料、包装设计、包装

机械、包装试验等十多门课程,另外还为军队系统开办先进包装系统、高级包装材料等课程和讲座。

四、建立、健全军用包装科研和检测机构

由于军用装备的包装不同于一般的商业包装,军用装备的运输和储存环境通常是最为恶劣和不可确定的,军用包装的设计和检测同普通商用包装的设计和检测有很大的差异。建立军用包装科研和检测机构是军用包装工作的重要组成部分。

五、在军用包装工作中实行质量保证

要保证产品的包装不但能够满足内装物的要求,还要尽量降低成本,不造成过度包装,就必须从产品的订购环节开始对产品的包装设计和包装质量进行监督和检测。美军把产品包装的质量保证和合同管理紧密联系在一起,从而在一定程度上解决了这一问题。

分析:美国军用包装的发展趋势主要是以尽可能少的尺寸规格,最大限度地满足相同或类似产品的包装;以尽可能简单的防护方法,最大限度地满足多功能综合防护要求;以尽可能低的成本费用,最大限度地满足产品包装、装卸、储存、运输及使用要求不得对安全性、人体健康和环境造成危害;必须适应军事物流的现代化。

相关知识

物流是指利用现代信息技术和设备,将物品从供应地向接收地转移的准确的、及时的、安全的、保质保量的、"门到门"的合理化服务模式和先进的服务流程。物流是随商品生产的出现而出现,随商品生产的发展而发展,所以物流是一种古老的传统的经济活动。物流的基本功能有运输、仓储、装卸搬运、包装、配送、流通加工、信息处理等。

案例 2 - 1

2.1　运输功能

2.1.1　现代运输的概念、功能与分类

1. 现代运输的概念

关于现代运输词汇的确切含义,现有的相关教材表述并不一致,各类权威工具书给出的表述也不尽相同,本书选择其中具有代表性的定义进行分析。《辞海》对运输的解释是:"人和物的载运和输送。"而胡思继的《综合运输工程学》对运输做出如下界定:"运输是指借助公共交通网络及其设施和运载工具,通过一定的组织管理技术,实现人与物空间位移的一种经济活动和社会活动。"该书指出:"运输作为一项经济活动和社会活动的四要素是:公共交通网路及其设施、运载工具、组织管理技术和客货对象——人与物。经济活动中的输电、供暖、供气和电信传输的信息等,虽然也产生物的位移,但都拥有独立于公共交通网络及其设施之外的专用传输系统,不再依赖于人们一般公认的公共运输工具,它不完全具备运输四要素,因此不属于运输的范畴。"2005 年出版的《交通大词典》定义:"运输,又称交通运输,指使用

运输工具和设备,运送人和物的生产活动。"

2. 现代运输的功能

现代运输的功能包括货物的位移与货物的临时储存。

(1) 货物转移。无论货物处于哪种形式,是材料、零部件、装配件、在制品,还是制成品,也不管是在制造过程中将被转移到下一阶段,还是更接近最终的顾客,运输都是必不可少的。运输的主要功能就是货物在价值链中的来回移动。既然运输利用的是时间资源、财务资源和环境资源,只有当它确实提高产品价值时,该货物的移动才是重要的。运输之所以涉及利用时间资源,是因为产品在运输过程中是难以存取的。这种货物通常是指转移中的存货,是各种供应链战略(如准时化和快速响应等业务)所要考虑的一个因素,以减少制造和配送中心的存货。运输的主要目的就是要以最低的时间、财务和环境资源成本,将产品从原产地转移到规定地点。此外,产品灭失损坏的费用也必须是最低的;同时,产品转移所采用的方式必须能满足顾客有关交付履行和装运信息的可得性等方面的要求。

(2) 货物临时储存。对货物进行临时储存是一个不太寻常的运输功能,即将运输车辆临时作为储存设施。然而,如果转移中的货物需要储存,但在短时间内(如几天后)又将重新转移的话,该货物在仓库卸下来和再装上去的成本也许会超过储存在运输工具中每天支付的费用。在仓库空间有限的情况下,利用运输车辆储存也许不失为一种可行的选择。可以采取的一种方法是,将货物装到运输车辆上去,然后采用迂回线路或间接线路运往其目的地。对于迂回线路来说,转移时间将大于比较直接的线路。当起始地或目的地仓库的储存能力受到限制时,这样做是合情合理的。在本质上,这种运输车辆被用作一种临时储存设施,但它是移动的,而不是处于闲置状态。

3. 现代运输的分类

现代运输可以按两种方式分类:一是按照运输领域来划分;一是按照运输方式来划分。

(1) 按照运输领域分,现代运输包括生产领域的运输和流通领域的运输。生产领域的运输一般在企业内部进行,称之为企业内部物流。企业的内部物流包括原材料、在制品、半成品、成品的运输,是直接为产品服务的,也称之为物料搬运。流通领域的运输则是在大范围内,将货物从生产领域向消费领域转移,或从生产领域向物流网点,或物流网点向消费所在地移动的活动。流通领域的运输与搬运功能相近似,它们的区别仅仅在于空间范围的大小。

(2) 按照运输方式分,现代运输主要分为:公路运输、铁路运输、水运运输、航空运输以及管道运输。

2.1.2 运输设施与设备

1. 公路的设施与设备

公路主要由路基、路面、涵洞、隧道等基本构造物和其他辅助构造物及设施组成。公路的设施与设备主要包括公路运输场站与公路运输工具。

公路运输场站是公路办理货运及仓储保管等物流业务,车辆保养修理业务及为用户提供相关服务的场所,是汽车运输与物流企业的生产与技术基地,一般包括货运站、停车场(库)、保修场(站)、加油站及食宿站等。其中,货运站也称汽车站或汽车场,主要功能包括货物的组织与承运,货物的交付、装卸、保管以及运输车辆的停放、保修等。停车场(库)的主要功能是停放与保管运输车辆。现代化的大型停车场还具有车辆维修、加油等功能。从建筑性质来看,停车场(库)可以分为暖式车库、冷式车库、车棚和露天停车场等。

公路运输工具主要指汽车,在运输中具有代表性的运载工具是货车,货车类型主要有载货车、特种车以及牵引车和挂车等。其中,载货车主要用于运送货物,也可牵引挂车。特种车可分为特种轿车(如检阅车、指挥车)、特种客车(如救护车、监察车)、特种货车(如罐车、自卸车、冷藏车)和特种用途车(如建筑工程车,农用汽车等)。牵引车和挂车可分为全挂牵引车和半挂牵引车。挂车可分为全挂车、半挂车和特种挂车等。

2. 铁路的设施与设备

铁路的设施与设备主要有铁路线路设施、铁路车站设施、通信信号设备几种。

铁路线路设施主要包括钢轨与轨枕、道岔、限界等。其中,钢轨按照重量可以分为轻型钢轨(31~40 kg)、中型钢轨(45~57.5 kg)、重型钢轨(50~69 kg)。根据轨距,铁路分为宽轨、标准轨和窄轨三类。轨枕分为木枕、钢枕及混凝土枕三种。

铁路车站是铁路运输的基层生产单位。车站除了办理旅客、货物运输作业外,还要办理列车运行作业。根据车站所担负的任务量和在国家政治上、经济上的地位,共分为六个等级,即特等站和一、二、三、四、五等站。按技术作业性质的不同,车站可分为中间站、区段站和编组站,其中编组站和区段站统称为技术站。

铁路信号设备是铁路信号、车站联锁、区间闭塞设备的总称。它的重要作用是保证列车运行与调车工作的安全和提高铁路通过能力,同时对增加铁路运输经济效益、改善铁路职工劳动条件也起着重要作用。

3. 水运的设施与设备

水运的设施与设备主要分为运输船舶、现代港口及其陆上设施、航道与航标等。

运输船舶种类有以下 9 类:

(1) 杂货船,分为普通型杂货船与多用途杂货船。普通型杂货船主要用于装运成件包装货物。多用途杂货船既可装杂货,又可装散货、集装箱甚至滚装货。

(2) 散货船,专门用于运输谷物、矿砂、煤炭及散装水泥等大宗散装货物。

(3) 集装箱船,用于载运集装箱。可分全集装箱船和半集装箱船两种。

(4) 冷藏船,是使鱼、肉、水果、蔬菜等易腐食品处于冻结状态或一定温度条件下进行载运的专用船舶。

(5) 滚装船,是专门装运以载货车辆为货物单元的船舶。

(6) 载驳船,也称子母船,是专门装运以载货驳船为货物单元的运输船舶。

(7) 液货船,指运送散装液体的船,主要包括油船、液化气船和液体化学品船。

(8) 拖船和推船,是专门用于拖曳或顶推其他船舶、驳船队、木排或浮动建筑物的机动船。

(9) 驳船,指自身没有动力推进装置,靠机动船(拖船或推船)带动的单甲板船。

现代港口及其陆上设施主要有港口水域,包括港池、航道与锚地;港口陆域,包括码头与泊位、仓库与堆场、港口铁路与道路、港口装卸机械和辅助生产设施如水电设施、办公用房、维修设施等。

航道是供船舶航行的水道,包括海上航道、内河航道和人工航道。航标是引导船舶安全航行的标志。

4. 航空运输的设施与设备

航空运输设施设备主要有:民用飞机、航空港、通信与导航设备。

民用飞机主要有以下6种:

(1) 客机,用于运载旅客和邮件包裹。客机可按大小和航程进一步分为洲际航线上使用的远程(大型)客机、国内干线多使用的中程(中型)客机、地方航线(支线)上使用的近程(轻型)客机。按速度可分为亚音速客机和超音速客机。

(2) 货机,用于运送货物,一般载重较大,有较大的舱门,或机身可转折,便于装卸货物。

(3) 民用教练机,用于训练民航飞行人员,可分为初级教练机和高级教练机。

(4) 农(林)业机,用于农业喷药、施肥、播种、森林巡逻、灭火等。大部分属于轻型飞机。

(5) 体育运动机,用于发展体育运动,如跳伞运动等。

(6) 多用途轻型飞机,这类飞机用途繁多,如用于地质勘探、航空摄影、空中游览、紧急救护、短途运输等。

航空港设施与设备主要有:航站楼、目视助航设施、地面活动引导和管制系统、地面特种车辆和场务设备。其中,航站楼主要指旅客航站楼,即候机楼。旅客、行李及货邮在航站楼内办理各种手续,并进行必要的检查以实现运输方式的转换。目视助航设施包括指示标和信号设施、标志、灯光、标记牌和标志物。地面活动引导和管制系统用于防止飞机与飞机、飞机与车辆、飞机与障碍物、车辆与障碍物以及车辆之间的碰撞。地面特种车辆和场务设备有牵引车、电源车、加油车、行李车、升降平台、客梯车等。场务设备有维护检测设备(如清扫车、吹雪车、推雪车、割草机、道面摩擦系数测试车等)及驱鸟设备等。

通信与导航设备主要有通信设备、导航设备与监视设备。其中,通信设备是民航客机用于和地面电台或其他飞机进行联系的通信设备,包括高频通信系统,甚高频通信系统和选择呼叫系统。导航设备主要指无线电导航系统,其设备有甚高频全向无线电信标/测距仪系统、无方向性无线电信标系统、仪表着陆系统等。监视设备主要设备是雷达,它是利用无线电波发现目标,并测定其位置的设备。

5. 管道运输的设施与设备

管道运输设施设备主要有三种:输油管道、输气管道、固体料浆管道。

2.1.3 运输合理化

1. 运输中存在的不合理

(1) 返程或起程空驶。

空车无货载行驶,可以说是不合理运输的最严重形式,但在实际运输组织中,有时候必须调运空车,从管理上不能将其看成不合理运输。但是,因调运不当、货源计划不周、

不采用运输社会化而形成的空驶,是不合理运输的表现。造成空驶的不合理运输主要有以下几种原因:

① 能利用社会化的运输体系而不利用,却依靠自备车送货提货,这往往出现单程重车、单程空驶的不合理运输;

② 由于工作失误或计划不周,造成货源不实、车辆空去空回、形成双程空驶;

③ 由于车辆过分专用,无法搭运回程货,只能单程实车,单程回空周转。

(2) 对流运输。

对流运输,亦称相向运输、交错运输,指同一种货物,或彼此间可以互相代用而又不影响管理、技术及效益的货物,在同一线路上或平行线路上做相对方向的运送,而与对方远程的全部或一部分发生重叠交错的运输。已经制定了合理流向图的产品,一般必须按合理流向的方向运输,如果与合理流向图指定的方向相反,也属对流运输。在判断对流运输时需注意的是,有的对流运输是不很明显的隐蔽对流,如不同时间的相向运输,从发生运输的那个时间看,并无出现对流,可能做出错误的判断,所以要注意隐蔽的对流运输。

(3) 迂回运输。

迂回运输是舍近取远的一种运输。可以选取短距离进行运输,但却选择路程较长路线进行运输的一种不合理形式。迂回运输有一定复杂性,不能简单处之,只有当计划不周、组织不当而发生的迂回,才属于不合理运输。如果最短距离有交通阻塞、道路情况不好或有对噪音、排气等特殊限制而不能使用时发生的迂回,不能称为不合理运输。

(4) 重复运输。

本来可以直接将货物运到目的地,但是在未达目的地之处,或目的地之外的其他场所将货卸下,再重复装运送达目的地,这是重复运输的一种形式。另一种形式是,同品种货物在同一地点一面运进,同时又向外运出。重复运输的最大毛病是增加了非必要的中间环节,这就延缓了流通速度,增加了费用,增大了货损。

(5) 倒流运输。

倒流运输是指货物从销地或中转地向产地或起运地回流的一种运输现象。其不合理程度要甚于对流运输,原因在于往返两程的运输都是不必要的,形成了双程的浪费。倒流运输也可以看成是隐蔽对流的一种特殊形式。

(6) 过远运输。

过远运输是指调运物资舍近求远,近处有资源不调而从远处调,这就造成可采取近程运输而未采取,拉长了货物运距的浪费现象。过远运输占用运力时间长,运输工具周转慢,占压资金时间长,远距离自然条件相差大,又易出现货损,增加了费用支出。

(7) 运力选择不当。

未选择各种运输工具优势而不正确地利用运输工具造成不合理现象,有以下几种常见形式:

① 弃水走陆。在同时可以利用水运及陆运时,不利用成本较低的水运或水陆联运,而选择成本较高的铁路运输或汽车运输,使水运优势不能发挥。

② 铁路、大型船舶的过近运输。不是铁路及大型船舶的经济运行里程却利用这些运力进行运输的不合理做法。主要不合理之处在于火车及大型船舶起运及到达目的地的准备、

装卸时间长,且机动灵活性不足,在过近距离中利用,发挥不了运速快的优势。相反,由于装卸时间长,反而会延长运输时间。另外,和小型运输设备比较,火车及大型船舶装卸难度大,费用也较高。

③ 运输工具承载能力选择不当。不根据承运货物数量及重量选择,而盲目决定运输工具,造成过分超载、损坏车辆及货物不满载、浪费运力的现象,尤其是"大马拉小车"现象发生较多。由于装货量小,单位货物运输成本必然增加。

(8)托运方式选择不当。

对于货主而言,托运方式选择不当是指在可以选择最好托运方式而未选择,造成运力浪费及费用支出加大的一种不合理运输。例如,应选择整车未选择,反而采取零担托运;应当直达而选择了中转运输;应当中转运输而选择了直达运输等都是在特定条件下表现出来,在进行判断时必须注意其不合理的前提条件,否则就容易出现判断的失误。例如,如果同一种产品,商标不同,价格不同,所发生的对流,不能绝对看成不合理,因为其中存在着市场机制引导的竞争,优胜劣汰,如果强调因为表面对流而不允许运输,就会起到保护落后、阻碍竞争,甚至助长地区封锁的作用。类似的例子,在各种不合理运输形式中都可以举出一些。

2. 运输合理化

由于运输是物流中最重要的功能要素之一,物流合理化在很大程度上依赖于运输合理化。运输合理化的影响因素很多,起决定性作用的有五方面的因素,称作合理运输的"五要素"。

(1)运输距离。

在运输时,运输时间、运输货损、运费、车辆或船舶周转等运输的若干技术经济指标,都与运距有一定比例关系,运距长短是运输是否合理的一个最基本因素。缩短运输距离从宏观、微观看都会带来好处。

(2)运输环节。

每增加一次运输,不但会增加起运的运费和总运费,而且必须要增加运输的附属活动,如装卸、包装等,各项技术经济指标也会因此下降。所以,减少运输环节,尤其是同类运输工具的环节,对合理运输有促进作用。

(3)运输工具。

各种运输工具都有其使用的优势领域,对运输工具进行优化选择,按运输工具特点进行装卸运输作业,最大限度发挥所用运输工具的作用,是运输合理化的重要一环。

(4)运输时间。

运输是物流过程中需要花费较多时间的环节,尤其是远程运输,在全部物流时间中,运输时间占绝大部分,所以,运输时间的缩短对整个流通时间的缩短有决定性的作用。此外,运输时间短,有利于运输工具的加速周转,充分发挥运力的作用,有利于货主资金的周转,有利于运输工具线路通过能力的提高,对运输合理化有很大贡献。

(5)运输费用。

运费在全部物流费中占很大比例,运费高低在很大程度上决定整个物流系统的竞争能力。实际上,运输费用的降低,无论对货主企业来讲还是对物流经营企业来讲,都是运输合理化的一个重要目标。运费的判断,也是各种合理化实施是否行之有效的最终判断依据之一。

从上述五方面考虑运输合理化,就能取得预想的结果。

思考与讨论

1. 简述运输方式的各种分类和各自的设施设备。
2. 如何更好地实施运输合理化?

案例分析

2.2　仓储功能

案例 2 - 2

2.2.1　仓储的概念、功能与分类

1. 仓储的概念

"仓"也称为仓库(Warehouse),为存放、保管、储存物品的建筑物和场地的总称,可以为房屋建筑、大型容器、洞穴或者特定的场地等,具有存放和保护物品的功能;"储"表示将储存对象收存以备使用,具有收存、保护、管理、贮藏物品、交付使用的意思,也称为储存(Storing)。"仓储"则为利用仓库存放、储存未即时使用的物品的行为。

2. 仓储的功能

在物流系统中,仓储和运输是同样重要的构成因素。仓储功能包括了对进入物流系统的货物进行堆存、管理、保管、保养、维护等一系列活动。仓储的作用主要表现在两个方面:一是完好地保证货物的使用价值和价值;二是为将货物配送给用户,在物流中心进行必要的加工活动而进行的保存。

仓储的功能可以表述为以下几个方面:① 是社会生产顺利进行的必要条件;② 是维持市场稳定的保证;③ 是保持物品使用价值的重要手段;④ 是提高经济效益的有效途径;⑤ 是市场信息的传感器;⑥ 是现货交易的场所。

物流系统现代化仓储功能的设置,以生产支持仓库的形式,为有关企业提供稳定的零部件和材料供给,将企业独自承担的安全储备逐步转为社会承担的公共储备,减少企业经营的风险,降低物流成本,促使企业逐步形成零库存的生产物资管理模式。

3. 仓储的分类

仓储是产品生产、流通过程中因订单前置或市场预测前置而使产品、物品暂时存放。它是集中反映工厂物资活动状况的综合场所,是连接生产、供应、销售的中转站,对促进生产提高效率起着重要的辅助作用。同时,围绕着仓储实体活动,清晰准确的报表、单据账目、会计部门核算的准确信息也同时进行着,因此仓储是物流、信息流、单证流的合一。对于仓储的分类,可根据其经营主体、对象、功能和仓储物的处理进行以下不同的分类。

(1) 根据仓储经营主体划分:企业自营仓储、营业仓储、公共仓储。

(2) 根据仓储对象划分:普通物品仓储、特殊物品仓储。

（3）根据仓储功能划分：储存仓储、物流中心仓储、配送仓储、运输转换仓储、保税仓储。

（4）根据仓储物的处理方式划分：保管式仓储、加工式仓储、消费式仓储。

2.2.2 仓储合理化

仓储合理化就是用最经济的办法实现被储物的"时间价值"，即实现仓储的功能。要实现仓储功能，首要条件是必须有一定储量，即商品储备具备有一定的数量，才能在一定时期内满足需要，这是仓储合理化的前提或本质。如果不能保证储存功能的实现，其他问题便无从谈起。但是，储存的不合理又往往表现在对储存功能实现的过分强调，是过分投入储存力量和其他储存劳动所造成的。所以，合理储存的实质是，在保证储存功能实现前提下，投入最小化，也就是说这是一个投入产出的关系问题。

1. 仓储合理化的标志

仓储合理化的标志，主要包括质量标志、数量标志、时间标志、结构标志、分布标志、费用标志等。

（1）质量标志。保证被仓储物的质量，是完成仓储功能的根本要求。只有这样，商品的使用价值才能通过物流之后得以最终实现。在仓储中增加了多少时间价值或是得到了多少利润，都是以保证质量为前提的。所以，仓储合理化的主要标志中，为首的应是反映使用价值的质量。

（2）数量标志。在保证功能实现前提下，有一个合理的数量范围。

（3）时间标志。在保证功能实现前提下，寻求一个合理的仓储时间，这是和数量有关的问题，仓储量越大而消耗速率越慢。

（4）结构标志。从被储物不同品种、不同规格、不同花色的仓储数量的比例关系对仓储合理性的判断，尤其是相关性很强的各种货物之间的比例关系更能反映仓储合理与否。

（5）分布标志。不同地区仓储的数量比例关系，以此判断当地需求比，以及对需求的保障程度，也可以此判断对整个物流的影响。

（6）费用标志。考虑仓租费、维护费、保管费、损失费、资金占用利息支出等，才能从实际费用上判断仓储的合理与否。

2. 仓储合理化的要求

一般来说，仓储合理化的实施要点可以归纳为：进行仓储物的 ABC 分析；在 ABC 分析基础上实施重点管理；在形成了一定的社会总规模前提下，追求经济规模，适当集中库存。所谓适度集中库存是利用仓储规模优势，以适度集中仓储代替分散的小规模仓储来实现合理化。适度集中库存是"零库存"这种合理化形式的前提。

（1）加速物资总的周转，提高单位产出。具体做法诸如采用单元集装存储，建立快速分拣系统都利于实现快进快出，大进大出。

（2）采用有效的"先进先出"方式，保证每个被储物的仓储期不致过长。"先进先出"是一种有效的方式，也成了仓储管理的准则之一。

（3）减少仓储设施的投资，提高单位仓储面积的利用率，以降低成本、减少土地占用。

（4）采用有效的仓储定位系统。仓储定位是指被储物位置的确定。仓储定位系统可采取先进的计算机管理,也可采取一般人工管理,行之有效的方式主要有"四号定位"方式、计算机定位系统。

(5) 采用有效的监测清点方式。

3. 仓储合理化的基本途径

(1) 实行 ABC 分类控制法。ABC 分类控制法是指将库存货物按重要程度细分为特别重要的库存(A 类货物)、一般重要的库存(B 类货物)和不重要的库存(C 类货物)三个等级,针对不同类型级别的货物进行分别管理和控制的方法。

(2) 适当集中库存。所谓适度集中库存,是指利用储存规模优势,以适度集中储存代替分散的小规模储存来实现合理化。

(3) 加速总周转。储存现代化的重要课题是将静态储存变为动态储存,周转速度一快,会带来一系列的合理化好处,如资金周转快、资本效益高、货损小、仓库吞吐能力增加、成本下降等。

(4) 采用有效的"先进先出"方式。保证每个被储物的储存期不致过长,"先进先出"是一种有效的方式也成了仓储管理的准则之一。有效的"先进先出"方式主要有贯通式货架系统储存、"双仓法"储存、计算机存取系统储存等。

(5) 提高仓容利用率。采取高垛的方法;缩小库内通道宽度以增加储存有效面积;减少库内通道数量以增加储存有效面积。

(6) 采用有效的储存定位系统。如果定位系统有效,能大大节约寻找、存放、取出的时间,节约不少物化劳动及活劳动,而且能防止差错,便于清点及实行订货点等的管理。

(7) 采用有效的监测清点方式。监测清点的有效方式主要有"五五化"堆码(以"五"为基本计数单位,对成总量为"五"的倍数的垛形,如梅花五、重叠五)、光电识别系统、计算机监控系统等。

思考与讨论

1. 简述仓储的功能。
2. 仓储合理化的重要性有哪些?

案例分析

案例 2-3

2.3　装卸搬运功能

2.3.1　装卸搬运的概念、特点与分类

1. 装卸搬运的概念

在同一地域范围内(如车站范围、工厂范围、仓库内部等)以改变"物"的存放、支承状态的活动称为"装卸搬运"。

特定场合,单称"装卸"或单称"搬运"也包含了"装卸搬运"的完整含义。在习惯使用中,物流领域(如铁路运输)常将装卸搬运这一整体活动称作"货物装卸";在生产领域中常将这一整体活动称作"物料搬运"。实际上,活动内容都是一样的,只是领域不同而已。在实际操作中,装卸与搬运是密不可分的,两者是伴随在一起发生的。因此,在物流科学中并不过分强调两者差别,而是作为一种活动来对待。

搬运的"运"与运输的"运",区别之处在于搬运是在同一地域的小范围内发生的,而运输则是在较大范围内发生的,两者是量变到质变的关系,中间并无一个绝对的界限。

2. 装卸搬运的特点

(1)装卸搬运是附属性、伴生性的活动。装卸搬运是物流每一项活动开始及结束时必然发生的活动,因而有时常被人忽视,有时被看作其他操作时不可缺少的组成部分。例如,一般而言的"汽车运输",就实际包含了相随的装卸搬运;仓库中泛指的保管活动,也含有装卸搬运活动。

(2)装卸搬运是支持、保障性活动。装卸搬运的附属性不能理解成被动的,实际上,装卸搬运对其他物流活动有一定决定性。装卸搬运会影响其他物流活动的质量和速度,如装车不当,会引起运输过程中的损失;卸放不当,会引起货物转换成下一步运动的困难。许多物流活动在有效的装卸搬运支持下,才能实现高水平。

(3)装卸搬运是衔接性的活动。在任何其他物流活动互相过渡时,都是以装卸搬运来衔接,因而,装卸搬运往往成为整个物流"瓶颈",是物流各功能之间能否形成有机联系和紧密衔接的关键,而这又是一个系统的关键。能否建立一个有效的物流系统,关键看这一衔接是否有效。比较先进的系统物流方式——联合运输方式就是着力解决这种衔接而实现的。

3. 装卸搬运的分类

可以按装卸搬运施行的物流设施、设备对象将其分为仓库装卸、铁路装卸、港口装卸、汽车装卸、飞机装卸等。

(1)仓库装卸配合出库、入库、维护保养等活动进行,并且以堆垛、上架、取货等操作为主。

(2)铁路装卸是对火车车皮的装进及卸出,特点是一次作业就实现一车皮的装进或卸出,很少有像仓库装卸时出现的整装零卸或零装整卸的情况。

(3)港口装卸包括码头前沿的装船,也包括后方的支持性装卸运,有的港口装卸还采用小船在码头与大船之间"过驳"的办法,因而其装卸的流程较为复杂,往往经过几次的装卸及搬运作业才能最后实现船与陆地之间货物过渡的目的。

(4)汽车装卸一般一次装卸批量不大,由于汽车的灵活性,可以减少或根本减去搬运活动,而直接、单纯利用装卸作业达到车与物流设施之间货物过渡的目的。

(5)飞机装卸一般是装卸工人先卸下集装箱,再根据行李集装箱的不同标签分类采取不同处理方式,对于已到目的地的行李,拖车会将行李捡到行李转盘口,再由装卸工人卸下行李并放到传送带上,由于飞机在空中容易颠簸,因此一定要包装好物品。

2.3.2 装卸工具

装卸工具又可以从大的方面分为起重机械和装卸搬运机械。在港口中,起重机械用得特别频繁,各类港口起重机械得到较大的发展,上海振华港口机械(集团)股份有限公司在港口机械制造方面处于世界领先水平。而装卸搬运机械一般是指用于水平搬运和推码货物的机械,可用于库场、舱内、车厢内等进行装卸作业,有叉式装卸车、单斗车、牵引车、平板车、搬运车。

1. 起重机械

起重机械一般可分为四类:

第一类,轻安装在码头或库场的小起重设备,包括千斤顶、起重葫芦、卷扬机。

第二类,升降机,是沿导轨载运货物和人员的升降设备,有电梯和缆车等。

第三类,壁架起重机,主要利用壁架的变幅,绕垂直轴线回转配合升降货物,使动作灵活,满足装卸要求。其型式可分为固定式、移动式和浮式。固定式壁架起重机直接安装在码头或库场的墩座上,只能在原地工作,如桅杆起重机、船舶吊杆等。移动式壁架起重机可沿轨道或在地面上运行,主要有轮胎起重机、门座起重机、汽车起重机、履带起重机,其中轮胎起重机和门座起重机在港口中运用非常普遍。

第四类,桥架起重机,具有小车和大车运行机构,使其在一个长方形的作业面上工作。用于港口库内的桥式起重机,港口货场的龙门起重机、装卸桥。

2. 装卸搬运机械

装卸搬运设备包括叉式装卸车、搬运车、平板车、斗车等等。

(1) 叉式装卸车。

叉式装卸车即叉车,又称铲车,是装卸搬运机械中应用最广泛的一种。它由自行的轮胎底盘和能垂直升降、前后倾斜的货叉、门架等组成,主要用于件货的装卸搬运,在配备其他取物装置以后,还能用于散货和多种规格品种货物的装卸作业。

(2) 搬运车。

搬运车按动力驱动方式可以分成手动和电动、液压驱动。一般手动液压托盘搬运车属于一种低起升和限于搬运托盘式货物的搬运工具,又称托盘搬运车,具有升降平稳,操作轻便,安全可靠等特点,适合于平坦地面使用。它的主要参数有载重量、货叉最大高度、货叉最低高度、货叉长度、货叉总宽度、转向轮直径、叉轮直径、自重等。

(3) 平板车。

平板车构造简单,一般采用充气式实心轮胎,板面高度低、装载量大,无破胎、爆胎的危险,安全、简单而耐用。其自身无动力,需要牵引车或者叉车来进行拖带。通常由一辆或多辆平板车和一台叉车或牵引车组成一列车辆来进行货物平面运输或大型设备的搬运工作,广泛应用于机场、港口、火车站、工厂和大型仓库,大大提高了货物中转平移的效率,减少叉车和人力的消耗成本。

现在又生产出一种电动有轨平板车,一般用于厂内运输,又称电动平车、台车、过跨车。它具有结构简单、使用方便、容易维护、承载能力大、污染少等优点,广泛用于机器制造和冶金工厂,作为车间内部配合吊车运输重物过跨之用。一般来说,电动平车高度低,台面加强,改型容易,维修方便。

(4) 斗车。

斗车是一种特殊的料斗可倾翻的短途输送物料的车辆,车身上安装有一个"斗状"容器,可以翻转以方便卸货。斗车以简单的手摇启动,单轮驱动,手动翻斗发展为电启动,四转驱动,液压翻斗。

2.3.3 装卸方式

1. 装卸作业

装卸方式的选择首先得清楚有哪些装卸搬运作业,装卸作业包括将物品向输送设备装入、装上和取出、卸下作业和对固定设备的出入库作业。具体分为以下几种:

(1)堆放/拆垛作业。

堆放(装入、装上)作业是指把货物移动或举升到装运设备或固定设备的指定位置,再按要求的状态放置的作业;拆垛(卸下、卸出)作业则是其反向作业。

(2)分拣/配货作业。

分拣是在堆垛作业前后或配送作业之前把货物按品种、出入先后、货流进入分类,再放到指定地点的作业。而配货则是把货物从所定的位置按品种、下一步作业种类、发货对象进行分类的作业。

(3)搬运移动作业。

这是为了进行装卸分拣、配送活动而发生的移动物资的作业,包括水平、垂直、斜行搬运,以及几种组合的搬运。

(4)理货作业。

理货作业是指物品备齐,以便随时装货的作业。

2. 装卸方式的分类

由于货物的多种性,及各种包装方式,决定了装卸的方式的各不相同。按被装物的主要运动形式分类,可分为垂直装卸、水平装卸两种形式。按装卸搬运对象分类,可分为散装货物装卸、单件货物装卸、集装货物装卸等。按装卸搬运的作业特点分类,可分为连续装卸与间歇装卸两类。按装卸搬运的机械及机械作业方式分类,可分为吊车的"吊上吊下"方式、使用叉车的"叉上叉下"方式、使用半挂车或叉车的"滚上滚下"方式、"移上移下"方式及"散装散卸"方式等。

(1)"吊上吊下"方式。采用各种起重机械从货物上部起吊,依靠起吊装置的垂直移动实现装卸,并在吊车运行的范围内或回转的范围内实现搬运或依靠搬运车辆实现小搬运。由于吊起及放下属于垂直运动,这种装卸方式属垂直装卸。

(2)"叉上叉下"方式。采用叉车从货物底部托起货物,并依靠叉车的运动进行货物位移,搬运完全靠叉车本身,货物可不经中途落地直接放置到目的处。这种方式垂直运动不大而主要是水平运动,属水平装卸方式。

(3)"滚上滚下"方式。主要指港口装卸的一种水平装卸方式。利用叉车或半挂车、汽车承载货物,连同车辆一起开上船,到达目的地后再从船上开下,称"滚上滚下"方式。利用叉车的"滚上滚下"方式,在船上卸货后,叉车必须离船,利用半挂车、平车或汽车,则拖车将半挂车、平车拖拉至船上后,拖车开下离船而载货车辆连同货物一起运到目的地,再原车开下或拖车上船拖拉半挂车、平车开下。

"滚上滚下"方式需要有专门的船舶，对码头也有不同要求，这种专门的船舶称"滚装船"。

(4)"移上移下"方式。在两车之间（如火车及汽车）进行靠接，然后利用各种方式，不使货物垂直运动，而靠水平移动从一个车辆上推移到另一车辆上，称"移上移下"方式。"移上移下"方式需要使两种车辆水平靠接，因此站台或车辆货台需进行改变，并配合移动工具实现这种装卸。

(5)"散装散卸"方式。对散装物进行装卸。一般从装点直到卸点，中间不再落地，这是集装卸与搬运于一体的装卸方式。

连续装卸主要是同种大批量散装或小件杂货通过连续输送机械，连续不断地进行作业，中间无停顿，货间无间隔。在装卸量较大、装卸对象固定、货物对象不易形成大包装的情况下适合采取这一方式。间歇装卸有较强的机动性，装卸地点可在较大范围内变动，主要适用于货流不固定的各种货物，尤其适于包装货物、大件货物，散粒货物也可采取此种方式。

3. 选择装卸方式需考虑的因素

(1) 根据装卸搬运作业量的大小进行配备、选择。

装卸搬运作业量的大小关系到机械设备应具有的作业能力，从而影响到所需配备的机械设备的类型和数量。作业量大时，应配备作业能力较高的大型专用机械设备；作业量小时，应配备构造简单、造价低廉而又能保持相当生产能力的中小型通用机械设备。

(2) 根据货物的种类、性质进行配备、选择。

货物的物理性质、物料粒状的大小、表面状态、容重、散落性、外摩擦系数、破碎性、化学性质等特性以及外部不同的形状和包装千差万别，有大小、轻重之分，有固体、液体之别，有散装、成件之不同，所以对装卸搬运设备的要求也不尽相同。配置选择机械设备时，应尽可能符合货物的特性要求，以保证作业安全和货物完整无损。例如，对于表面粗糙、坚硬的货物，在选择输送机的构件材料时，应选择耐磨的材料；对于容易破碎的货物不宜选择破碎作用较大的输送机；对散装物料，为提高输送质量，防止输送中物料洒落，应选用深槽形胶带输送机；对包装物料的输送，一般选用带式输送机、辊子输送机。

(3) 根据搬运距离进行配备、选择。

长距离搬运一般选用火车、船舶、载货汽车、牵引车和挂车等输送设备；较短距离可选择叉车、跨运车、连续输送的机械设备。水平输送，一般选用胶带输送机；垂直输送多采用斗式输送机；对于既要求水平输送又要求垂直输送的散装物料，一般可用斗式提升机或刮板输送机。为了提高机械的利用率，应结合设备种类和特点，使行车、货运、装卸、搬运等工作密切配合。

2.3.4 装卸搬运合理化

合理化的装卸搬运即用较低的成本，以较高的效率，完成一定量的装卸搬运作业，要实现此目标应采取一些合理化的措施。

1. 防止和消除无效作业

所谓无效作业，是指在装卸作业活动中超出必要的装卸、搬运量的作业。显然，防止和

消除无效作业对装卸作业的经济效益有重要作用。为了有效地防止和消除无效作业,可从以下几个方面入手:

(1) 尽量减少装卸次数。

要使装卸次数降低到最小,要避免没有物流效果的装卸作业。

(2) 提高被装卸物料的纯度。

物料的纯度,指物料中含有水分、杂质与物料本身使用无关的物质的多少。物料的纯度越高则装卸作业的有效程度越高。反之,则无效作业就会增多。

(3) 包装要适宜。

包装是物流中不可缺少的辅助作业手段。包装的轻型化、简单化、实用化会不同程度地减少作用于包装上的无效劳动。

(4) 缩短搬运作业的距离。

物料在装卸、搬运当中,要实现水平和垂直两个方向的位移,选择最短的路线完成这一活动,就可避免超越这一最短路线以上的无效劳动。

2. 提高装卸搬运的灵活性

所谓装卸、搬运的灵活性,是指在装卸作业中的物料进行装卸作业的难易程度。所以,在堆放货物时,事先要考虑物料装卸作业的方便性。装卸、搬运的灵活性,根据物料所处的状态,即物料装卸、搬运的难易程度,可分为不同的级别。

3. 实现装卸作业的省力化

装卸搬运使物料发生垂直和水平位移,必须通过做功才能实现,要尽力实现装卸作业的省力化。

在装卸作业中应尽可能地消除重力的不利影响。在有条件的情况下利用重力进行装卸,可减轻劳动强度和能量的消耗。将设有动力的小型运输带(板)斜放在货车、卡车或站台上进行装卸,使物料在倾斜的输送带(板)上移动,这种装卸就是靠重力的水平分力完成的。在搬运作业中,不用手搬,而是把物资放在车上,由器具承担物体的重量,人们只要克服滚动阻力,使物料水平移动,这无疑是十分省力的。

利用重力式移动货架也是利用重力进行省力化的装卸方式之一。重力式货架的每层格均有一定的倾斜度,利用货箱或托盘可自己沿着倾斜的货架层板自己滑到输送机械上。为了使物料滑动的阻力越小越好,通常货架表面均处理得十分光滑,或者在货架层上装有滚轮,也有在承重物资的货箱或托盘下装上滚轮,这样将滑动摩擦变为滚动摩擦,物料移动时所受到的阻力会更小。

4. 合理组织装卸搬运设备,提高装卸搬运作业的机械化水平

物资装卸搬运设备运用组织是以完成装卸任务为目的,并以提高装卸设备的生产率、装卸质量和降低装卸搬运作业成本为中心的技术组织活动。它包括下列内容:

(1) 确定装卸任务量。根据物流计划、经济合同、装卸作业不均衡程度、装卸次数、装卸车时限等,来确定作业现场年度、季度、月、旬、日平均装卸任务量。装卸任务量有事先确定的因素,也有临时变动的可能。因此,要合理地运用装卸设备,就必须把计划任务量与实际装卸作业量两者之间的差距缩小到最低水平。同时,装卸作业组织工作还要把装

卸作业的物资对象的品种、数量、规格、质量指标以及搬运距离尽可能地做出详细的规划。

（2）根据装卸任务和装卸设备的生产率，确定装卸搬运设备需用的台数和技术特征。

（3）根据装卸任务、装卸设备生产率和需用台数，编制装卸作业进度计划，通常包括装卸搬运设备的作业时间表、作业顺序、负荷情况等详细内容。

（4）下达装卸搬运进度计划，安排劳动力和作业班次。

（5）统计和分析装卸作业成果，评价装卸搬运作业的经济效益。

随着生产力的发展，装卸搬运的机械化程度定将不断提高。此外，由于装卸搬运的机械化能把工人从繁重的体力劳动中解放出来，尤其对于危险品的装卸作业，机械化能保证人和货物的安全，也是装卸搬运机械化程度不断得以提高的要因。

5. 推广组合化装卸搬运

在装卸搬运作业过程中，根据不同物料的种类、性质、形状、重量的不同来确定不同的装卸作业方式。处理物料装卸搬运的方法有三种形式：普通包装的物料逐个进行装卸，叫作"分块处理"；将颗粒状物资不加小包装而原样装卸，叫作"散装处理"；将物料以托盘、集装箱、集装袋为单位进行组合后进行装卸，叫作"集装处理"。对于包装的物料，尽可能进行"集装处理"，实现单元化装卸搬运，这样可以充分利用机械进行操作。组合化装卸具有很多优点：

（1）装卸单位大、作业效率高，可大量节约装卸作业时间。

（2）能提高物料装卸搬运的灵活性。

（3）操作单元大小一致，易于实现标准化。

（4）不用手去触及各种物料，可达到保护物料的效果。

6. 合理规划装卸搬运方式和装卸搬运作业过程

装卸搬运作业过程是指对整个装卸作业的连续性进行合理的安排，以减少运距和装卸次数。

装卸搬运作业现场的平面布置是直接关系到装卸、搬运距离的关键因素，装卸搬运机械要与货场长度、货位面积等互相协调。要有足够的场地集结货场，并满足装卸搬运机械工作面的要求，场内的道路布置要为装卸搬运创造良好的条件，有利于加速货位的周转。使装卸搬运距离达到最小平面布置是减少装卸搬运距离的最理想的方法。

提高装卸搬运作业的连续性应做到：作业现场装卸搬运机械合理衔接；不同的装卸搬运作业在相互联结使用时，力求使它们的装卸搬运速率相等或接近；充分发挥装卸搬运调度人员的作用，一旦出现装卸搬运作业障碍或停滞状态，立即采取有力的措施补救。

 **思考与讨论**

1. 简述物流装卸搬运工具有哪些。

2. 常见的叉车有哪些特性？

3. 简述装卸搬运合理化的方法。

案例分析

2.4 包装功能

案例 2 - 4

2.4.1 包装的概念、功能与分类

1. 包装的概念

我国国家标准 GB/T 4122.1—1996 中将包装定义为：包装（Packaging）为在流通过程中为保护商品，方便储运，促进销售而按一定技术方法采用的容器、材料及辅助物等的总称；也指为了达到上述目的而采用容器、材料和辅助物的过程中施加一定的技术方法等的操作活动。这是当前国内普遍接受和使用的概念。

其他国家对包装的定义的表达可能不同，但是主要包含了对现代包装认识的两层基本含义：一是静态的"物"，即装载商品的容器；二是动态的"行为"，即在对产品实施捆扎、承装过程中的系列活动。因此，对包装的概念理解应该是静态和动态的结合。

2. 包装的功能

在整个供应链管理系统中，包装既是生产的终点，又是物流的始点。而包装与物流的关系相对与生产的关系要密切得多。包装的功能主要有以下几个方面：

（1）保护物品。

物流包装的保护功能是最基本，也是最重要的功能。商品在流通过程中，可能因为环境条件（如温度、湿度、气体、微生物等）受到损害；也可能因为人为因素（如运输、装卸、存储过程中因操作不当）而损坏。因此，科学合理的包装能对货物起到保护作用。同时对危险货物进行特殊包装以防止其对周围环境及生物造成伤害。

（2）便于流通。

标准化包装给商品流通带来很大便利。将物品按照一定的数量、形状、规格、大小及容器包装，同时在包装外印有各种标记，反映被包装物品的品名、数量、规格、颜色及整体包装的体积、毛重、厂名及储运中的各种注意事项等。这样既利于分配调拨、清点计数，也利于合理运用各种运输工具和仓容，提高运输、装卸、堆码效率和储运效率，加速流转、提高流通的经济效益。

（3）促进销售。

精美的包装可以美化商品、宣传商品、促进销售。包装既能提高商品的市场竞争力，又能以其艺术魅力吸引顾客、指导消费。销售包装随商品的不同而形式多样，包装上的绘图、商标和文字说明，既方便消费者辨认，又介绍了商品的成分、性质、用途和保管方法等。

（4）节约费用。

合理的包装可以使零散的商品以一定数量的形式集成一体，从而大大提高装载容量，可以节约运输仓储等费用的支出。有些包装还可多次循环利用，节约包装材料。

3. 包装的分类

包装在生产、流通和销售领域中的作用不同，不同部门和不同行业对包装分类的要求也

同,分类的目的也不一样。下文主要介绍按照包装在流通中的作用,将包装分为工业包装和商业包装两类。

(1) 工业包装。

工业包装又称运输包装或外包装,是以保护运输和保管过程中的物品为目的的包装,尤其适用于大批量高效率的运输。对工业包装的基本要求如下:

① 确保商品运输安全。包装的外部结构必须具有抵抗外界因素损害的能力,一般采用瓦楞纸、木箱、托盘集装箱等容器,其构成材料强度要高,外部要进行捆扎包裹。在包装外形设计和材料选择上要考虑物品的物理化学性质,如流通过程中的冲击、震动负荷,装卸中的强度和次数,储存中的耐压、防水等特性,确保物品在运输过程中的安全。

② 要有明确的包装标志。一般都标有"小心轻放"、"切勿倒置"等储运标志以及易燃易爆等危险品标志,同时还标有商品的相关信息及发运地到达地等。

(2) 商业包装。

以促进商品销售为目的的包装,也称单个包装或小包装。商业包装的特点是包装件小,对包装的技术要求美观、安全、卫生、新颖、易于携带,印刷装帧要求较高。商业包装一般随商品销售给顾客,起着直接保护商品、宣传和促进销售的作用。

2.4.2　包装机械

包装机械是用于部分或全部完成物流包装作业的装备。包装机械的分类有多种方式,广义上有:包装加工制造设备,指包装作业前用于加工或制造包装材料、包装容器的准备工作的设备;装潢印刷机械设备,指用于包装物外部标识、装饰、说明、警示灯的印刷设备;物流包装机械设备,这是完成全部或部分包装作业过程的主导设备,是包装机械的主体,其种类和功能繁多;除此外还有包装辅助设备。本书主要介绍物流包装作业的主要设备及常用的辅助设备。

1. 充填机

将产品按预订量充填到包装容器内的机器称为充填机。

(1) 容积式充填机。将产品按预定容量充填到包装容器。适用于固体粉料或稠状物体充填的容积式充填机有量杯式、螺旋式、气流式、柱塞式、计量泵式、插管式和定时式等多种。

(2) 称量式充填机。将产品按预定质量充填到包装容器内。事先称出预定质量的产品然后充填到容器中。

(3) 计数充填机。将产品按预定数目充填至包装容器中。有单件计数和多件计数两类。

2. 灌装机

灌装机主要作用是将定量的液体物料充填到容器中。灌装机不仅可以将黏稠度较低的物料,如酒类、油类、果汁等,依靠自重以一定速度流动;也可以使某些黏稠物料,如牙膏、洗发膏等,依靠压力以一定速度流动。灌装机类型较多。

3. 封口机

封口机是指将盛有产品的包装容器封口的机器。

(1) 热压封口机。用热压的方法封口,封口时被封接面由热板压在一起,待被封接材料在封接温度下充分黏着后,卸压冷却完成封口操作,主要用于复合膜和塑料杯等。

(2) 带封口材料封口机。通过加载使封口材料变形或变位来实现封闭。常见的有压纹封口机、牙膏管封口的折叠式封口机、广口玻璃瓶的滚压封口机等。

(3) 带封口辅助材料的封口机。这种封口机采用不同种类的封口辅助材料封口。常见的如缝合机、订书机、胶带封口等。

4. 裹包机

裹包机是用柔性裹包材料裹包产品的机器,有覆盖式、折叠式、接缝式、扭结式、底部折叠式、半裹式、托盘套筒式和缠绕式等。

(1) 折叠式裹包机。用挠性包装材料裹包产品,并将末端伸出的裹包材料折叠封闭的机器叫折叠式裹包机,如卷烟、香皂、饼干和口香糖等的裹包。

(2) 扭结式裹包机。将末端伸出的无反弹性的柔性包装材料进行扭结封闭,多见于糖果的包装。

(3) 收缩包装机。将产品用具有热缩性薄膜包裹后进行加热使薄膜收缩包裹产品的机器,具有适用性广、包装性能好、生产效率高、市场营销好、便于自动化生产等特点。

(4) 拉伸裹包机。使用拉伸薄膜,在一定张力下包裹产品。用于将堆集在托盘上的产品连同托盘一起裹包。无须加热,节省能源。

5. 贴标机

采用黏结剂将标签贴在包装件或产品上,主要有黏合贴标机、热压和热敏黏合贴标机、压敏贴标机、收缩筒形贴标机。

6. 捆扎装置

捆扎的作用是打捆、压缩、缠绕、保持形状、提高强度、封口防盗、便于处置和防止破损等。捆扎机械装置是利用带状或绳状捆扎材料将一个或多个包件紧扎在一起的机器。常见的有自动和半自动捆扎机,捆扎材料多用聚乙烯绳、聚丙烯绳、尼龙绳等。

2.4.3 包装材料

包装的材料选择是否合理,是保证包装质量的关键。采用不同的包装材料是为了适应不同商品包装的要求。

1. 容器的材料

包装容器是包装的主体部分,包装材料一般可分为纸制、木材、金属、塑料、玻璃陶瓷、纤维制品、条编、复合材料等。

(1) 纸质包装。纸制包装在商品包装中占重要地位,一般占包装的 30% 至 40%。常见的有纸箱、瓦楞纸箱、纸盒、纸袋、纸管、纸筒等,主要用于日常百货、纺织品、食品、医药等商品。在现代包装中除了对商品起着保护作用,更对产品的宣传和促销起到了促进作用,也更利于环境保护和资源回收。

（2）木制包装。这也是物流中广泛流通的包装材料，其用量仅次于瓦楞纸箱。常见的有木箱、木桶、胶合板箱和木制托盘等。木制包装主要用于怕压、怕震动的仪器机械等；木桶和圆桶适宜用于盛装酒、酱、醋等液体，主要优点是耐酸碱的腐蚀。

（3）金属包装。金属包装具有机械强度高、抗冲击、不易破碎等优点。常见的有黑铁皮、白铁皮、可锻铸铁、铝箔、铝合金等制成的包装。金属容器按外形和使用一般分为桶和罐。例如，由白铁皮制成的易拉罐主要用来盛装饮料和啤酒，可机械化操作，安全卫生保证产品质量；铝箔软管主要用于包装化妆品及膏脂的药品；金属桶主要用于运输以石油为主的非腐蚀性半流体、粉状、固态等的运输。

（4）塑料包装。塑料包装是以人工合成树脂为主要原料的高分子材料制成的包装。常见的塑料包装材料有聚乙烯（PE）、聚氯乙烯（PVC）、聚丙烯（PP）、聚苯乙烯等。这些材料主要制作成塑料袋、集装袋、塑料盒、塑料瓶等。塑料袋适用范围广泛，它有防潮以及透明、耐折叠、耐冲击、耐挤压等特点，可以盛装各类商品，一般用于软包装；塑料瓶是采用聚丙烯和聚酯等无毒塑料树脂制成的，主要用于灌装液体商品。从环境保护的角度看，现代物流要加强塑料包装材料的循环利用，防止造成白色污染问题。

（5）玻璃陶瓷包装。玻璃和陶瓷主要是以硅酸盐材料制成的包装。常见的有玻璃瓶、玻璃罐、陶瓷瓶等，主要用于包装液体、固体药物以及液体饮料类商品。玻璃制品的优点是原材料丰富、玻璃的包装成本低，化学稳定性好，尤其适宜包装液体，而且坚硬不易变形等；但同时也存在着耗能高、易破碎、重而不易运输等不足。

（6）纤维制品包装。纤维制品包装主要指以棉、麻、丝、毛等天然纤维或者人造纤维、合成纤维织成的包装，主要有各种编织袋等。

（7）条编包装。条编包装是指以天然的藤条、竹条之类的材料编制而成的包装容器。常用的各种筐和篓、篮、包等，主要用于盛装农产品等。这种包装强度低，但是取材简便而且环保，是农副业常用的包装材料。

（8）复合材料包装。复合材料包装是指以两种及两种以上的材料复合制成的包装，可以改进单一包装的性能，发挥更多的优点。常见的复合材料有三四十种，最广泛的是塑料与玻璃纸复合，金属箔和塑料复合，纸张与塑料复合等。

2. 辅助包装材料

除了主要的包装容器外，要保证包装的安全，还必须选择合适的辅助材料。

（1）黏合剂。主要用于包装袋和包装箱的封口等。

（2）黏合带。按接合方式不同，分为橡胶带、热敏带、黏结带等。

（3）捆扎材料。捆扎的作用在于打捆、压缩、缠绕、包扎、保持形状、提高强度等。传统的材料有草绳、麻绳等，现在几乎都采用塑料材料。

2.4.4　包装合理化

包装是物流的起点，因此包装管理是一项重要的经济管理活动。包装合理化是物流合理化的重要组成部分，可以使商品流通更加有秩序地、协调地、有成效地进行，并创造更好的经济效益。

1. 包装合理化的概念

所谓包装合理化，是指在包装过程中使用适当的材料和适当的技术，制成与物品相适应的容器，节约包装费用，降低包装成本，使包装既能满足保护商品、方便物流、有利销售的要求，又能提高经济效益。

2. 包装合理化管理的要点

（1）适度包装。

根据货物的特性和运输需求，适度包装。既要防止包装的不足（无论是材料水平不足还是包装层次不足）导致货物的损失；也要防止过剩包装，使得包装材料浪费。过度包装不仅使商家的成本上升，包装在商品成本中的比重提高也损害了消费者的利益，也是对整个社会资源的浪费。

（2）广泛采用先进的包装技术。

随着社会的不断发展，物流诸因素也在不断变化，因此需要用科学的方法确定最优的包装。首先必须对保管环境有所了解，选择是否需要采用防锈包装、防湿包装等；其次要针对装卸工具选择包装，包装材料的种类和强度要根据手工或装卸机械的能力调整；再次，就是要根据运输的工具类型、运输距离、运输道路状况选择包装。同时为了满足包装、输送、存储等多方面的要求，也可采取组合式的包装方式。

（3）推行包装标准化。

包装标准化不仅可以促进包装容器的规模化生产，降低包装的成本，更重要的是有利于促进物流全过程的标准化。包装容器标准化将使各种物流子系统发生联动作业，如运输机械、装卸设备、运输工具等不同的物流环节设计到的器具都将逐渐建立在共同的标准之上。如此对整个物流过程的效率都大有提高，也减少了因为标准不同带来的诸多麻烦。

3. 包装的合理化趋势

（1）包装技术现代化。

近年来运输包装领域涌现出了很多新兴的技术，如缠绕包装技术、包装成组技术、包装智能技术等，这些新兴技术对发展集装化运输和提高物流效率有很大帮助。

（2）包装绿色化。

绿色包装无论是在包装材料的选取，还是包装容器的制造和包装方案的设计上都融入了环保的概念。包装材料尽量选取可以重复使用的原料，制造过程中控制工业废料和废气的排放等等，包装设计上突出环保的内涵与要求。

 **思考与讨论**

1. 简述物流包装的功能与作用。
2. 你认为现代物流包装的基本要求应是什么？

案例分析

2.5 配送功能

案例 2 - 5

2.5.1 配送的概念与特点

1. 配送的概念

我国国家标准《物流术语》中关于配送的解释为：在经济合理区域范围内，根据用户的要求，对物品进行拣选、加工、包装、分割、组配等作业，并按时送达指定地点的物流活动。

配送是配货、分货、送货等活动的有机结合体，是社会化分工进一步细化的综合性物流活动，配送服务的出发点是"顾客要求"。配送是商业和物流紧密结合的一种综合的特殊的环节，同时也是物流过程中的关键环节。

2. 配送的特点

配送是物流的重要的子系统，可以说物流水平的高低是可以用配送水平的高低来判断的。根据配送的概念，它具有以下几个特点：

(1) 配送是一种综合服务。

配送服务的综合性主要表现在两个方面：一是服务内容的综合性，配送不仅仅是简单的将货送到客户的手中，而是为客户提供包装、分割、加工、运输装卸、信息咨询等多种综合的服务；二是配送作业的综合性，它集所有物流功能于一身，是一种现代化的作业系统。

(2) 配送是一种专业化的分工。

配送是一种专业化的流通分工方式，是大生产、专业化分工在流通领域的反映。配送根据顾客的订货要求准确、及时地为其提供物资保证，在提高服务质量的同时，更适应大生产环境下发展规模经营的要求。

(3) 配送是特殊的送货形式。

配送不同于传统的送货形式，不是生产什么送什么，而是需要什么送什么。配送进行的是中转货物，而不是直接送货，其主体是物流企业，而不是生产企业。

(4) 配送需要现代化的技术设施保障。

在配送过程中由于大量采用先进的信息技术和各种分拣、装卸、运输设备等，使得配送作业像工业生产中广泛应用的流水线一样，流通工作工厂化，从而大大提高了商品流转的速度，使物流成为第三利润源泉变成了现实。

2.5.2 配送的分类

配送服务按不同的分类标准有多种分类。

1. 按配送的主体分类

(1) 商店配送。

商店配送是由商业部门或物资的门市网点组织商品配送的形式，这些网点主要承担商业的零售，一般规模不大，但经营品种齐全，可以满足客户的零星需要。在实践中，商店配送有两种运作形式,一是兼营配送,就是商店在进行一般的零星销售的同时兼营配送;二是商店专营配送形式,就是商店不进行零售而专门进行配送。一般情况下是商店位置条件不好,不适宜门市销售,而商店又有某方面经营优势和渠道而采取这样的形式。

(2)配送中心配送。

配送中心的经营规模都比较大,其设施和工艺结构式是根据配送活动的特点和要求专门设计配置的,专业化现代化程度较高,是专门从事货物配送活动的流通性企业。在发达国家,配送中心配送已成为主要的配送形式。关于配送中心配送将在后面的篇幅详细介绍。

(3)仓库配送。

仓库配送是以传统的仓库为据点而实施的配送形式。仓库配送可以在保持仓库基本功能前提下再增加一部分配送功能。

(4)生产企业配送。

生产企业是配送的组织者,尤其进行多品种生产的企业可以直接由本企业进行配送。

2. 按配送的组织形式分类

(1)供应配送。

供应配送是指客户为了自己的供应需要,由客户或客户集团组建配送据点,集中大批量进货,取得订购优惠,然后向本企业配送或向本企业的若干企业配送。

(2)销售配送。

销售配送实质销售性企业作为销售战略的一个环节所进行的促销型配送。商店配送一般多属于销售配送,用配送销售的方式可以扩大销售数量,扩大市场占有率,获得更多利益。

(3)销售—供应一体化配送。

销售—供应一体化配送是指销售企业对于基本固定的客户和基本确定的配送产品,可以在自己销售的同时还能承担客户有计划的供应的职能,销售企业既是销售者又是客户的供应代理人。

(4)代存代供配送。

代存代供配送是用户将自己的货物委托配送企业代存、代供,有时还委托代订以组织对本身的配送。这种配送过程中商品的所有权不发生转移。

3. 按配送商品种类及数量不同分类

(1)单品种大批量配送。

单品种大批量配送是指对生产企业需求量较大的商品一个或很少几个品种就能达到整车运输的要求,可以由生产企业或配送中心配送。

(2)多品种少批量配送。

多品种少批量配送是指根据不同消费者的不同需求将各种物资选好、配齐、少量多次地配送到指定地点的配送方式。

(3)配套配送。

配套配送是按照客户的需要,将每台设备多需要的零件全部备齐按一定的流程运送到客户手中,客户可以随时根据需要将其投入使用的方式。

4. 按配送时间及数量分类

（1）定时配送。

定时配送是指配送企业根据与客户签订的协议,按照商定的时间准时配送货物的一种配送形式。一种是日配送形式,一般在订货发出的 24 小时之内将货物送到用户手中。另一种是"准时—看板"方式,是实现配送供货与企业生产工序同步的一种配送方法,每天至少一次,甚至几次,以保证企业生产的不间断。这种形式要依靠高水平的配送系统来实现。

（2）定量配送。

定量配送是指根据协议按照规定的批量在一个指定的时间范围内进行配送。配送货物的数量固定,备货工作较为简单,但因为每次数量不变,容易造成用户的库存积压。

（3）定时定量配送。

定时定量配送是按照规定的配送时间和配送数量进行的一种配送服务形式,条件有定时配送和定量配送的优点,但是对组织要求较高,不太容易实现。这种方式大多应用于大量而且生产相对稳定的汽车制造、家电产品的物料供应领域。

（4）定时定路线配送。

定时定线路配送是指在规定的运行线路上,制定配送车辆到达的时间表,按运行时间表进行配送,用户可以按照配送企业规定的线路和规定的时间到指定的位置接货。对配送企业而言,这种配送方式有利于企业组织安排,比较适合用户相对集中的地方,但是因为定时定路线,配送容易出现运输车辆配载不满和对用户适应性差的情况。

（5）即时配送。

即时配送是完全按照用户突然提出的配送要求的时间和数量,随时进行配送的组织形式。这是一种很高的灵活性的应急方式,用户可以实现真正意义上的"零库存",但是配送的组织由于缺乏计划性比较困难。

2.5.3　配送的作用

近年来物流配送迅猛发展,在发达国家,配送已经成为企业经营活动的重要组成部分。之所以这样,是因为物流配送在社会化专业化大生产中发挥了重要的作用。

1. 有利于物流的合理化

随着经济的迅速发展,物流朝着科学化、合理化方向发展是必然趋势。配送是实现整个流通过程社会化、现代化的重要手段,可以形成高效率和高收益。

2. 降低物流成本、提高效益

配送以总量较低的集中库存取代总量较高的分散库存,形成规模效应,不但降低了物流总成本,而且优化了生产领域的资金结构,起到了降低成产成本、促进快速发展的作用。

3. 集中库存使企业降低了库存量

高水平的配送可以帮助实现生产企业追求的"零库存",使企业摆脱库存积压的困扰,解放因库存积压的资金,从而改善企业的财务状况。

4. 简化手续更好地服务顾客

通过配送,顾客只需向一处订购就可以订购到多种货物,只需要组织一次与配送企业对接的接货就可以了,大大减轻了顾客的工作量和财务开支。

5. 提高末端物流的经济效益

在配送方式下企业订货可以增大批量来达到经济进货的目的,再加上各种商品集中在一起进行一次发货,代替小批量发货,从而大大提高了末端物流的经济效益。

6. 保证供应服务的质量

配送中心因其规模一般较大,货物齐全,人员和设备都相对专业,相较于传统的物流送货单位,可以更好地保证服务质量。

7. 有利于新技术的开发

在社会生产不断扩大的今天,产品的流通和客户的需求对配送企业不断提出新的挑战。而专业的配送企业一般规模较大,也有相应的资金实力,在新形势下必将致力于技术水平的提高。

2.5.4 配送中心及其分类

1. 配送中心的定义

配送中心一般是指从事配送业务的物流场所或组织。《物流标准》中将配送中心定义为从供应者手中接受多种大量的货物,进行倒装、分类、保管、流通加工和情报处理等作业,然后按照众多需要者的订货要求备齐货物,以令人满意的服务水平进行配送的设施。它应符合主要为特定的用户服务;配送功能齐全;完善的信息网络;辐射范围小;多品种、小批量;以配送为主,存储为辅等要求。

2. 配送中心的基本功能

配送中心的功能是通过配货和送货来完成资源的最终配置。它是集加工、理货、送货等多种职能于一体的物流据点。一般而言,配送中心的功能主要有以下几方面。

(1) 采购功能。

配送中心必须首先采购所需供应配送的商品,才能及时准确无误地为用户(即生产企业或商业企业)供应物资。配送中心需要根据市场的供求变化情况,及时周全地制订采购计划,并由专门的采购部门人员组织实施。

(2) 存储功能。

配送中心的服务对象是为数众多的生产企业和商业网点,如连锁店和超市,其主要职能就是按照用户的要求及时将各种装配好的货物送交到用户手中,满足生产和消费需要。为了顺利有序地完成向用户配送货物的任务,更好地发挥保障生产和消费的作用,通常配送中心都建有现代化的仓库并配备一定数量的仓储设备,存储一定数量的商品。

(3) 配组功能。

由于每个用户企业对商品的品种、规格、型号、数量、质量、送达时间和地点等的要求不同,配送中心就必须按用户的要求对商品进行分拣和配组。这一功能是物流配送中心与传统仓储企业之间的明显区别之一,也是配送中心最重要的特征之一。

(4) 分拣功能。

作为物流节点的配送中心,其服务对象是为数众多的企业,而这些企业之间存在的差别也很大,不仅经营性质不同,经营规模也参差不齐。因此,在订货时,不同的客户提出的要求就会不同。为了满足不同客户的需求,有效地组织配送活动,配送中心必须采取适当的方式对组织来的货物进行分拣,并在此基础上,按照配送计划分装和配置货物,这样在商品流通实践中,配送中心除了能够储存货物,还增加了分拣货物的功能。

（5）分装功能。

配送中心从自身角度总是希望采用大批量的进货来降低进货价格和进货费用。但同时,用户企业为了降低库存、加快资金周转,则偏好采用小批量的方式进货。为了满足客户小批量、多批次地进货,配送中心就必须进行分装。

（6）集散功能。

在物流系统中,配送中心凭借其特殊的地位以及各种先进的设备,能够将分散在各个生产企业的产品集中在一起,通过分拣配货以及配装等环节向多家用户进行发送。与此同时,配送中心可以把各个客户所需要的多种货物配装在一起,形成经济、合理的货载批量。这就是配送中心的集散功能。

（7）配送加工功能。

经济高效的运输、装卸、保管一般需要大的包装形式,但在物流末端的最终客户一般需要小的包装。为了解决这个矛盾,提高在客户心中的满意度,配送中心增加了配送加工功能,主要是依据客户和市场需求进行简单的再加工。

（8）信息管理功能。

配送中心在营运过程中搜集和积累的信息不仅能有助于其本身合理安排资源配置,还可以为上下游企业制定商品开发、销售推广战略提供参考。一般来说,配送中心都具有功能完备的仓库管理系统,并能与各供应商、各客户的 ERP 或其他信息系统实现实时的链接。

3. 配送中心的分类

对配送中心的适当分类是深入认识配送中心的必然需要,从理论上和配送中心的作用上,可以有很多种分类。这里主要结合实际运转中的情况将其分类如下:

（1）按配送中心的功能分为:流通型配送中心,是基本没有长期储存功能,仅以暂存或随进随出方式进行配货、送货的配货中心,如日本阪神配送中心,中心内只有暂存,大量储存则依靠一个大型补给仓库;存储型配送中心,有很强的储存功能,适用于大范围配送,如瑞士GIBA－GEICY 公司的配送中心拥有世界前列规模的储存库;加工型配送中心,具有加工职能,如食品加工配送中心、生产资料加工配送中心等。

（2）按配送中心的辐射范围分为:城市配送中心,是向城市范围内的众多用户提供配送服务的物流组织,由于货运距离较短,这种配送中心可以直接配送到最终用户,一般使用汽车载运,这种配送中心往往和零售商经营相结合,由于运距短,反应能力强,因而从事多品种、少批量、多用户配送较有优势;区域配送中心,以较强的辐射能力和库存准备,可以跨省市,甚至跨国开展配送业务,一般而言配送规模较大,往往是配送给下一级的城市配送中心或者营业所、商店、批发商和企业用户。

（3）按配送中心的社会化程度分为:企业自用配送中心,通常只为本企业服务,基本不对外开放,目的是减少流通环节,降低企业物料成本;社会公用型配送中心,即业界所说的第三方物流,是以营利为目的,面向社会开放的配送组织,不仅提供设施和保管,而且为货主企业提供物流信息系统和配送管理系统,并对配送系统和运输管理负责。

2.5.5 配送合理化

所谓配送合理化就是要把适当的产品,在规定的时间、规定的地点,以适当的数量、合适的价格提供给客户。在物流配送过程中往往会有许多不合理的现象,如资源筹措不合理、库存决策不合理、送货中出现不合理运输等等,这些不合理现象都会直接导致物流配送成本上升,物流经济效益下降。

1. 物流配送合理化的判断标志

如何判断物流配送是否合理化,必须了解物流合理化的判断标志。

(1)库存标志。库存是判断物流配送合理化的重要标志,主要包括库存总量与库存周转率。库存总量在一个配送系统中,从分散的各个用户转移给配送中心,配送中心库存数量加上各用户在实行配送后库存量之和应低于实行配送前各用户库存量之和。此外,从各个用户角度判断,各用户在实行配送前后的库存量比较,也是判断合理与否的标准。某个用户上升而总量下降,也属于一种合理现象。库存周转率是反映库存管理水平的标志,以低库存保持高库存周转率是企业一直追求的管理目标。由于配送的企业的调剂作用,生产企业的库存周转率应较原来要快。为了取得共同比较的基准,在考量周转率时以库存储备资金计算而不是以实际物资计算。

(2)资金标志。资金标志主要包括资金总量、资金周转、资金投向的改变等。资金总量是指资源筹措所占用的流动资金总量,随着总量的下降和供应方式的改变必然有一个较大的降低。从资金周转的角度来看,实行配送后,资金充分发挥作用。同样数量的资金,过去需要较长的时间才能满足一定的供应需求,现在能在较短的时间内达到这个目的。资金分散投入还是集中投入是资金调控能力的重要反映。实行配送后,资金必然应当从分散投入改为集中投入,以便加强调控作用。

(3)成本和效益标志。总效益、宏观效益、微观效益、资源筹措成本都是判断配送合理化的重要标志。由于总效益及宏观效益难以计量,在实际判断时,一般是以配送企业和客户的微观效益来计量进行比较分析。成本及效益对合理化的衡量,还可以具体到储存、运输等具体配送环节,使判断更为精细。

(4)供应保证标志。配送过程中的重要一点是必须提高而不是降低对客户的供应保证能力,才算实现了合理化。供应保证能力可以从以下方面判断:缺货次数在实行配送后必须下降;配送企业的集中库存后所形成的保证供应能力要大于之前单个能力相加之和;即时配送的能力和速度要有所提高。物流配送中心的供应保障能力是一个非常重要的合理化标志,必须追求其可靠性,但也非盲目追求,超过实际需要也是不可取的。

(5)物流合理化。配送必须有利于物流合理化。判断标准就是物流配送过程中是否降低了物流费用;是否减少了物流损失;是否加快了物流速度;是否发挥了各种物流方式的最优效果;是否有效衔接了干线运输和末端运输;是否减少了实际物流中转次数;是否采用先进的技术手段;等等。

2. 物流配送合理化的主要措施

从国内外物流实践的经验总结来看,实现物流配送合理化主要有以下途径可以借鉴。

（1）推行适度综合的专业化配送。

通过采用专业设备、设施及操作程序，取得较好的配送效果，并降低配送过分综合化而带来的复杂程度，防止分工专业化的降低，从而追求配送合理化。

（2）发展加工配送。

通过加工和配送相结合，充分利用本来应有的中转，而不增加新的中转次数以求得配送合理化。同时，加工借助于配送，加工的目的更明确，和客户的联系更紧密，更避免了盲目性。两者的有机结合，产生"1＋1＞2"的效果。

（3）实行共同配送。

共同配送也称共享第三方物流服务，指多个客户联合起来共同由一个第三方物流服务公司来提供配送服务。它是在配送中心的统一计划、统一调度下展开的。通过共同配送，以最短路径、最低的配送成本完成配送作业，从而追求配送合理化。

（4）实行送取结合。

物流配送企业和客户建立稳定、密切的协作关系，配送企业不仅成为客户的供应代理人，还要成为客户储存节点，甚至产品代销人。在配送时，将客户所需的物资送到，再将客户生产的产品用同一辆车运回，这种也成了配送中心的配送产品之一，或者代为存储，降低了企业的库存包袱。这种送取结合的方式使物流企业的运力利用率大大提高。

（5）实行准时配送。

准时配送是配送合理化的基本要求。配送准时，客户才有把握实施低库存战略，更有效地安排人力、物力接货，物流配送企业才能与客户建立更稳定的信任合作关系。

（6）推行即时配送。

即时配送是解决客户担心企业中断供货的最根本手段。在客户需要的时候立刻将货物配送到客户手中，是配送企业快速反应能力的具体化，是配送企业实力的体现。即时配送才能促使企业真正实现"零库存"。

 思考与讨论

1. 物流配送的一般业务流程是什么？
2. 如何提高配送中心的作业效率？

案例分析

2.6　流通加工功能

2.6.1　流通加工的概念、功能与内容

案例 2-6

1. 流通加工的概念

所谓流通加工，就是商品在从生产者向消费者流通过程中，为了增加附加价值、满足客户要求、促进销售而进行的简单的组装、剪切、套裁、贴标签、刷标志、分装、检量、弯管、打孔

等加工作业。这些流通加工作业多在配送中心、流通仓库、卡车终端等物流场所进行。由于流通加工并非在物流活动中必然存在,所以有的学者不把流通加工列入物流的主要功能。但是,流通加工随着销售竞争的日益激烈和用户的个性化、多样化需求,越来越显示出它不可替代的重要地位和作用。

2. 流通加工的功能

(1) 提高原材料的利用率。利用流通加工环节进行集中下料,将生产厂商直接运来的简单规格的产品,按用户的要求进行下料。例如,将钢板进行剪板、切裁;木材加工成各种长度及大小的板;等等。集中下料可以优材优用、小材大用、合理套裁,有很好的技术经济效果。

(2) 进行初级加工,方便用户。用量小或临时需要的用户,缺乏进行高效率初级加工的能力,依靠流通加工可使用户省去进行初级加工的投资、设备及人力,方便了用户。目前发展较快的初级加工有将水泥加工成混凝土、将原木或板方材加工成门窗、钢板预处理等。

(3) 提高加工效率及设备利用率。由于建立集中加工点,可以采用效率高、技术先进、加工量大的专门机具和设备。

3. 流通加工的内容

(1) 以保存产品为主要目的的流通加工。

生活消费品的流通加工是为了使消费者对生活消费品在质量上保持满意,如水产品、蛋产品、肉产品等要求的保鲜、保质的保鲜加工、冷冻加工和防腐加工等;丝、麻、棉制品的防虫、防霉加工等。生产资料的这类加工有金属材料的防锈蚀加工,木材的防腐朽、防干裂加工,水泥的防潮、仿湿加工等。

(2) 为满足用户多样化需要的流通加工。

为满足用户对产品多样化的需求,将生产出来的单型产品进行多样化改制加工是流通加工中占有重要地位的一种加工形式。例如,对钢材的裁剪;对平板玻璃按需要规格的开片加工;木材改方材、板材的加工;商品混凝土和商品水泥制品的加工等。对于生产企业而言,这种加工形式可以缩短企业的生产流程,使生产技术密集程度提高,生产周期缩短。

(3) 为了消费方便、省力的流通加工。

例如,粮食行业的面食加工,副食行业的盘菜、半成品加工,商场的首饰加工和服装加工等,都不同程度地满足了消费者的方便、省力的要求。

(4) 为提高产品利用率的流通加工。

以在流通领域的集中加工代替分散在各使用部门的分别加工,可以大大提高物资的利用率,有明显的经济效益。集中加工可以减少原材料的消耗,提高加工质量,还可以充分利用加工后的副产品,如钢材、玻璃的加工等。

(5) 为提高物流率、降低物流损失的流通加工。

一些物资由于本身的特殊形状,在运输、装卸中效率极低,易发生损失。经过流通加工,可以弥补这些物流缺陷,如自行车的销售点组装、石油天然气的液化加工等。

(6) 为衔接不同运输方式,使物流更加合理化的流通加工。

由于现代社会生产的相对集中和消费的相对分散,流通过程中衔接生产的大批量、高效率的输送和衔接消费的多品种、多毗连、多户头的直接输送,存在着很大的矛盾。一些流通加工形式可以较为有效地解决这些矛盾。从流通加工点为分界线,从生产部门至流通加工点可以形成大量的、高效率的定点输送;从流通加工点至用户可以形成多品种、多批量、多户头的灵活输送。

(7) 为实现配送进行的流通加工。

配送中心为了满足对物资供应的数量、供应构成的要求,通过对物资的各种加工活动,如化整为零、定量供应、定时供应等,实现配送活动。

2.6.2　流通加工的方式

按加工目的不同,有以下几种基本的流通加工形式。

(1) 为弥补生产领域加工不足的深加工。

有许多产品在生产领域的加工只能达到一定程度,这是由于许多限制因素限制了生产领域不能完全实现终极加工。例如,钢铁厂的大规模生产只能按标准规定的规格生产,如果在产地就完成成材或制成木制品的话,就会造成极大的运输困难,所以原生产领域只能加工到圆木、板方材这个程度。进一步的下料、切裁、处理等加工则由流通加工完成。

这种流通加工实际是生产的延续,是生产加工的深化,对弥补生产领域的加工不足有重要意义。

(2) 为满足需求多样化进行的服务性加工。

需求存在着多样化和多变化的特点,为满足这种需求,经常是用户自己设置加工环节。例如,生产型用户的再生产往往从原材料初级处理开始。

就用户来讲,现代生产的要求,使生产型用户尽量减少流程,尽量集中力量从事较复杂的、技术较强的劳动,而不愿意将大量初级加工包揽下来。这种初级加工带有服务性,如果由流通加工来完成,生产型用户便可以缩短自己的生产流程,使生产的技术密集程度提高。

对一般消费者而言,则可省去烦琐的预处理工作,集中精力从事较高级的能直接满足需求的劳动。

(3) 为保护产品所进行的加工。

在流通过程中,直到用户投入使用前都存在对产品的保护问题,要防止产品在运输、存储、装卸、搬运、包装等过程中受到损失,以保障使用价值能顺利实现。这种加工主要采取稳固、改装、冷冻、保鲜等方式。

(4) 为提高物流效率,方便物流的加工。

有一些产品本身的形态使之难以进行物流操作,如鲜鱼的装卸、储存操作;超大型设备的搬运、装卸;气体物的运输、装卸等。进行流通加工,可以使物流各环节易于操作,如鲜鱼冷冻、超大型设备解体、气体液化等。这种加工往往改变"物"的物理状态,但并不改变其化学特性。

(5) 为促进销售的流通加工。

流通加工可以从若干方面起到促进销售的作用,如将过大包装或散装物分装成适合一次性销售的小包装的分装加工;将原以保护产品为主的运输包装改换成以促进销售为主的装潢性包装,以起到吸引消费者、指导消费者的作用;将零配件组装成用具、车辆,以便于直接销售;将蔬菜、肉类洗净切块,以满足消费者要求等等。这种流通加工有的是不改变"物"

的本体,只进行简单改装的加工,也有许多是组装、分块等深加工。

(6) 为提高加工效率的流通加工。

许多生产企业的初级加工由于加工的产品数量有限,加工效率不高,难以采用先进技术。流通加工以集中加工的形式,克服了单个企业加工效率不高的弊病。一家流通加工企业集中了若干生产企业的初级加工,可促进生产技术水平的提高。

(7) 为提高原材料利用率的流通加工。

流通加工可发挥其综合性强、用户多的特点。例如,实行合理规划、合理套裁、集中下料的办法,就能有效提高原材料利用率,减少浪费。

(8) 衔接不同运输方式,使物流合理化的流通加工。

在干线运输及支线运输的节点,设置流通加工环节,可以有效解决大批量、低成本、长距离干线运输与多品种、少批量、多批次末端运输之间的衔接问题。在流通加工点与大生产企业间形成大批量、定点运输的渠道,以流通加工中心为核心,可组织多用户的配送。在流通加工点也可以将运输包装转换为销售包装,从而有效衔接不同目的的运输方式。

(9) 生产—流通一体化的流通加工。

依靠生产企业与流通企业的联合,或者生产企业涉足流通,或者流通企业涉足生产,形成对生产与流通加工进行合理分工、合理规划、合理组织、统筹进行生产与流通加工的安排,就是生产—流通一体化的流通加工形式。这种形式有利于产品结构及产业结构的调整,充分发挥企业集团的经济技术优势,是目前流通加工领域的新形式。

2.6.3 流通加工合理化

1. 不合理流通加工的若干形式

(1) 流通加工地点设置的不合理。流通加工地点设置(即布局状况)是关系到整个流通加工能否有效的重要因素。一般而言,为衔接单品种大批量生产与多样化需求的流通加工,加工地设置在需求地区,才能实现大批量的干线运输与多品种末端配送的物流优势。

即使是产地或需求地设置流通加工的选择是正确的,还存在一个在小地域范围的正确选址问题,如果处理不善,仍然会出现不合理。这种不合理主要表现在交通不便,流通加工与生产企业或用户之间距离较远,流通加工点的投资过高,加工点周围的社会、环境条件不良,等等。

(2) 流通加工方式选择不当。流通加工方式包括流通加工对象、流通加工工艺、流通加工技术、流通加工程度等。流通加工方式的正确选择实际上是指与生产加工的合理分工。本来应由生产加工完成的,却错误地由流通加工完成;本来应由流通加工完成的,却错误地由生产加工过程去完成,这都会造成不合理性。一般而言,如果工艺复杂,技术装备要求较高,或加工可以由生产过程延续或较易解决者都不宜再设置流通加工,尤其不宜与生产过程争夺技术要求较高、效益较高的最终生产环节。如果流通加工方式选择不当,就会出现与生产过程夺利的恶果。

(3) 流通加工作用不大,形成多余环节。有的流通加工过于简单,或对生产及用户作用都不大,甚至存在盲目性,同样不能解决品种、规格、质量、包装等问题,相反却增加了环节,这也是流通加工不合理的一种形式。

（4）流通加工成本过高，效益不好。流通加工之所以能够有生命力，重要优势之一是有较大的产出投入比，因而有效地起着补充完善的作用。如果流通加工成本过高，则不能实现以较低投入实现更高回报的目的。除了一些必需的、从政策要求即使亏损也应进行的加工外，都应看成是不合理的。

2. 流通加工合理化

流通加工合理化的含义是实现流通加工的最优配置，不仅要避免各种不合理，而且要做到最优。目前，国内在这方面已积累了一些经验，取得了一定成果。实现流通加工合理化主要考虑以下几个方面：

（1）加工和配送结合。将流通加工设置在配送点，一方面按配送的需要进行加工，另一方面加工又是配送业务流程中的一环，加工后的产品直接投入配货作业，这就无须单独设置一个加工的中间环节，使流通加工有别于独立的生产，而使流通加工与中转流通巧妙结合在一起。同时，由于配送之前有加工，可使配送服务水平大大提高。这是当前对流通加工作合理选择的重要形式。

（2）加工和配套结合。在对配套要求较高的流通中，配套的主体来自各个生产单位，但是，完全配套有时无法全部依靠现有的生产单位，进行适当的流通加工，可以有效促成配套，大大提高流通的桥梁与纽带的能力。

（3）加工和运输结合。流通加工能有效衔接干线运输与支线运输，促进两种运输形式的合理化。利用流通加工，使干线运输与支线运输之间的转换更加合理，从而大大提高运输及运输转载水平。

（4）加工和商流相结合。通过加工，有效地促进销售，使商流合理化，也是流通加工合理化的考虑方向之一。加工和配送要相结合，通过加工，提高了配送水平，强化了销售，是加工与商流相结合的一个成功的例证。此外，通过简单地改变包装加工，形成方便的购买量，通过组装加工消除用户使用前进行组装、调试的困难，都是有效促进商流的例子。

（5）加工和节约相结合。节约能源、节约设备、节约人力、节约耗费是流通加工合理化重要的考虑因素，也是目前我国设置流通加工、考虑其合理化的较普遍形式。

对于流通加工合理化的最终判断，要看其是否能实现社会的和企业本身的两个效益，而且是否取得了最优效益。对流通加工企业而言，与一般生产企业的一个重要不同之处是：流通加工企业更应树立社会效益第一的观念，只有在补充完善为己任的前提下才有生存的价值。如果只是追求企业的微观效益，不适当地进行加工，甚至与生产企业争利，那就有违流通加工的初衷，或者其本身已不属于流通加工范畴了。

 **思考与讨论**

1. 流通加工与生产加工的区别主要有哪些？
2. 如何实现流通加工的合理化？

案例分析

2.7 物流信息功能

案例 2-7

2.7.1 物流信息的概念、功能与分类

1. 物流信息的概念

物流信息包含的内容可以从狭义和广义两方面来考察从狭义的范围来看,物流信息是指与物流活动(如运输、保管、包装、装卸、流通加工等)有关的信息。在物流活动的管理与决策中,如运输工具的选择、运输路线的确定、每次运送批量的确定、在途货物的跟踪、仓库的有效利用、最佳库存数量的确定、订单管理、如何提高顾客服务水平等,都需要详细和准确的物流信息,因为物流信息对运输管理、库存管理、订单管理、仓库作业管理等物流流动具有支持和保证的功能。

从广义范围来看,物流信息不仅指与物流活动有关的信息,而且包含与其他流通活动有关的信息,如商品交易信息和市场信息等。商品交易信息是指与买卖双方的交易有关的信息,如销售和购买信息、订货和接受订货信息、发出货款和收到货款信息等。市场信息是指与市场活动有关的信息,如消费者的需求信息、竞争者或竞争性商品的信息、销售促进活动信息、交通通信等基础设施信息等。

在现代经营管理活动中,物流信息、商品交换信息相互之间有着密切的联系。例如,零售商根据对消费者的预测及库存状况制定订货计划,向批发商或直接向生产厂商发出订货信息。批发商在接到零售商的订货信息后,在确认现有库存水平能满足订单要求的基础上,向物流部门发出发货配送信息。如果发现现有的库存水平不能满足订单要求,则马上向生产厂家发出订单。生产厂家在接到订单以后,如果发现现有库存水平不能满足订单要求,则马上组织生产,再按订单上的数量和时间要求向物流部门发出发货配送信息。由于物流信息与商品交换信息和市场信息相互交融、密切联系,所以广义的物流信息还包含与其他流通活动有关的信息。

2. 物流信息的功能

物流信息不仅能起连接整合从生产厂家经过批发商和零售商最后到消费者的整个供应链的作用,而且在应用现代信息技术(如 EDI、EOS、POS、互联网、电子商务等)的基础上能实现整个供应链活动的效率化,具体说就是利用物流信息对供应链各个企业的计划、协调、库户服务和控制活动进行更有效的管理。总之,物流信息不仅对物流活动具有支持保证作用,而且具有连接整个供应链和使整个供应链活动更有效率的功能。正由于物流信息具有这些功能,使得物流信息在现代企业经营战略中有越来越重要的地位。建立物流信息系统,提供准确、迅速、及时、全面的物流信息是现代企业获得竞争优势的必要条件。具体来说,物流信息的功能主要体现在以下几个方面:

(1) 物流信息是物流系统整体的中枢神经。

物流系统是一个有着自身运动规律的有机整体,物流信息经收集、加工、处理后,成为系

统决策的依据,对整个物流活动起着运筹、指挥和协调的作用。如果信息失误,则运筹、指挥活动便会失误;如果信息系统故障,则整个物流活动将陷入瘫痪。

(2) 物流信息是物流系统变革的决定性因素。

人类社会已经进入信息时代,信息化将改变现有经济社会的消费系统和生产系统,从而改变人类生存的秩序。物流是国民经济的服务性系统,社会经济秩序的变革必将要求现有的物流系统结构、秩序随之变革。物流信息化既是这种变革的动力,也是这种变革的实质内容。

(3) 支持交易系统。

交易系统是用于启动和记录个别的物流活动的最基本的层次。交易活动包括记录订货内容、安排存货任务、作业程序选择、装船、定价、开发票以及消费者咨询等。例如,当收到消费者订单进入信息系统时,就开始了一笔交易。按订单安排存货,记录存货意味着开始了第二笔交易。按订单安排存货,记录订货内容意味着开始了第二笔交易。随后产生的一笔交易是打印和传送付款发票。在整个过程中,当消费者需要而且必须获得订货状况信息时,通过一系列信息交易,就完成了消费者订货功能的循环。

(4) 支持管理控制。

管理控制,要求把主要精力集中在功能衡量和报告上。功能衡量对于提供有关服务水平和资源利用等管理反馈来说是必要的。因此,管理控制以可估价的、策略上的、中期的焦点问题为特征,它涉及评价过去的功能和鉴别各种可选方案。普通衡量包括每吨的运输成本和仓储成本、存货周转、供应比率,每工时生产量,以及顾客的感觉。

当物流信息系统有必要报告过去的物流系统功能时,物流系统是否能够在其被处理的过程中鉴别出异常情况也是很重要的。管理控制的例外信息对于鉴别潜在的顾客或订货问题是有用的。例如,有超强活力的物流系统应该有能力根据预测的需求和预期的入库数量来预测未来的存货短缺情况。基本的管理控制衡量方法,如成本,有非常明确的定义,而另一些衡量方法,如顾客服务,则缺乏明确的定义。例如,顾客服务可以从内部(企业的角度)或外部(顾客的角度)来衡量。内部衡量相对比较容易跟踪,但是外部衡量却难以获得,因为它们要求的是建立在对每一个顾客监督的基础上的。

(5) 支持决策分析。

决策分析主要集中在决策应用上,协助管理人员鉴别、评估经比较物流战略和策略后的可选方案。典型分析包括车辆日常工作和计划、存货管理、设施选址,以及有关作业比较和安排的成本—效益分析。对于决策分析,物流信息系统必须包括数据库维护、建模和分析,以及范围很广的潜在可选方案的报告构件。与管理控制层次相同的是,决策分析也以策略上的和可估计的焦点问题为特征。与管理控制不同的是,决策分析的主要精力集中在评估未来策略上的可选方案,并且它需要相对松散的结构和灵活性,以便做范围很广的选择。因此,用户需要有更多专业知识和培训去利用它的能力。既然决策分析的应用比交易应用少,那么物流信息系统的决策分析趋向于更多地强调有效(针对无利可图的账户鉴别出有利可图的品目),而不是强调效率(利用更少的人力资源实现更快的处理或增加交易量)。

(6) 支持制定战略计划。

制定战略计划的主要精力集中在信息支持上,以期开发和提炼物流战略。这类决策往往是决策分析层次的延伸,但通常更加抽象、松散,并且注重于长期。作为战略计划的例子,决策中包括通过战略联盟使协作成为可能、开发和提炼厂商的能力和市场机会,以及顾客对改进所表现出的反应。物流信息系统的制定和战略层次,必须把较低层次的数据结合进范围很广的交易计划中去,以及结合进有助于评估各种战略的概率和损益的决策模型中去。

3. 物流信息的分类

物流信息有以下几种分类方式:

(1) 按照信息产生和作用的领域来分类,物流信息分为物流活动产生的信息和提供物流使用的其他信息源产生的信息两类:物流活动产生的信息,一般而言,在物流信息工作中,此类是发布物流信息的主要信息源,不但可以指导下一个物流循环,也可以提供给社会,成为经济领域的信息;提供物流使用的其他信息源产生的信息,此类信息是信息工作收集的对象,是其他经济领域、工业领域产生的对物流活动有作用的信息,主要用于指导物流。

(2) 按照作用的不同,物流信息可以分成以下几类:计划信息,指尚未实现的但已当作目标确认的一类信息,如物流计划、仓库吞吐量计划、车皮计划等,许多具体工作的计划安排等,甚至是带有作业性质的,如协议、合同、投资等信息。只要是尚未进入具体业务操作的,都可归入到计划信息中,这类信息相对稳定,更新速度较慢;控制及作业信息,指物流活动中发生的信息,如库存种类、库存量、运输工具状况、运价、运费等,该类信息带有很强的动态性,是掌握物流现实活动状况不可缺少的信息,更新速度很快,信息的时效性很强;统计信息,指物流活动结束,对整个物流活动的一种终结性、归纳性的信息,如上一年度发生的物流量、物流种类、运输方式、装卸量以及与物流有关的工农业产品产量等,这类信息有很强的资料性,是恒定不变的;支持信息,指能对物流计划、业务、操作产生影响有关的文化、科技、产品、法律等方面的信息,如物流技术的革新、物流人才的需求等,这类信息不仅对物流战略发展有价值,而且也对控制、操作起到知道、启发的作用,是可以从整体上提高物流水平的一类信息。

(3) 按照加工程度不同,物流信息可以分为两类:原始信息,指未加工的信息,是信息工作的基础,也是最有权威性的凭证性信息,一旦有需要,可从原始信息中找到真正的证据;加工信息,指对原始信息进行各种方式、各个层次处理之后的信息,是原始信息的提炼、简化和综合,可大大缩小信息量,并将信息梳理成规律性的东西,便于使用。

(4) 物流各个子系统、各个不同功能要素领域,由于活动性质有区别,信息流也有所不同。按照这些领域分类,可以分为运输信息、存储信息、装卸信息等。

2.7.2 物流信息系统

1. 物流信息系统的概念

物流信息系统(logistics information system,LIS)是以现代物流思想为基础,依靠现代科学技术特别是应用计算机和网络等技术,在计划、管理和控制以及作业环节等方面充分利用信息、快速反馈信息,为决策提供依据并辅助决策,提高物流效率和优化供应链的信息系统。

现代物流信息系统的目的是在提高物流业务的效率并降低成本的同时,提高对顾客的服务水平。在信息化和系统化中,推进和实施物流业务的标准化和规范化是非常重要的。物流环境变化所对应的现代物流信息系统的必要性。

2. 物流信息系统的功能

现代物流信息系统的基本功能有以下几个方面:

(1) 正确掌握订货信息并进行传送的功能。

正确地掌握订货信息是物流信息系统的入口。订货信息是企业从外部得到的重要的信息,根据订货信息能够掌握畅销商品和滞销商品。其流程一般为:

首先是出库业务部门的人员获取从客户传来的订货信息,根据订货信息进行库存确认,并知道什么商品什么时候出库较为合适。如果事先能够得到订货信息的话,就能够有计划地进行各阶段人员的调度、车的调度等出库业务。例如,像服装行业那样带有季节性的情况,就可以事先召开订货会,提前接收预约订货并进行出库业务的负荷调整,以有准备地应对高峰时的业务。

第二,有必要掌握订货信息的还有市场部门。市场部门承担着销售任务和销售目标,在掌握完成了多少任务的情况下有必要经常确认目前接受订货的情况;为了掌握畅销商品和滞销商品,有必要了解接受订货情况的时间序列信息,为今后的商品计划提供参考;为了更加详细地掌握市场状况,必须统计不同地区接受订货的信息,才能灵活地开发各地区的市场。

第三,对于制造厂商而言,订货信息是生产计划的基础信息,将市场的状况反映到生产计划中是提高制造和销售效率的重要因素,掌握了每种商品的订货状况就可以掌握市场的动向,在制定生产计划时作为主要的因素加以考虑。例如在通信销售公司,顾客的订单全部输入之后进行库存情况确认,当该商品的库存数量不能够满足订货数量时要作为缺货的状态进行处理,要对能够出库的订单和因缺货取消的订单全部进行记录,并反映给进货计划。

(2) 正确掌握物的移动并进行传送的功能。

物流信息系统最基本的是正确掌握物的移动的功能。录入订单对库存进行确认后,在仓库业务、配送业务中必须正确地掌握物品的位置,正确地掌握物品位置,以及掌握每一个作业的进度,是提高顾客服务水平的重要要求。

(3) 为顾客提供信息的功能。

信息不仅应在企业内部应用,为顾客包括零售店、消费者提供信息是商业行为中最有力的武器。为顾客提供的信息包括到货信息、订货信息、货物追踪信息、市场状况信息等。

(4) 控制各项计划和实施的功能。

计划是基于企业的物流战略明确阶段的实现目标,要用具体的手段制定明确的计划指标并实施。物流信息系统中计划的输入和实施,是控制各项计划顺利进行的重要保障。

2.7.3　物流信息技术

物流信息化主要有以下几种表现形式,即物流信息的商品化、物流信息收集的数据库化和代码化、物流信息处理的电子化和计算机化。而物流领域实现网络化同样也需要以信息化为基础。所有这一切,都离不开现代化的信息技术所给予的强有力的支持。

1. 条码技术

条形码简称条码,是由一组黑白相间且粗细不同的条状符号组成的。条形码内隐含着多种信息,主要包括数字信息、字母信息、标志信息、和符号信息等,这些信息可以用来表示商品的名称、产地、价格以及种类等。条形码是世界范围内通用的商品代码的表示方法。

条形码由一组黑白相间且粗细不同的条纹组成,而这些条纹又由若干个黑色的"条"和白色的"空"单元组成。其中,黑色"条"与"空"的宽度不同,就能够使扫描光线产生不同的反射接收效果。经过光电转换设备被转换成不同的电脉冲,就形成了可以传输的电子信息,如图 2-1 所示。

图 2-1 条形码示例

商品条形码是用于标识国际通用商品代码的一种模块组合型条形码。商品条形码分为标准版商品条码(13 位)和缩短版商品条码(8 位)。商品条形码分为标准版商品条码(13 位)和缩短版商品条码(8 位)。商品条形码以直接面向消费者销售的商品为标识对象。现在以单个商品为单位使用的商品条形码为例,简单说明商品条形码的构成。商品条形码通常由 13 位数字组成,主要包括:前缀码,由三位数字组成,是国家名称的代码,由国际物品编码协会统一决定,例如,我国商品条形码的前缀码为 690;制造厂商代码,制造厂商代码由四位数字组成,由各国物品编码中心统一分配并统一注册,一厂一码;商品代码,商品代码由五位数字组成,表示每个制造厂商的商品名称,商品代码由厂商自己确定,一共可标识 10 万种商品;校验码,校验码由一位数字组成,用于检验前面各代码的正误。

物流条形码则是在物流过程中以商品为对象、以集合包装的商品为单位使用的条形码。标准的物流条形码由 14 位数字组成,除了第一位数字是表示物流的识别代码之外,其余 13 位数字所代表的含义与商品条形码相同。

对条形码的识别各国均采用光电扫描设备,主要有以下几种类型:光笔扫描器,光笔扫描器是类似笔形的手持小型扫描器;台式扫描器,台式扫描器是固定的扫描装置,手持带有条形码的卡片或证件在扫描器上移动,完成扫描过程;手持式扫描器,手持式扫描器是能够手持或者移动使用的较大的扫描器,用于对静态物品进行扫描;固定式光电及激光快速扫描器。固定式光电及激光快速扫描器由光学扫描器和光电转换器组成,这种扫描器是现在物流领域中应用较多的固定式扫描设备,通常被安装在物品运动的通道边,对物品逐个进行扫描。

2. 电子数据交换技术

电子数据交换技术(electronic data interchange,EDI)是 20 世纪 80 年代发展起来的一种新颖的电子化贸易工具,是计算机通信网络和现代管理技术相结合的产物。它是一种在公司间传输订单、发票等作业文件的电子化手段。它通过计算机、通信网络将贸易、运输、银行、保险和海关等信息,以一种国际公认的标准格式,实现各有关部门或公司与企业之间的数据交换与处理,并完成以贸易活动为中心的全部过程。由于使用 EDI 可以减少甚至消除贸易过程中的纸质文件,因此 EDI 又被人们通俗的称为"无纸贸易"。

电子数据交换系统是对信息进行交换和处理的网络自动化系统,也是将计算机、远程通信及数据库三者有机结合在一个系统中,实现数据交换、数据资源共享的一种信息系统。电子数据交换系统也可以作为管理信息系统和决策信息系统的一个重要组成部分。

将 EDI 应用于物流领域,即为物流数据交换。物流数据交换是指利用计算机化的网络系统,在企业内部或在企业与供应商、运输企业及客户之间交换物流信息。物流信息主要包括企业运行中的实时数据,如内部物料流、生产状态、产品库存与运输情况等。从企业外部的角度来看,企业需要与供应商、金融机构、运输企业或客户交换信息,互相沟通。而企业内部的生产计划、原材料库存、产成品库存和企业设施间的原料供应地、产品销售地相距较远时,更需要进行远距离信息传输。因此,良好的物流数据交换系统可以使企业内部与外部的信息交换更加及时、准确,更有效率。

从上述对 EDI 的介绍中不难看出,EDI 主要包含三个方面的内容,即计算机应用、通信网络和数据标准化。其中,计算机应用是 EDI 存在的前提,通信网络是 EDI 应用的基础,而标准化是 EDI 的特征。这三方面的因素相互衔接、相互依存便构成 EDI 的基本框架,如图 2-2 所示。

图 2-2 电子数据交换示意图

3. 信息处理技术

(1) 电子自动订货系统。

所谓电子自动订货(EOS)系统,是指企业间利用通信网络(VAN 或互联网)和终端设备,以在线链接(on-line)的方式进行订货作业和订货信息交换的系统。EOS 系统按照应用范围可分为企业内部的 EOS 系统,零售商与批发商之间的 EOS 系统,以及零售商、批发商和生产商之间的 EOS 系统。电子自动订货系统的基本框架,如图 2-3 所示。

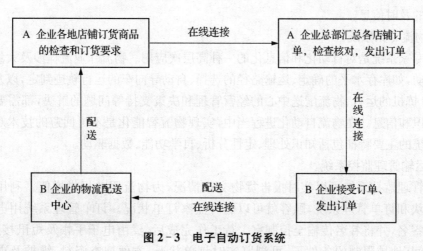

图 2-3 电子自动订货系统

电子自动订货系统能够及时、准确地交换订货信息,在企业物流管理中可以发挥如下的作用:

① 可以缩短从接到订单到发出订货的时间,缩短订货商品的交货期,减少商品订货的出错率,节省人工费用,尤其是针对传统的订货方式,如上门订货、邮寄、电话、传真订货等。

② 有利于减少企业的库存量,提高企业库存管理的效率,同时可以防止商品,特别是畅销商品缺货现象的出现。

③ 对于生产商和批发商来说,通过分析零售商的商品订货信息,能够准确地判断畅销商品和滞销商品,有利于企业及时调整商品的生产计划和销售计划。

④ 有利于提高企业物流信息系统的运作效率,使各个业务信息子系统之间的数据交换更加便利和迅速,丰富企业的经营信息。

(2) 销售时点信息系统。

所谓销售市电信息(POS)系统,是指通过自动读取设备在销售商品时直接读取商品的销售信息,并将获取的信息通过通信网络和计算机系统,传送至有关部门进行分析加工,以提高经营效率的系统。POS 系统最早应用于零售业,后来逐渐扩展至其他领域,如金融、旅馆等服务行业,而对该系统的利用范围也逐步从企业内部扩展到整个供应链系统。

该系统是由银行设置在商业网点或特约商户的信用卡授权终端机,通过公用数据交换网与银行计算机系统联机构成的电子转账服务作业系统。该系统的功能是为持卡人在销售点购物或消费提供通过电子转账系统直接扣账或者信用记账的服务。

(3) 计算机辅助订货系统。

计算机辅助订货(CAO)系统可以通过使用计算机合成有关产品流转、影响需求的外部因素、实际库存水平、产品接收以及可以接受的安全储存水平等各方面的信息,为商品订货做好准备。在货架存货降至事先确定的水平以下时,此项基于零售系统的技术可以自动产生补充订货信息。此项技术成功应用的关键有赖于全面的商店库存管理和获得精确的POS 扫描数据。计算机辅助订货系统通常能减少订货成本,提供有关单品运转和商店级别库存流转的及时信息。

(4) 物流专家系统。

物流专家系统是对自动化和信息化的一种高层次应用。物流作业流程涉及大量的运筹和决策活动,如库存水平的确定、运输路径的选择、自动导向车的运行轨迹判定,以及作业控制、自动分拣机的运行、物流配送中心的经营管理和决策支持等问题的解决,都需要借助于大量的知识和信息。在物流自动化进程当中,实现物流智能化是不可回避的技术难题。物流专家系统的主要特征包括知识处理、定性分析、自学功能、数据驱动。

(5) 运输管理监控系统。

运输管理监控系统可以实时报告货物交收情况,为物流服务提供增值。利用物流应用软件模块和订单管理系统,顾客就可以随时监察订单状况。订单管理系统用电子手帐存取客户签名,并将签名传输至控制室。待工作完成后,经由电子手帐及短讯接通资料,在没有时间、地域限制的条件下,可浏览实时订单状况,方便搜查资料、维护及更新订单和客户资料。客户服务员输入订单及客户的详细资料至中央数据库,便可直接阅读现有订单系统资料,将工作分配至电子手帐,并简单排列工作次序。送货清单传输至电子手帐,经短讯传输实时插入订单。物流方案系列应用软件皆可通过互联网支持多处港口、分公司及各点同时运作,实现中央管理及实时数据交换的目的,可以大幅度提高货运企业的工作效率。

(6) 车队业务操作管理系统。

车队业务操作管理系统为车队管理人员提供了简单、易用的管理工具。该系统除具备网上接收预约功能之外,还能够系统化地处理工作分配、工作进度报告、托运收据和发票、自动计算工作成本及盈亏报表。此外,该系统还可以灵活添加功能,使得车队的运作更具有规模化。在车辆工作流程控制方面,系统还具有定时回报、轨迹记录、权限管理、群车管理等功能扩展和智能集成功能。可由监控中心主动激活特定目标,并实时回报车辆的当前位置;可在移动端设定每日按固定时间将存储资料依次传送回监控中心;可在移动端设定在车辆越界、超速、脱离路线或出现其他违规行驶行为时,发出警告或强制停车。监控中心配备的系统及目标管理系统,可以针对单一目标或多个目标实施监控或进行轨迹记录,可预留多个控制扩展接口,可通过车载微电脑操控,接入其他功能模块,设置车辆防盗和报警等应用功能。

(7) 仓储日常管理系统。

仓储日常管理系统主要包括以下四个环节:

收货及上架。当货物抵达仓库时,工作人员可以根据管理日常收货程序的来货通知单,完成货物的收取和上架工作,收货及上架的资料会储存于系统当中。该系统能够大大减少认为错误,为用户提供准确和实时的货物信息。

检货。在送货单产生后,送货人员可以按照送货单上的货物清单及位置检货。仓库人员利用电子手帐和电子条形码扫描仪,实时确认并更新货物的资料,提高工作效率和准确性。整个程序的详细情况都会被记录在系统当中。当确定出货后,货品数量会得到实时更新。

仓库分配。经过全面计算储货位置的容量,以及考虑送货和入货的情况后,仓储日常管理系统会提供有关目前及预计所占用空间的信息,确保充分利用仓库的空间。

货物管理及控制。用户可以通过该系统的接口控制货物的数量及位置,也可以随时获得最新的货物资料,包括数量、位置和状况等。同时,该系统还可以提供弹性指令,使获授权的使用者能够对货物的数量做出调整。而系统中的报告界面能够协助制作报表。其所提供的货物信息可以使管理层随时查询货物数额,并做出适当的补充,从而有效管理仓库内的日常工作。此外,还可自动生成其他报告,如收货报告、出货报告等,使用户清楚地知道货物入仓及出仓记录。

(8) 扫描及装箱管理系统。

扫描及装箱管理系统是一套集多重功能于一身的物流供应链应用技术。该系统采用先进的条形码技术,为原材料供货商、制造商、批发商和零售组织等提供多元化和简便易用的货物装箱技术。系统还可以根据用户预设的条件,扫描和装箱不同种类的货物,以确保每箱货物的装箱资料正确地整合从订购单汇入的装嵌资料,系统自动将每项工作分配给装嵌工作人员,最后根据所采用的扫描及装箱方法生成装箱单,以备送货及清关时使用。

思考与讨论

1. 试述物流信息的含义。
2. 物流信息技术有哪些？

案例分析

本章要点

● 现代运输是指使用运输工具和设备运送物品或人员从一地到另一地的过程。

● 仓储是指利用仓库存放、储存未即时使用的物品的行为。

● 在同一地域范围内(如车站范围、工厂范围、仓库内部等)以改变"物"的存放、支承状态的活动称为"装卸搬运"。

● 包装(Packaging)为在流通过程中卫保护商品，方便储运，促进销售而按一定技术方法采用的容器、材料及辅助物等的总称；也指为了达到上述目的而采用容器、材料和辅助物的过程中施加一定的技术方法等的操作活动。

● 配送是指在经济合理区域范围内，根据用户的要求，对物品进行拣选、加工、包装、分割、组配等作业，并按时送达指定地点的物流活动。

● 所谓流通加工，就是商品在从生产者向消费者流通过程中，为了增加附加价值、满足客户要求、促进销售而进行的简单的组装、剪切、套裁、贴标签、刷标志、分装、检量、弯管、打孔等加工作业。

● 物流信息包含的内容可以从狭义和广义两方面来考察。从狭义的范围来看，物流信息是与物流活动(如运输、保管、包装、装卸、流通加工等)有关的信息。从广义范围来看，物流信息不仅指与物流活动有关的信息，而且包含与其他流通活动有关的信息，如商品交易信息和市场信息等。

关键概念

运输、仓储、装卸搬运、包装、配送、流通加工、物流信息

综合练习题

1. 简述五种运输方式的各自优缺点及适用范围。
2. 简述集装箱运输发展的趋势。
3. 简述仓库中货物堆码的基本要求。

4. 论述 ABC 分类法在仓库盘点中的应用。

5. 简述件杂货装卸注意事项。

6. 如何理解集装箱多式联运与现代物流之间的关系？

7. 简述物流包装的保护功能,并举例说明。

8. 简述防潮包装的实质。

9. 托盘化运输的优点和缺点各有哪些？

10. 论述运输与配送的关系。

11. 简述物流与信息流的关系。

12. 简述条码技术的特点及其识读系统的工作原理。

第3章　现代物流管理

学习目标

● 理解物流管理的概念和目标原则
● 了解物流成本的构成和控制的思路
● 了解物流质量管理的基础工作和质量管理实施的方法
● 掌握物流库存管理及控制方法

案例导入

德尔菲公司物流管理策略

　　总部设在美国阿拉斯加的德尔菲公司,生产深海鱼油和各种保健品。虽然它在产品设计和开发方面始终保持优势,但德尔菲公司由于其复杂、昂贵和无效率的物流系统而面临着利润下降。德尔菲公司发现过多的承运人和过多的系统正在造成全面失去管理控制。为了重新获得控制,德尔菲公司不得不重新组织其物流作业。德尔菲公司新的物流结构的实施是以其将全部物流作业都转移到联邦速递的一家分支机构——商业物流公司——为开端的。商业物流公司的任务是重新构造、改善和管理德尔菲公司供应链上的货物和信息流动的每一个方面。

　　德尔菲公司认识到需要重新分析其现有设施的地点位置。其建议是,除一家外,关闭所有在美国的仓库,它将从仅为当地顾客服务转变为向全球顾客服务。单一的地点位于靠近美国的制造工厂现场,成为一个世界性的"处理中心",充当着德尔菲公司产品的物流交换所。虽然这种单一的中心概念有可能要花费较高的运输成本,但是德尔菲公司认为,这种代价将会由增加的效率来补偿。在过去,意想不到的需求问题导致更高的存货,以弥补不确定性和维持顾客服务。

　　运输成本通过存货的周转率得到弥补。事实上,德尔菲公司发现,由于减少了交叉装运的总量,单一中心系统实际降低了运输成本。从美国仓库立即装运到零售店,虽然从订货到送达的前置时间大致相同,但是产品只需一次装运,而不是在许多不同的地点进行装运和搬运。

　　德尔菲公司得到的认识已超出了仅仅降低成本的范围。该公司正在瞄准机会增加服务和灵活性,它计划在 24～48 小时之内,向世界上位于任何地点的商店进行再供货。先进的系统和通信将被用于监督和控制世界范围的存货。联邦速递的全球化承运人网络将确保货物及时抵达目的地。德尔菲公司发动了一项邮购业务,其特色是 48 小时内将货物递送到世界上任何地点的最终顾客的家门口。它当前的 1 000 万美元的邮购业务已经变得越来越强大,但如今该公司必须限制其发展,因为它难以跟得上不断扩大的订货。新的优越的地点网络将会使这种发展成为可能并有利可图。

　　分析:德尔菲公司成功的物流管理,使我们认识到,摈弃传统经验,了解现代物流管理的重要性。发展现代物流,进行良好的库存管理和成本控制,可能是德尔菲如此成功的部分原因。

相关知识

　　物流自人类文明开始以来就已经存在了,它算不上什么新生事物,但是现代社会,物流管理在社会经济活动中的位置和作用越来越重要,而认识物流管理的内涵、目标等内容,对于物流管理实践是十分必要的。

3.1　物流管理概述

案例 3 - 1

3.1.1　物流管理的定义

　　物流管理(Logistics Management)是指在社会生产过程中,根据物质资料实体流动的规律,应用管理的基本原理和科学方法,对物流活动进行计划、组织、指挥、协调、控制和监督,使各项物流活动实现最佳的协调与配合,以降低物流成本,提高物流效率和经济效益。现代物流管理是建立在系统论、信息论和控制论的基础上的。

3.1.2　物流管理的目标和原则

1. 物流管理的目标

(1) 快速反应。

快速反应是关系到一个企业能否及时满足顾客服务需求的能力。信息技术的提高为企业创造了最短的时间内完成物流作业并尽快交付的条件。快速反应的能力,就是把作业的重点从预测转移到以装运方式对顾客的要求做出反应上来。

(2) 最小变异。

变异是指破坏物流系统表现的任何想象不到的事件。它可以产生于任何一个领域的物流作业,如顾客收到订货的期望时间被延迟、制造中发生意想不到的损坏以及货物到达顾客所在地时发生受损,或者把货物交付到不正确的地点等,这一切都使物流作业时间遭到破坏。物流系统的所有作业领域都可能遭到潜在的变异,减少变异的可能性直接关系到物流作业。在充分发挥信息作用的前提下,采取积极的物流控制手段可以把这些风险减少到最低限度。作为经济上的结果,它可以提高物流的生产率。

（3）最低库存。

最低库存的目标涉及物资周转速度和资金占用问题。在企业物流系统中,由于存货所占用的资金是企业物流作业最大的经济负担,在保证供应前提条件下提高周转率,意味着库存占用的资金得到了有效的利用。因此,保持最低库存的目标是把库存减少到与顾客服务目标相一致的最低水平,以实现最低的物流总成本。"零库存"是企业物流的理想目标,物流设计必须把资金占用和库存周转速度当成重点进行控制和管理。

（4）物流质量。

物流目标是要寻求并持续不断提高物流质量。全面质量管理要求企业物流无论是对产品质量,还是对物流服务质量,都要做得更好。如果一个产品变得有缺陷,或者对各种服务承诺没有履行,那么物流费用就会增加,因为物流费用一旦支出,便无法收回,甚至还要重新支出。物流本身必须履行所需要的质量标准,包括流转质量和业务质量标准,如对物流数量、质量、时间、地点的正确性评价。随着物流全球化、信息技术化、物流自动化的水平的提高,物流管理所面临的是"零缺陷"物流质量的高要求,物流在质量上的挑战强化了物流的作业目标。

（5）生命周期的不同阶段物流管理目标不同。

当产品处于其生命周期的不同阶段,所采取的物流对策也应该不一样。

在新产品引入阶段,要有高度的产品可得性和物流的灵活性。在制订新产品的物流支持计划时,必须要考虑到顾客随时可以获得产品的及时性和企业迅速而准确的供货能力。在此关键期间,如果存货短缺或配送不稳定,就可能抵消营销战略所取得的成果。因此,在本阶段物流费用是比较高的。本阶段物流是在充分提供物流服务与回避过多支持和费用负担之间的平衡。

在成长阶段,产品取得了一定程度的市场认可,销售量骤增,物流活动的重点从不惜代价提供所需服务转变为平衡的服务和成本绩效。处于成长周期的企业具有最大的机会去设计物流作业并获取物流利润。此阶段销售利润渠道是按不断增长的销量来出售产品,只要顾客愿意照价付款,几乎任何水准的物流服务都可能实现。

在成熟阶段,具有激烈竞争的特点。物流活动会变得具有高度的选择性,而竞争对手之间会调整自己的基本服务承诺,以提供独特的服务,取得顾客的青睐。为了能在本阶段调整多种销售渠道,许多企业采用建立配送仓库网络的方法,以满足来自不同渠道的各种服务需求。在这种多渠道的物流条件下,递送任何一个地点的产品流量都比较小,并需要为特殊顾客提供特殊服务,可见成熟阶段的竞争状况增加了物流活动的复杂性和作业要求的灵活性。

在衰退阶段,企业所面临的抉择是在低价出售产品或继续有限配送等可选择方案之间进行平衡。于是企业一方面将物流活动定位于继续相应的递送活动,另一方面要最大限度地降低物流风险。在两者中,后者相对显得更重要。

2. 物流管理的原则

（1）系统化原则。

物流管理的实质是进行成本控制,核心是提高物流服务水平,但是物流管理领域中各个要素又是互相制约的,在最优状态下,一般不会既能降低成本又能提高物流服务水平。在销售物流领域中也存在"效益背反"现象,即一个物流元素成本下降就伴随着另外一个元素成本的上升,如减少运输的次数,必然是带来仓储费用的增加。以上两个原因就决定了在销售物流管理中必须用系统的观点,在一个目标下整合企业现有资源,以一个整体考虑成本,同时也要使物流组织结构一体化,使一个部门管理物流,避免因为小集体利益牺牲整体利益。

（2）物流和商流分开原则。

商流一般包括商务谈判、订单接受、广告及促销等活动,不涉及实物流,没有时间和地点的特别要求,有很大的灵活性。而物流则不同,物流要在适当的时间内把适当的产品或服务送达一定的地方,有很强的计划性。物流和商流在时间上和地点上是分离的,物流可能发生在商流前也可能在后,特别是在信息化时代,随着网上业务的发展趋势愈加明显,愈加能证明商流和物流分离的价值。

（3）输送和配送相结合原则。

在物流当中实物的实体转移产生的成本在整个成本中占有很大的比重,在进行销售物流管理时我们要将转移的距离和量分别对待,处理好输送和配送的关系。

（4）差别化原则。

物流管理的核心是提高物流服务水平,实质是降低物流服务成本,所以在进行物流管理时要根据实物的周转周期和销售规模实行差别化管理,以更有效地提高物流管理质量。例如,对周转周期较长的产品应储存在生产厂家的仓库;对周转周期短的产品则应放在配送中心以节约仓储空间,节约物流成本。对销售量大的产品要搞好输送,销售量小的则应搞好配送以节约成本。

3.1.3　物流管理的步骤

1. 订单处理作业

物流中心的交易起始于客户的咨询、业务部门的报表,而后由订单的接收,业务部门查询出货日的存货状况、装卸货能力、流通加工负荷、包装能力、配送负荷等来答复客户;当订单无法依客户之要求交货时,业务部加以协调。

由于物流中心一般均非随货收取货款,而是于一段时间后,予以结账,因此在订单资料处理的同时,业务人员依据公司对该客户的授信状况查核是否已超出其授信额度。此外在特定时段,业务人员统计该时段的订货数量,并予以调货、分配出货程序及数量。退货资料的处理亦该在此阶段予以处理。另外业务部门制定报表计算方式,做报表历史资料管理,订定客户订购最小批量、订货方式或订购结账截止日。

2. 采购作业

自交易订单接受之后由于供应货品的要求,物流中心要由供货厂商或制造厂商订购商品,采购作业的内容包含由商品数量求统计、对供货厂商查询交易条件,而后依据所制订的数量及供货厂商所提供较经济的订购批量,提出采购单。而于采购单发出之后则进行入库进货的跟踪运作。

3. 进货入库作业

当采购单开出之后,在采购人员进货入库跟踪催促的同时,入库进货管理员即可依据采购单上预定入库日期,做入库作业排程、入库站台排程,而后于商品入库当日,当货品进入时做入库资料查核、入库品检,查核入库货品是否与采购单内容一致,当品项或数量不符时即做适当的修正或处理,并将入库资料登录建档。入库管理员可依一定方式指定卸货及栈板堆叠。对于由客户处退回的商品,退货品的入库亦经过退货品检、分类处理而后登录入库。一般商品入库堆叠于栈板之后有两种作业方式,一为商品入库上架,储放于储架上,等候出库,需求时再予出货。商品入库上架由电脑或管理人员依照仓库区域规划管理原则或商品生命周期等因素来指定储放位置,或于商品入库之后登录其储放位置,以便于日后的存货管理或出货查询。另一种方式即为直接出库,此时管理人员依照出货要求,将货品送往指定的出货码头或暂时存放地点。在入库搬运的过程中由管理人员选用搬运工具、调派工作人员,并做工具、人员的工作时程安排。

4. 库存管理作业

库存管理作业包含仓库区的管理及库存数控制。仓库区的管理包括货品于仓库区域内摆放方式、区域大小、区域的分布等规划;货品进出仓库的控制遵循:先进先出或后进先出;进出货方式的制定包括:货品所用的搬运工具、搬运方式;仓储区储位的调整及变动。库存数量的控制则依照一般货品出库数量、入库所需时间等来制定采购数量及采购时点,并做采购时点预警系统。订定库存盘点方法,于一定期间印制盘点清册,并依据盘点清册内容清查库存数、修正库存账册并制作盘亏报表。仓库区的管理更包含容器的使用与容器的保管维修。

5. 补货及拣货作业

由客户订单资料的统计,我们即可知道货品真正的需求量,而于出库日,当库存数足以供应出货需求量时,我们即可依据需求数印制出库拣货单及各项拣货指示,做拣货区域的规划布置、工具的选用及人员调派。出货拣取不只包含拣取作业,更应注意拣货架上商品的补充,使拣货作业得以流畅而不至于缺货,这中间包含了补货水准及补货时点的订定、补货作业排程、补货作业人员调派。

6. 流通加工作业

商品由物流中心送出之前可于物流中心做流通加工处理,在物流中心的各项作业中以流通加工最易提高货品的附加值,其中流通加工作业包含商品的分类、过磅、拆箱重包装、贴标签及商品的组合包装。而欲达成完善的流通加工,必须执行包装材料及容器的管理、组合包装规则的订定、流通加工包装工具的选用、流通加工作业的排程、作业人员的调派。

7. 出货作业处理

完成货品的拣取及流通加工作业之后,即可执行商品的出货作业。出货作业主要内容包含依据客户订单资料印制出货单据,订定出货排程,印制出货批次报表、出货商品上所需要的地址标签及出货检核表。由排程人员决定出货方式、选用集货工具、调派集货作业人员,并决定所需运送车辆的大小与数量。由仓库管理人员或出货管理人员决定出货区域的规划布置及出货商品的摆放方式。

8. 配送作业

配送商品的实体作业包含将货品装车并实时配送,而达成这些作业则须事先规划配送区域的划分或配送路线的安排,由配送路径选用的先后次序来决定商品装车的顺序,并于商品的配送途中做商品的追踪及控制、配送途中意外状况的处理。

9. 会计作业

商品出库后销售部门可依据出货资料制作应收账单,并将账单转入会计部门作为收款凭据。而于商品购入入库后,则由收货部门制作入库商品统计表以作为供货厂商请款稽核之用,并由会计部门制作各项财务报表以供营运政策制定及营运管理之参考。

10. 营运管理及绩效管理作业

除了上述物流中心的实体作业之外,良好的物流中心运作更要基于较上阶层的管理者透过各种考核评估来达成物流管理流程中心的效率管理,并制定良好的营运决策及方针。而营运管理和绩效管理可以由各个工作人员或中级管理阶层提供各种资讯与报表,物流管理流程包含出货销售的统计资料、客户对配送服务的反应报告、配送商品次数及所用时间的报告、配送商品的失误率、仓库缺货率分析、库存损失率报告、机具设备损坏及维修报告、燃料耗材等使用量分析、外雇人员、机具、设备成本分析、退货商品统计报表、作业人力的使用率分析等。

思考与讨论

1. 简述物流管理的目标和原则。
2. 简述物流管理的步骤。

案例分析

3.2　物流成本管理

案例 3 - 2

物流企业的物流服务项目、物流技术及组织管理水平,与物流费用相关性很大,掌握物流费用分析和成本控制方法,是科学地设计物流过程、进行各层次物流系统决策分析与物流管理的重要内容。现代物流管理的最终目标就是降低物流成本,提高物流服务的质量。

3.2.1　物流成本概述

"物流冰山"理论是日本早稻田大学西泽修教授研究有关物流费用问题所提出的一种形象比喻,在物流学界,现在已经把它延伸成基本理论之一。"物流冰山"理论认为,在企业中,绝大多数物流发生的费用,是被混杂在其他费用之中,而能单独列入企业会计项目的,如直接支付的运费、仓库保管费、装卸作业费、包装费等,只是其中很小的一部分,这一部分是可见的,常常被人们误解为是物流费用的全部,其实它只不过是浮在"水面"

上的,能被人所见的"冰山"一角而已。因为在企业内部占压倒多数的物流成本,未作为物流费用单独计算,而是混杂在制造成本、销售成本及一般经费之中,难以明确掌握。比如,公司以500元/单位的价格向外购买设备的配件,这一费用在财务上自然归入制造成本。实际上,这500元当中,包含了相当比例的物流费用。西泽修教授根据这种情况,提出了"物流冰山"理论,如图3-1所示。"物流冰山"理论的用意,在于让人们不要只看到"冰山"的一角,而要了解"冰山"的全部,即不要只看到明显的物流费用,而要掌握全部物流费用,以此引起人们对物流的重视。

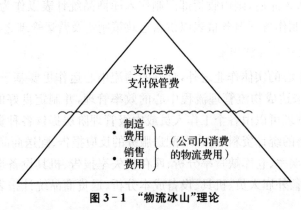

图3-1 "物流冰山"理论

解决上述问题的根本方法就是进行物流成本计算,将混入其他费用科目的物流成本全部抽出来,使人们清晰地看到潜藏在"海平面"下的物流成本的巨大部分,发掘出降低成本的宝库和"第三利润源泉"。

3.2.2 物流成本构成及分类

物流成本也称物流费用,是指物料、产品、商品等的空间位移过程中所消耗的各种活劳动和物化劳动的货币表现。具体地说,它是产品在实物运动过程中,如包装、运输、仓储、装卸搬运、流通加工、配送、信息处理等各个环节所支出的人力、物力和财力的总和,这些成本与费用之和构成了物流的总成本。

为进行物流成本的计算,首先应确定计算口径,即从哪个角度来计算物流成本,因此必须对物流成本的构成进行分析。按不同的角度,物流成本的构成有不同的分类。

1. 按照支付形式的不同进行分类

按照支付形式的不同,物流成本可以分为为本企业支付的物流费用和支付给其他物流服务组织的物流费用。前者称为直接物流费,包括材料费、人工费、公益费、维护保养费、一般经费、特别经费、委托物流费、其他企业支付的物流费等8种。

(1)材料费。该费用是指因物料的消耗而发生的费用。由物资材料费、燃料费、消耗性工具、低值易耗品摊销及其他物料消耗等费用组成。

(2)人工费。该费用是指为物流从业人员支出的费用,包括工资、奖金、福利费、医药费、劳动保护费以及职工教育培训费和其他一切用于职工的费用。

(3)公益费。该费用是指给公益事业所提供的公益服务支付的费用,包括水费、电费、煤气费、冬季取暖费、绿化费及其他费用。

（4）维护保养费。该费用是指土地、建筑物、机械设备、车辆、船舶、搬运工具、工具器具备件等固定资产的使用、运转和维护保养所产生的费用，包括维护保养费、折旧费、房产税、土地、车船使用税、租赁费、保险费等。

（5）一般经费。该费用是指差旅费、交通费、会议费、书报资料费、文具费、邮电费、零星购进费、城市建设税、能源建设税及其他税款，还包括物资及商品损耗费、物流事故处理及其他杂费等一般支出。

（6）特别经费。该费用是指采用不同于财务会计的计算方法所计算出来的物流费用，包括按实际使用年限计算的折旧费和企业内利息等。

（7）委托物流费。该费用是指将物流业务委托给物流业者时向企业外支付的费用，包括向企业外支付的包装费、运费、保管费、出入库手续费、装卸费等。

（8）其他企业支付的物流费。在物流成本中，还应包括其他企业支付的物流费，比如商品购进采用送货制时包含在购买价格中的运费和商品销售采用提货制时因顾客自己取货而扣除的运费。在这些情况下，虽然实际上本企业内并未发生物流活动，但却发生了物流费用，这笔费用也应该作为物流成本而计算在内。

这种分类便于检查物流费用在各项日常支出的份额和所占比重，便于分析各项费用水平的变化情况，适用于生产企业和专项物流服务部门。

2. 按照物流的范围分类

按照物流运作的流动过程进行物流费用分类，物流成本可以分为筹备物流费、生产物流费、销售物流费、退货物流费和废弃物流费等 5 种。

（1）筹备物流费，是指从商品（包括容器、包装材料）采购直到批发、零售业者进货为止的物流过程中所需要的费用，包括物流计划费用、物流准备费用。

（2）生产物流费，是指从购进的商品到货或由本企业提货开始，直到最终确定销售对象的时刻为止的物流过程中所需要的费用，包括运输、包装、仓储、装卸、加工等费用。

（3）销售物流费，是指从确定销售对象时开始，直到商品送交到顾客为止的物流过程中所需要的费用，包括包装、商品出库、配送等方面的费用。

（4）退货物流费，是指包括由于退货、换货所引起的物流费用。

（5）废弃物流费，是指在商品、包装材料、运输容器、货材的废弃过程中产生的物流费用。

这种分类法便于分析物流各阶段的费用支出情况，在各专项物流部门和综合物流部门都有较大的实用性。

3. 按照物流的功能分类

按照物流的功能物流成本可以分为物品流通费、信息流通费、物流管理费 3 类。

（1）物品流通费，是指为完成商品、物资的物理性流通而发生的费用，可进一步细分为包装费、运输费、保管费、装卸搬运费、流通加工费等。其中包装费，指为商品的运输、装卸、保管的需要而进行包装的费用，即运输包装费，不包括销售包装费。运输费，指把商品从某一场所转移到另一场所所需要的运输费用。除了委托运输费外，还包括本企业的自有运输工具进行运输的费用。保管费,指一定时期内因保管商品而产生的费用。除了包租或委托存储的仓储费外,还包括在企业自有仓库存储时的保管费。装卸搬运费,指伴随商品包装、运输、保管、流通加工等业务而发生的商品在一定范围内进行水平或垂直移动所需要的费用。流通加工费,指在商品流通过程中为了提高物流的效益而进行的商品加工所需要的费用。

(2)信息流通费,是指因处理传递有关的物流信息而产生的费用,包括与存储管理、订货处理、顾客服务有关的费用。

(3)物流管理费,是指因物流的计划、调整、控制所需要的费用。它不只包括现场物流费,也包括企业物流管理部门的管理费,如人员费、办公费、维修费等。

3.2.3　影响物流成本的因素

影响物流成本的因素主要有以下几点。

1. 竞争性因素

客户服务的水平直接决定着物流成本的高低,因此物流成本在很大程度上是由于日趋激烈的竞争而不断发生变化的,企业必须对竞争做出反应。影响客户服务水平的因素主要有以下几个方面:

(1)订货周期。企业物流系统的高效必然可以缩短企业的订货周期,降低客户的库存,从而降低客户的库存成本,提高企业的客户服务水平,提高企业的竞争力。

(2)库存水平。存货的成本提高,可以减少缺货成本,即缺货成本与存货成本呈反比。库存水平过低,会导致缺货成本增加;库存水平过高,虽然会降低缺货成本,但是会明显增加存货成本。因此,合理的库存应保持在使总成本最小的水平上。

(3)运输。企业采用更快捷的运输方式,虽然会增加运输成本,却可以缩短运输时间,降低库存成本,提高企业的快速反应能力。

2. 产品因素

产品的特性不同,其物流成本也可能不相同。影响产品特性的因素主要有以下几点:

(1)产品价值。产品价值的高低会直接影响物流成本的大小。随着产品价值的增加,每一物流活动的成本都会增加,运费在一定程度上反映货物移动的风险。一般来说,产品的价值越大,对其所需使用的运输工具要求越高,仓储和库存成本也随着产品价值的增加而增加。高价值意味着存货中的高成本,以及包装成本的增加。

(2)产品密度。产品密度越大,相同运输单位所装的货物越多,运输成本就越低。同理,仓库中一定空间领域存放的货物也越多,库存成本就会越低。

(3)易损性。物品的易损性对物流成本的影响是显而易见的,易损性的产品对物流各个环节(如运输、包装、仓储等)都提出了更高的要求。

(4)特殊搬运。有些物品对搬运提出了特殊的要求,如对长大物品的搬运,需要特殊的装载工具,有些物品在搬运过程中需要加热或制冷等等,这些都会增加物流成本。

3.2.4　物流成本管理策略

降低物流成本是企业的"第三利润源泉",是企业获取利润的重要方面,从长远的角度来看,采取以下管理策略,可以有效降低物流成本。

1. 物流合理化

物流合理化,就是使一切物流活动和物流设备趋于合理,以尽可能低的成本获得尽可能好的物流服务。在物流活动中,其成本往往此消彼长。只有综合考虑它们,才会避免物流成本的增大和物流费用的极大浪费。物流合理化,是企业降低物流成本的关键因素,它直接关系到企业的效用,同时也是物流管理追求的总目标。

2. 加强物流质量

加强物流质量管理,也是降低物流成本的有效途径。只有不断提高物流质量,才能减少并最终消除各种差错事故,降低各种不必要的费用支出,降低物流过程的消耗,从而保持良好的信誉,吸引更多的客户,形成规模化的集约经营,提高物流效率,从根本上降低物流成本。物流质量管理的特点是:

(1) 要满足生产者的要求,使其产品能及时准确地运送给用户。

(2) 要满足用户的要求,即按照用户要求将其所需的商品送达,并使两者在经济效益上求得一致。

3. 提高物流速度

提高物流速度,可以减少流动资金的需要量,减少利息的支出。如果物流速度慢,商品在运输、储存、保管等环节时间越长,必定会相应增加储运、保管等费用以及商品的自然损耗等,增加物流费用支出。物流企业应该扩大物流量、加快物流速度,协调好货运枢纽与配送中心、不同部门间物流设施的运行,形成物流活动经济规模,降低单位业务量物流成本。

4. 精简物流中转环节

就是精简那些不必要的环节,加快物流速度,从而降低物流费用。物流企业应该加强物流的价值流设计,做好物流系统的规划、计划阶段工作,做好物流系统组织设计,减少物流中转环节,降低物流成本。

5. 采用先进的、适用的物流技术

这样可以不断提高物流速度、增加物流量,而且可以大大减少物流损失。物流企业应力求采用先进、适用的技术,协调各项物流作业,促进物流水平的提高,大大降低物流成本。

3.2.5　物流费用的计算

1. 传统成本计算法

传统成本计算法即传统的间接成本分配法,即以直接人工工时、直接人工成本、机器台时等作为分配基础分配间接费用的成本计算方法,具体方法包括分批法、分步法和品种法 3 种。在制造企业中,产品成本一般由直接材料、直接人工、制造费用 3 部分组成。其中直接材料、直接人工称为直接费用,而直接费用以外的所有生产成本都称为制造费用,如折旧费、水电费、物料消耗费用、间接人工等。

传统成本计算法是按照单一的业务量标准将制造费用分摊到各个成本计算对象,也就是一方面采用直接追溯或准确的动因追溯将直接人工和直接材料分配到各产品,另一方面采用动因追溯或分摊的方法分配制造费用。单位产品（服务）的成本即为分摊后的直接费用和制造费用之和。

传统成本计算过程中的制造费用成本分配步骤可以用图3-2表示。

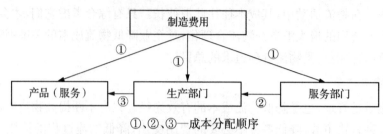

①、②、③—成本分配顺序

图3-2 传统成本计算法制造费用分配

传统成本计算法过程中采用单位水准作业动因来分配产品的制造费用，实际上是假定产品所耗的制造费用与产品产量高度相关。这种方法在间接费用项目较少、间接费用在总成本中所占比重较少、对成本管理要求不高的情况下是可行的，因此，此种方法在单一产品（服务）生产的企业或制造费用占的比重较小的企业中比较适用。

2. 作业成本法

作业成本法（Activity-Based Costing）简称ABC法，是将间接成本和辅助资源按照一定的动因比例分配到各个生产产品的作业中的一种成本计算方法。由于第三方物流企业所提供产品的特殊性——主要由一系列相互衔接的作业构成，传统成本计算法不能准确计算出物流作业的成本，不能满足物流企业成本管理的要求，因此引入作业成本法越来越被第三方物流企业所重视。

一般认为，作业成本法是一个以作业为基础的管理信息系统。它以作业为中心，作业的划分从产品设计开始，到物料供应；从工艺流程的各个环节、总装、质检到发运销售全过程，通过对作业及作业成本的确认计量，最终计算出相对准确的产品成本。同时，经过对所有与产品相关联作用的跟踪，为消除不增值作业、优化作业链和价值链、增加需求者价值提供有用信息，促进最大限度的节约、提高决策、计划、控制能力，以最终达到提高企业竞争力和获利能力，增加企业价值的目的。

在作业成本法下，成本计算程序分为两大阶段六个步骤。第一阶段是将制造费用分配到同质的作业成本库（同一成本），并计算每一个成本库的分配率；第二阶段是利用作业成本库分配率，把制造费用分摊给产品，计算产品成本。其实际操作步骤如下。

（1）定义、识别和选择主要作业。

（2）归集资源费用到同质成本库。这些资源通常可以从企业的总分类账中得到，但总分类账并无执行各项作业所消耗资源的成本。

（3）选择成本动因，计算成本库分配率。从中选择一个成本动因作为计算成本分配率的基准。成本计量要考虑成本动因材料是否易于获得；成本动因和消耗资源之间相关程度越高，现有的成本被歪曲的可能性就会越小。

（4）计算成本库分配率。

（5）把作业库中的费用分配到产品上去：

$$某产品某成本动因成本＝某成本库分配率×成本动因数量$$

（6）计算产品成本。作业成本计算的目标最终要计算出产品的成本。直接成本可单独作为一个作业成本库处理。将产品分摊的制造费用，加上产品直接成本，为产品成本。

$$某产品成本＝\sum 成本动因成本＋直接成本$$

思考与讨论

1. 简述物流成本管理的构成。
2. 简述物流成本管理策略的内容。
3. 简述物流成本管理的计算方法。

案例分析

3.3　物流质量管理

3.3.1　物流质量概述

案例 3-3

物流质量是物流活动或物流业本身所固有的满足物流客户服务要求和提供服务价值的能力总和，是全面的质量观。物流质量是决定物流活动效率和决定物流服务水平的关键因素。由于物流企业的特殊性，物流质量的好坏直接关系到物流企业经营的可持续性。一般物流过程中的产品丢失、毁坏、变质、延误等事故的直接原因都是物流质量不高造成的，从而导致物流企业的业务量减少和市场占有率下降，危及企业的生存。

物流质量的内容一般包括以下方面。

1. 物流商品质量保证

物流的质量包括其外观质量和内在质量，如规格、尺寸、性质、外观等，这些质量是在生产过程中形成的。物流活动就是转移和保护这些质量，最后实现对客户的质量保证和承诺。

2. 物流服务质量

物流服务是物流业最重要、最根本的职能。物流服务质量是提供物流服务满足用户要求的程度。它具有可靠性、响应性、保证性、有形性的特点，即具有连续、准确、履行服务承诺的能力，并无差错准时完成，实现迅速帮助顾客并提供服务的愿望；员工所具有的素质及表达出的自信与可行的能力，并实际反映出来，如商品质量的保证程度、配送和运输方式及交货期的满足与保证程度，成本控制及相关服务的满足程度等。

3. 物流的工作质量

物流工作质量是指物流的各环节、各部门、各工种、岗位具体工作的好坏程度。由于物流系统庞杂、顾客要求多样，工作质量内容也十分复杂，不仅涉及工作协调管理，而且涉及商品运输、加工、包装、储藏等各个方面，各部门内部也有详细的具体工作。

4. 物流工程质量

物流作为一项系统工程,受制于各种因素,如人的因素、设备、工艺方法和手段、计量与测试、体制和环境因素等,所有这些因素构成了物流系统化的物流工程,它的优劣直接影响着物流的质量。

物流质量贯穿整个物流系统的运行中,所以进行物流质量管理显得十分重要。

3.3.2 物流质量管理

1. 影响物流质量的因素

现代质量管理学专家菲根鲍姆认为,影响质量的基本因素有9个方面或称之为"9M",即市场(Markets)、资金(Money)、管理(Management)、人员(Men)、激励(Motivation)、材料(Materials)、机器和机械化(Machines and Mechanization)、现代信息方式(Modern Information Methods)、产品规格要求(Mounting Produce Requirement),在这9个"M"中,对物流质量影响较大的有7个"M"。

(1) 市场。市场对物流质量的影响体现在需求的个性化和物流服务品种相对通用化的矛盾。尽管最近物流市场上提供的服务品种和数量在不断地增长,但离"一对一营销"的物流服务要求还存在很大的差距。物流企业要认真识别工商企业的需求,以便作为发展新服务品种的根据。市场的范围日益扩大,而所提供的服务则应更为专业化、细分化。

(2) 资金。资金对物流质量的影响体现在投资改善设施和物流成本控制之间的矛盾。对于自动化和机械化的要求迫使物流企业拿出大笔的资金用于新设备和新工艺。这就要增加企业的投资,如果投资后的设施利用率不高,那么就可能形成质量成本增高,造成大量的亏损。

(3) 管理。管理人员和项目经理对物流服务质量承担职责。营销部门和研发部门必须对物流项目的设计提出适应需求的规格要求;质量管理部门必须安排整个物流过程的质量检测方法以便能够确保服务符合质量要求。

(4) 人员。人员对物流质量的影响体现在质量是由人员控制的,人员的不称职将导致物流质量的下降。

(5) 激励。物流质量复杂性的提高进一步加强了每位职工对质量做出贡献的重要意义。对人类动机研究的结果显示,除了金钱报酬以外,当今的工人要求强化工作上的成就感,承认他们对实现公司目标所做出的贡献,这就突出了质量教育和增强质量意识的必要性。

(6) 机器和机械化。机器和机械化对物流质量的影响主要是效率和操作标准化的问题。机械化程度越高,提高工人和机器的利用效率及切实降低成本就越是提高服务质量的关键因素。

(7) 现代信息方式。现代信息方式对物流质量的影响主要体现在货物跟踪、自动化仓库、库存控制、运输决策等方面。现代信息技术使用越广泛,物流质量越容易得到控制。

2. 物流质量管理的基础工作

开展物流质量管理,应重视并做好一系列基础性的工作。物流质量管理基础性工作主要有以下 6 个方面。

（1）建立质量管理组织。质量管理工作是在物流的每一个过程中体现的。因此，质量工作应是整个物流组织的事情，建立一个统筹的质量组织，实行质量管理的规划、协调、组织、监督是十分必要的。另外，在各个过程中建立质量小组，并通过质量小组带动全员、全过程的质量管理也是很重要的方式。

（2）标准化工作。物流标准化是按物流合理化的目的和要求，制定各类技术标准、工作标准，并形成全国乃至国际物流系统标准化体系的活动过程。物流标准化是物资在流通中的质量保证，是开展物流质量管理的依据之一。物流标准化主要是对运输、包装、装卸搬运、仓储、配送等各个子系统制定各种标准，具体内容包括：以物流为一个大系统，制定物流系统各类固定设施、移动装备、专用工具的技术标准；制定物流过程各个环节内部及之间的工作标准，如包装、装卸搬运、运输等方面的工作标准；物流系统与其他相关系统的配合要求。只要严格执行这些标准，就能保证合格的物资安全地送到用户手中。

（3）建立差错预防体系。物流过程中的差错问题是影响物流质量的主要因素。由于物流数量大，操作程序多，差错发生的可能性很大，因此，建立差错预防体系也是质量管理的基础工作。该体系主要包括对库存货物的有效调整、运用自动识别新技术和建立仓库检测系统等内容。

（4）质量信息工作。质量信息，是指反映物流服务质量的基本数据、原始记录以至客户投诉等各种情报资料的总称。质量信息是进行质量管理控制和决策的依据。

质量信息是质量管理不可缺少的重要依据；是改进物流质量，改善各环节工作质量最直接的原始资料和信息来源；是正确认识影响质量诸因素变化和质量升降的内在联系，掌握提高质量规律性的基本手段。因此，质量信息工作是质量管理的一项重要基础工作。

质量信息工作，必须做到提供资料的及时性。否则，就会贻误时机。质量信息工作必须保持高度的灵敏性，使信息渠道畅通，做好质量管理部门和企业领导的耳目。质量信息工作还应当做到全面、系统——全面地反映质量管理活动的全过程，经常地反映质量管理相互联系的各个方面，系统地反映其变动情况。这样，才能切实掌握质量运动发展的规律性；才能使质量信息在质量反馈和积极预防质量缺陷方面充分发挥作用；质量信息工作才能真正成为认识质量运动发展规律的有力武器，成为质量管理的可靠基础。

（5）质量管理制度化。将质量管理作为物流的一项永久性工作，必须有制度的保证。建立协作体制，建立质量管理小组都是制度化的一个部分。此外，还必须使制度程序化，以便于了解、执行和检查。制度化的另一重要方式是建立责任制。在现代企业生产中，企业的产品（包括服务）要经过许多人的共同劳动（包括脑力劳动和体力劳动）才能生产出来。每个人在产品形成过程中，只分担一部分，甚至是很小的一部分工作。然而这很小的一部分工作，却是整个产品形成过程中不可缺少的组成部分。企业里每一个人的工作，都通过不同的渠道，不同的方式直接或间接地影响着产品质量的好坏。每一个人究竟应该做些什么？应该怎样去做？应该有些什么责任？又应该有哪些权力？这些必须通过建立责任制把它们明确地规定下来。因此，建立质量责任制，是组织共同劳动，保证生产正常进行，确保产品质量的基本条件。也只有通过建立质量责任制，才能把质量管理各个方面的任务和要求，具体地落实到每个部门和每个工作岗位,全面质量管理也才能成为一项实实在在的管理活动。此外,在岗位责任制基础上,或在岗位责任制的内容中,要订立或包含质量责任,使质量责任能在日常的细微工作中体现出来。

(6)质量教育工作。质量管理是一门新型的管理科学,要推行现代质量管理,必须坚持教育先行。质量教育应包括3方面的内容,即质量意识教育、质量管理的知识教育和专业技术教育。质量教育工作作为推行物流质量管理的一项基础性工作,必须从提高职工的素质抓起,把质量教育工作视为"第一道工序",不断增强企业职工的质量意识,教育职工掌握现代质量管理的理论、方法和专业技术知识、技能,并在岗位工作中加以应用,以期取得较大成绩。

3. 物流质量管理的八大原则

质量管理是组织综合管理的核心内容,它通过建立和实施持续改进业绩的管理体系,可使组织获取成功,八大原则具体如下。

(1)以顾客为中心。组织依存于其顾客。因此,组织应理解顾客当前的和未来的需求,满足顾客需求并争取超过顾客期望。

(2)领导作用。领导者应建立本组织统一的宗旨、方向和内部环境。所创造的环境应能使员工充分参与实现组织目标的活动。

(3)全员参与。各级人员都是组织的根本,只有他们的充分参与,才能使他们的才干为组织带来收益。

(4)过程方法。将相关的资源和活动作为过程来进行管理,可以更高效地达到预期的目的。

(5)管理的系统方法。针对设定的目标,识别、理解并管理一个由相互关联的过程所组成的体系,有助于提高组织的有效性和效率。

(6)持续改进。持续改进是组织的一个永恒的目标。

(7)以事实为决策依据。有效的决策是建立在对信息和资料进行合理和直观的分析基础上。

(8)互利的供方关系。组织与供方之间保持共同的利益关系,可增进两个组织创造价值的能力。

4. 物流质量的内容

一般说来,物流质量概念包含以下5项内容。

(1)物流商品的质量保证。物流的对象是具有一定质量的实体,即有合乎要求的等级、尺寸、规格、性质、外观。这些质量实体是在生产过程中形成的,物流过程在于转移和保护这些质量,最后实现对用户的质量保证。因此,对用户的质量保证不可能完全依赖于流通。

(2)物流商品的质量改善。物流过程不单是消极地保护质量及转移质量,现代物流还由于采用了流通加工等手段,可以改善和提高质量,因此,物流过程在一定意义上说也是提高质量的形成过程。

(3)物流服务质量。物流业属于第三产业范围,主要在于提供服务,满足用户要求。所以,物流企业需要掌握和了解用户要求,如商品质量的保持程度、物流加工对商品质量的提高程度、批量及数量的满足程度、配送额度、间隔期及交货期的保证程度、配送和运输方式的满足程度、成本水平及物流费用的满足程度、相关服务(如信息提供、索赔及纠纷处理等)的满足程度等。

(4) 物流工作质量。物流工作质量指的是物流各环节、各工种、各岗位具体工作的质量。为实现总的服务质量,要确定具体的工作要求,形成日常的工作质量指标。由于物流系统的庞杂,工作质量内容也十分庞杂。以仓库工作质量为例,就可归纳为商品损坏、变质、挥发等影响商品质量因素的控制与管理;商品丢失、错发、报损等影响商品数量因素的控制及管理;商品维护、保养的工作落实;商品入库、出库检查及验收;商品入库、出库计划管理,计划完成及兑现的控制;商品标签、标识、货位、账目管理正常的规章制度的建立和遵循;库存量的控制;质量成本的管理及控制;库房工作制度、温湿度控制度;工作标准化管理;各工序设备正常运转完好程度管理,上、下道工序(货主、用户)服务等。

(5) 物流工程质量。物流质量不但取决于工作质量,而且取决于工程质量,并受到物流技术水平、管理水平、技术装备等因素的影响。好的物流质量是在整个物流过程中形成的,要想能事前控制物流质量、预防物流造成的不良品质,必须对影响物流质量的诸因素,如人员、体制、设备、工艺方法、计量与测试、环境等,进行有效控制。

5. 物流质量管理实施中的几种重要方法

常见的物流质量管理实施方法有质量目标管理、PDCA 循环、QC 小组活动、质量文化建设 4 种。

(1) 质量目标管理。

目标管理(Management By Objective,MBO)是指企业的管理者和员工以"目标"作为一切"管理"活动的根本和中心的一种管理方法。即一切管理行为从确定最佳目标开始,执行过程也以此目标为指针进行自我控制,最后仍以此目标的实现程度来评价管理成效的高低优劣。实行目标管理,使企业的成就成为每个员工的成就,有利于激励广大员工关心企业的兴衰,增强凝聚力和发扬"团队精神"。

质量目标管理中目标设定的主要原则有以下几点。

① 目标的内容要简明扼要,一目了然。目标是一切管理活动的根本中心,不仅要求企业(团体)的最高层领导要时刻牢记,而且要求各级领导乃至每个成员都要熟知并牢记目标的内容。倘若目标的内容冗长或含混不清,就会使目标执行者记不清楚或理解错误,从而导致目标管理的失误,甚至失败。因此,目标的内容一定要简明扼要,醒目而易记,要使每个目标执行者能够明确地知道自己应该做什么,做到什么程度,以便全体职工用目标指导自己的行动,为如期实现目标而努力工作。

② 目标必须先进合理,选取最佳方案。设定目标是为了实现目标并取得最佳经济效益。目标不先进,毫无挑战性,自然无"最佳经济效益"可言,也不能激发全体职工的劳动(工作)热情。但若不顾主客观条件,一味追求目标的先进性,追求高指标,而忽视了目标的合理性和可能性,则不但不能如期实现目标,反而会挫伤广大职工的积极性,产生不利后果。

③ 目标要尽可能指标化、计量化。设定目标只是管理目标的开始,在执行目标的过程中,还要进行经常性的追踪,定期考核和评价,并据此对有关人员进行奖惩。为此,就必须有

明确的标准和统一的尺度,以便准确地掌握目标执行过程中的动态,精确地衡量目标的达成程度,对目标执行结果做出正确的评价,对有关人员进行合理的奖惩,从而避免追踪失陷,考核失实,评价失误,奖惩失当。目标的指标化和计量化,有利于追踪和考核工作的进行,而且便于目标执行者牢记和进行自我控制。

④ 目标的项目要少而精,越是上层目标,项目越要少。目标的项目过多,就会重点不突出,使目标执行者分散精力,抓不住要害。另外,一个多层次的目标体系,每一层级的目标往往有若干项,而上层目标的一个项目,常常又包含着下层目标的若干项。也就是说,越接近基层,目标的项目会越多。若总目标或上层目标项目过多,到最基层,就可能出现目标项目的爆炸性增长,以致不可收拾。因此,目标的项目要少而精,不重要的项目不要列入。越是上层目标项目越要少。

⑤ 目标的达成期必须明确。无论团体目标或个人目标,计划达成期都必须明确。若只有目标而无达成期限,这样的目标管理就没有意义。按照目标达成期的长短,可分为长期目标(如远景规划目标)、中期目标(如五年计划目标)、短期目标(如年度计划、季度、月度计划目标)。越是短期的目标,内容越要明确、具体;越是长期的目标,内容越要概括、扼要。

目标管理的要点如下。

① 为企业各级各类人员和部门规定目标。

② 目标管理的对象由工人发展到管理人员,即各级管理人员(包括总经理)都要被"目标"所"管理",因此,目标管理也被称为"管理的管理"或"管理管理者"。

③ 按实现目标的业绩考核各级各类人员。

④ 目标管理是分权制、"参与管理"的必然结果,注重激励员工积极性,强调"自我控制"。

⑤ 注重成果,讲求经济效益。

拟订目标管理是实现企业经营目的、提高经营效果的重要手段,有利于改善企业素质、增强活力并提高企业的科学管理水平。目标管理强调从工作的结果抓起,因此,有助于推动人们为实现既定的目标去寻求先进的管理技术和专业技术,改进经营管理和各项作业活动。

实施质量目标管理的一般程序如下。

① 制定企业的质量总目标,通常是企业在一定时期内(多数企业均以一年为目标周期)经过努力能够达到的质量工作标准。该目标应将定性与定量相结合,并尽量具体化、数量化。

② 展开企业质量总目标,自上而下层层展开,落实到每个部门、每个员工,做到"千斤重担大家挑,人人肩上有指标"。这样,每个部门和个人的分目标,就是单位对其的要求,同时也是每个部门和个人对单位的责任和预期的贡献。这样做将有利于贯彻质量责任制与经济责任制。在制定各级的分目标时,应制订相应的实施计划并明确管理重点,以便于检查和考核。

③ 实施企业质量总目标,即根据企业质量方针和分目标,建立质量目标管理体系,充分运用各种质量管理的方法与工具实施运作,以保证企业质量目标的实现。

④ 评价企业质量总目标。通过定期的检查、诊断、考评、奖惩等手段,实施改进,必要时进行目标值的调整。对质量总目标实施效果的评价,应将不足之处和遗留问题置于下一个

新的质量目标的循环系统中,进一步改进实施。

（2）PDCA 循环。

PDCA 循环又称管理循环法,也称戴明圈,PDCA 分别是英文 Plan（计划）、Do（执行）、Check（检查）、Action（处理）4 个词的第一个字母,代表了质量管理过程 4 个密切相关的工作阶段。它把质量管理、生产活动、科学研究等一切有目的、有步骤的活动比喻成一个"轮子",人们的活动好像"车轮"转动一样,但它不是简单的重复,而是每次循环都有新的内容和目标,不断提高。质量管理是全员性的活动,对于每个生产环节以至个人来说,都要在企业总体的循环中进行各自的 PDCA 循环。如此大环套小环,一环扣一环,小环保大环,推动大循环,形成一个有机的整体,互为依存和互相补充。4 个阶段中,处理（即 A）阶段很关键,它具有承上启下作用。PDCA 4 个阶段的基本工作内容具体如下。

P 阶段:为满足顾客需求,以社会、经济效益为目的,制定质量目标、活动计划、管理项目和措施方案。

D 阶段:具体执行已制定出来的措施或计划。

C 阶段:对照计划,检查执行的情况和效果,及时发现计划执行过程中的经验和问题。

A 阶段:总结经验教训,巩固成绩,处理差错。把成功的经验加以肯定,形成标准,便于下个循环有所遵循;同时也要把失败的教训总结整理,记录在案,作为借鉴,以免重犯错误,对于尚未解决的问题,转入下一个管理循环,作为下一阶段的计划目标。

如果将上述工作程序具体化,则可分为 8 个步骤,如图 3-3 所示。

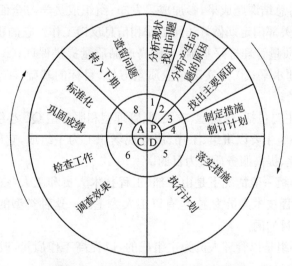

图 3-3　PDCA 循环的 8 个步骤示意图

第 1 步:分析现状,找出存在的质量问题,并尽可能用数据加以说明。

第 2 步:分析产生质量问题的各种影响因素。

第 3 步:在影响质量的诸因素中,找出主要的影响因素。

第 4 步:针对影响质量的主要因素,制定措施,提出改进计划,并预计其效果。

第 5 步:按照制订的计划认真执行。

第 6 步:根据计划的要求,检查实际执行的结果,看是否达到了预期的效果。

第7步：根据检查的结果进行总结，把成功的经验和失败的教训都形成一定的标准或规定，巩固已经取得的经验，同时防止重蹈覆辙。

第8步：提出这一循环中尚未解决的问题，让其转入下一次的 PDCA 循环中去处理。

PDCA 循环具有以下3个特点。

① 大环套小环，互相衔接，相互促进。PDCA 作为企业管理的一种科学方法，适用于企业各个方面的工作。整个企业存在整体性的一个大的 PDCA 循环，各部门又有各自的 PDCA 循环，形成大环套小环，依次还有更小的 PDCA 循环，相互衔接，相互联系。

② 螺旋式上升。PDCA 是周而复始地循环。每循环一次就上升一个台阶。每次循环都有新的内容与目标，都解决了一些质量问题，使质量水平犹如登梯似的不断提高。

③ 推动 PDCA 循环，关键在于 A 阶段，对于质量管理来说，经验和教训都是宝贵的。通过总结经验教训，形成一定的标准、制定成规定，工作做得更好，才能促进质量水平的提高。因此，推动 PDCA 循环，一定要抓好总结这个阶段。

按照 PDCA 循环的4个阶段、8个步骤推进提高产品质量的管理活动，还要善于运用各种统计工具和技术对质量数据、资料进行收集和整理，以便对质量状况做出科学的判断。

（3）QC 小组活动。

质量管理小组是指企业的员工围绕着企业的质量方针和目标，运用质量管理的理论和方法，以改进质量、改进管理、提高经济效益和人员素质为目的，自觉组织起来，开展质量管理活动的小组，简称 QC 小组。它的主要职责是：制订 QC 活动计划；认真做好活动记录，建立 QC 活动台账；及时总结课题成果，参加成果发布；组织成员学习全面质量管理的有关知识；对上、下工序和有关部门定期做好访问工作和信息反馈工作。它的积极作用表现在4个方面：① 为企业开展质量管理打好基础，为提高产品质量提供保证；② 可以改善和增强人员素质，提高企业管理水平；③ 是实现企业质量方针、目标的基础；④ 为提高企业经济效益，降低成本开辟途径。

QC 小组的类型主要包括：现场型、攻关型、管理型和服务型 QC 小组。

① 现场型 QC 小组主要以班组、工序、服务现场职工为主组成，它以稳定工序、改进产品质量、降低物质消耗、提高服务质量为目的。

② 攻关型 QC 小组一般情况下是由干部、工程技术人员和工人"三结合"组成，技术难度较大的课题都以工程技术人员为主，也有以工人为主的。这种类型的小组是以解决有一定难度的质量关键为目的的。

③ 管理型 QC 小组是以管理人员为主组成的，以提高工作质量，改善与解决管理中的问题，提高管理水平为目的。

④ 服务型 QC 小组是由从事服务性工作的职工所组成，以提高服务质量，推动服务工作标准化、程序化、科学化，提高经济效益和社会效益为目的，在各自的服务岗位上开展多种形式的质量管理活动。

开展 QC 小组活动作为质量管理的一种措施和手段，必须加强管理，才能使 QC 小组的活动取得满意的成效。通常应从以下6个方面实施管理。

① QC 小组的组建。组建原则：从实际出发，采取自愿结合或行政组织等多种方式，在本部门或跨部门组建。

② QC 小组的登记注册。企业为掌握 QC 小组的状况，必须对 QC 小组进行登记注册，以便于管理和监控，掌握活动成果和跟踪验证，并对小组活动的开展进行指导。同时，通过登记注则可以增强 QC 小组成员的责任感和荣誉感，提高小组对外开展活动并取得成功的信心。

③ QC 小组活动的开展。QC 小组应以科学的 PDCA 循环工作为理论依据，按程序开展活动，活动的过程和结果均应认真做好记录，以满足证实需要和具有可追溯性。

④ QC 小组活动成果的发表。QC 小组活动取得成果之后，应填写成果申报表，企业受理成果申报后组织成果评审小组，对成果进行调查和验证，经调查、验证确认后的活动成果，企业通常要组织召开一定形式的成果发表会。通过成果发表，对参加 QC 小组活动的员工是一种激励，对进一步调动其积极性、促进小组活动的发展，以及总结交流、取长补短、共同提高将产生良好的效果。同时，组织成果发表会，有助于锻炼、培养和造就人才，有助于培育、评选产生优秀的 QC 小组，参加上一级的成果发表会、开阔视野，给企业带来荣誉和提高企业的知名度。

⑤ QC 小组活动成果的评价。对 QC 小组活动成果的评价是否公正、合理，对 QC 小组的发展和参加者的积极性，将会产生重大的影响。因此，首先要组织一个评价委员会或小组，由其掌握评价方法、标准，统一尺度，以便对活动成果进行一致性、公正性的评价。

活动成果的评价包括对小组活动的评价和对小组活动成果的评价两大方面。前者侧重于评价小组活动的经常性、持久性、全员性、科学性；后者要求在评价成果时做到全面、公正和合理，并实行统一的评价标准和办法（如按标准的内容进行打分评价等）。

⑥ 优秀 QC 小组的评选和奖励。为激励 QC 小组活动的健康开展，并做到经常化、持久化，应对在物流服务质量和质量管理中具有突出成绩，取得显著成果的 QC 小组进行表彰，并评选出各级优秀 QC 小组，给予适当的物质奖励和精神奖励。

（4）质量文化建设。

培育企业质量文化，属于企业精神文明建设的范畴。所谓质量文化，就是指企业和社会在长期的生产经营中自然形成的涉及质量空间的理念、意识、规范、价值取向、思维方式、道德水平、行动准则、法律观念，以及风俗习惯和传统惯例等"软件"的总和。职业道德和敬业精神是培育企业质量文化的重要内容。质量文化不仅直接体现为产品质量、服务质量、工作和管理质量，而且还延伸表现为消费质量、生活质量和环境质量，集中体现出综合素质的高低。质量问题、质量事故频频发生，在一定意义上说，受到落后的质量文化的制约是其重要原因之一。所以，培育企业质量文化，应注重企业质量信誉的形象建设，建立"让用户完全满意"的企业文化和行为准则。

建设企业质量文化，不仅是中国企业所面临的形势和当务之急，而且是国际潮流的发展趋势。质量文化已经成为企业文化、企业精神文明建设的核心，世界上任何成功的企业无一不是以其优秀的质量文化而制胜的。

质量文化是一种管理文化，又是一种经济文化，也是一种组织文化，这是从更深的层次去理解的质量文化的内涵。质量文化着重提倡全面质量管理，包括宣传贯彻 ISO 9000 标准，侧重于提高企业全体员工的质量意识、质量观念和质量管理技法。今后质量管理的研究,将致力于社会质量管理、宏观质量管理、质量与知识经济、质量策略与可持续发展战略、质量组织行为和质量法规等方面,使质量文化走出企业的圈子,占有更大的发展空间。同时,质量文化将始终成为推动、开展企业文化建设的中心。

总之,正确运用质量管理方法于物流实践,物流事业就能够得到健康发展。

3.3.3 现代物流质量管理体系

物流质量体系是质量管理的核心,是组织机构、职责、权限、程序之类的管理能力和资源能力的综合体。物流质量体系又是物流质量管理的载体,是为实施物流质量管理而建立和运行的。因此,一个组织的物流质量体系,包含在该组织物流质量管理范畴之内,但不包括质量方针的制定。

任何一个组织都存在着用物流与质量管理的组织结构、程序、过程和资源,也就必然客观存在着一个物流质量体系。组织要做的是使之完善、科学和有效。组织物流质量体系的建立、健全必须根据本组织的具体特点和内、外部环境考虑。

因此,每个组织不能也不应该采用同样的物流质量体系模式。

物流质量体系是组织为实现质量方针、目标,开展质量活动的一种特定系统。根据物流质量体系的不同适用情况,将物流质量体系区分为以下两种类型。

1. 物流质量管理体系

一个组织不论是否处于合同环境或同时处于合同环境与非合同环境之中,在组织内部为了实施持续有效的质量控制所建立的内部质量体系,称为物流质量管理体系。它是供方根据本组织物流质量管理的需要而建立的用于内部管理的质量体系。ISO 9004 标准为任何组织提供了建立物流质量管理体系的指南。

2. 物流质量保证体系

组织在合同环境下为满足顾客规定的产品或服务的外部质量要求,并向顾客证实质量保证能力的物流质量体系,称为物流质量保证体系。物流质量保证体系不是组织自身开展质量管理的固有需要,主要是为了满足第二方或第三方对提供各种证据的要求。

物流质量保证体系是用于外部证明的质量体系,即当需方对供方提出外部证明要求时,为履行合同、贯彻法令和进行评价,供方为了向需方提供实施有关体系要素的证明或证实而建立的物流质量体系。

两种类型的物流质量体系之间既有区别,又有内在的联系。物流内部质量管理体系能应能广泛覆盖该组织的产品或服务,而物流质量保证体系的规定与要求,则必须通过实施物流内部质量管理体系方可得以落实和提供证据。

 思考与讨论

1. 简述物流质量管理的影响因素。
2. 简述物流质量管理的内容。
3. 简述物流质量管理实施中的方法。

案例分析

3.4　物流库存管理

3.4.1　库存概述

案例 3 - 4

库存管理又称为存货管理或在库管理,是在库存论的指导下,在经济合理或某些特定的前提下,如不允许缺货与降低服务水平等,建立库存数量的界限,即库存量(需求量)、库存水平、订量等数据界限。简单地说库存管理主要是企业经营者解决何时补充订货,补充订货是多少,以及库存系统的安全库存量、平均库存量、周转率、缺货次数各是多少等问题所采取的方法。

库存是指处于储存状态的物品或商品。库存与保管概念的差别在于前者是从物流角度出发强调合理化和经济性,后者是从物流作业的角度出发强调效率化。库存具有整合需求和供给,维持各项活动顺畅进行的功能。

3.4.2　库存的类型

库存是一项代价很高的投资,无论是对生产企业还是物流企业,正确认识和建立一个有效的库存管理计划都是很有必要的。由于生成的原因不同,可以将库存分为以下 6 种类型:周期库存、在途库存、安全库存(或缓冲库存)、投资库存、季节性库存、闲置库存。

(1)周期库存。补货过程中产生的库存,用来满足确定条件下的需求,其生成的前提是企业能够正确地预测需求和补货时间。

(2)在途库存。从一个地方到另一个地方处于运输路线中的物品。在没有到达目的地之前,可以将在途库存看作是周期库存的一部分。需要注意的是,在进行库存持有成本的计算时,应将在途库存看作是运输出发地的库存。因为在途的物品还不能使用、销售或随时发货。

(3)安全库存(或缓冲库存)。由于生产需求存在着不确定性,企业需要持有周期库存以外的安全库存或缓冲库存。持有这个观点的人普遍认为企业的平均库存水平应等于订货批量的一半加上安全库存。

(4)投资库存。持有投资库存不是为了满足目前的需求,而是出于其他原因,如由于价格上涨、物料短缺或是为了预防罢工等囤积的库存。

(5)季节性库存。季节性库存是投资库存的一种形式,指的是生产季节开始之前累积的库存,目的在于保证稳定的劳动力和稳定的生产运转。

(6)闲置库存。指在某些具体的时间内不存在需求的库存。

3.4.3　库存管理的目标

库存管理基于两点考虑:一是客户服务水平,即在正确的时间和地点,将正确的商品送至正确的客户手中;另一个则是订货成本和库存持有成本。库存管理的总目标是:在合理的库存成本范围内达到满意的客户服务水平。为了达到这个目标,应尽量使库存水平在两者间寻求平衡。因此,库存管理人员必须做出两项基本决策:订货时间与订货批量。库存管理的目的就是在满足客户需求的前提下通过对企业的库存水平进行控制,尽可能降低库存水平,提高物流系统的效率,以强化企业的竞争力。

(1) 库存成本最低。

这是企业需要通过降低库存成本以降低生产总成本、增加赢利和增加竞争能力所选择的目标。

(2) 库存保证程度最高。

企业有很多的销售机会,相比之下压低库存意义不大,这就特别强调库存对其他经营、生产活动的保证,而不强调库存本身的效益。企业通过增加生产以扩大经营时,往往选择这种控制目标。

(3) 不允许缺货。

企业由于技术、工艺条件决定不允许停产,则必须以不缺货为控制目标,才能起到不停产的保证作用。企业某些重大合同必须以供货为保证,否则会受到巨额赔偿的惩罚时,可制定不允许缺货的控制目标。

(4) 限定资金。

企业必须在限定资金预算前提下实现供应,这就需要以此为前提进行库存的一系列控制。

(5) 快捷。

库存控制不以本身经济性来确定目标,而以大的竞争环境系统要求确定目标,这常常出现以最快速度实现进出货为目标来控制库存。

3.4.4 库存管理控制方法

人们在生产实践中总结提出了许多卓有成效的管理思想、方法和模式,形成了先进实用的生产管理系统。国内外的学者和企业不断提出了各种生产管理思想,如制造资源计划(MRPⅡ)、准时化生产(JIT)、供应链环境下的供应商管理库存(VMI)等。这些先进的管理思想对库存控制方法的研究具有一定的借鉴作用。

传统的库存控制方法包括:订货点采购法、统计分析法、定期采购法和经济批量采购法。目前应用最多的库存控制方法是经济订购批量法。该方法的控制优化目标是对库存成本的控制,而库存成本是决策的主要考虑因素。这种方法简称EOQ(Economic Order Quantity)模型,通过平衡采购进货成本和保管仓储成本,确定一个最佳的订货数量来实现最低总库存成本。

20世纪60年代以后产生了MRPⅡ生产模式,对库存控制也提出相关要求:物料需求计划MRP(Material Requirements Planning)是根据市场需求预测和顾客订单制订产品生产计划,结合产品的物料清单和库存数据,通过计算机计算出所需物料的需求量和时间,从而确定物料加工进度的订货日程技术。

MRP与生产进度安排和库存控制两者密切相关。它既是一种精确的排产系统,又是一种有效的库存物料控制系统,并且当情况发生变化而需要修改计划时,它又是重新排产的手段。它能保证满足供应所需物料的同时,使库存保持在最低水平。

1. MRP 的特点与原理

MRP 主要特点是：需求有时间阶段性，要推算不同层次物品的需求量，按计划发出订单和重新安排产能。需求的时间阶段性就是必须完成各项作业以满足在总生产计划中规定的最终物品的交货日期。MRP 是以最终产品开始，编制出所有较低层次需求品（装配件、部件和零件）的必要进度计划，准确制定计划订货发出量和订货时间。当作业不能按期完成时，MRP 可以重排计划订货量，以便按实际情况安排优先次序。

2. MRPⅡ与库存控制管理

MRP 最初是由生产库存物料控制发展而来的，20 世纪 80 年代最终扩展到营销、财务和人事管理方面，形成制造资源计划 MRPⅡ（Manufacturing Resources Planning）。MRPⅡ是以生产控制和库存控制为重点，反映扩展生产资源计划的范围。营销和财务是与制造计划相互影响的两个最引人注目的区域。

MRPⅡ系统克服了 MRP 系统的不足之处，在系统中增加了生产能力计划、生产活动控制、采购和物料管理计划三方面的功能。生产能力计划功能是以物料需求计划的输出作为其输入，根据计划的零部件需求量和生产基本信息中的工序、工作中心等信息计算出设备与人力的需求量、各种设备的负荷量，以便判定是否有足够的生产能力，如发现能力不足，就进行设备负荷调节和人力补充；如果能力实在无法平衡，则可以调整产品的生产计划。

JIT 运作模式下的"零库存"控制运作理念。"零库存"是一种生产运作，通过降低库存—暴露问题—解决问题—再降低库存—再暴露问题—再解决问题的良性循环实现。

20 世纪 90 年代出现的供应链管理的概念，库存控制也同样有了相应的特点——供应商管理库存（VMI）。VMI 管理系统的原则如下：

（1）合作性原则。在实施该策略中，相互信任与信息透明是很重要的，供应商和用户（零售商）都要有较好的合作精神，才能够相互保持较好的合作。

（2）互惠原则。VMI 不是关于成本如何分配或谁来支付的问题，而是关于减少成本的问题。通过该策略使双方的成本都获得减少。

（3）目标一致性原则。双方都明白各自的责任，观念上达成一致的目标。例如，库存放在哪里，什么时候支付，是否要管理费，要花费多少等问题都要回答，并且体现在框架协议中。

（4）连续改进原则。使供需双方能共享利益和消除浪费。

综上所述，以上几种采购和库存管理方法适用于不同的情况。订货点法是至今能够应用于独立需求物资库存管理的唯一方法，其优点是操作简单、运行成本低；缺点是它使库存太高，库存费用太大，因此适用于低值物资的库存管理。订货点法的一个变化形式是"双箱法"。

MRP 法适用于相关需求物资的采购，优点是对于复杂产品的物资相关性需求通过计算机的精确计划和计算，可以使所需采购的物资按时按量到达。但由于 MRP 方法属于一种推动式的采购和库存管理方法，因此库存也相对较高。同时由于 MRP 系统要求输入的信息多、操作规范、数据库更新及时，因此加大了 MRP 库存管理工作的复杂程度和工作量。

JIT 和 VMI 是供应链管理下有效的库存管理方法。它们的优点是采用订单驱动的方式,订单驱动使供应与需求双方都围绕订单运作,信息高度共享,也就实现了准时化、同步化运作,因此在降低库存、优化供应链运作成本上效果显著。JIT 和 VMI 库存管理策略是以供应链企业间的协作性战略伙伴关系为基础的,体现了供应链管理的协调性、同步性和集成性。两者的区别在于 JIT 是由客户自己管理库存,而 VMI 是由供应商按照协议决定什么时候给客户补充库存、补充多少。两种库存管理方式都能有效地降低库存,具体选择何种方式要根据每个企业的具体情况来制定。

 思考与讨论

1. 简述库存管理的目标。
2. 库存管理控制方法有哪些?

案例分析

3.5　物流标准化

案例 3－5

3.5.1　物流标准化概述

物流标准化是指以物流为一个大系统,制定并实施系统内部设施、机械设备、专用工具等的技术标准,制定并实施包装、装卸、运输、配送等各类作业标准、管理标准以及作为现代物流突出特征的物流信息标准,并形成全国以及和国际接轨的标准体系。

物流标准化是物流发展的基础。因为物流是一个复杂的系统工程,对待这样一个大型系统,要保证系统的统一性、一致性和系统内部各环节的有机联系,需要许多方法和手段,标准化是现代物流管理的重要手段之一。它对降低物流成本、提高物流效益具有重大的决定性作用,能保障物流活动的通畅,加快流通速度,减少物流环节,最大限度地节省投资和流通费用,保证物流质量,提高经济相宜和服务质量。

3.5.2　主要标准的简介

1. 大系统配合性、统一性标准

(1)基础编码标准。对物流对象物编码,并且按物流过程的要求,转化成条形码,这是物流大系统能够实现衔接、配和的最基本的标准,也是采用信息技术对物流进行管理和组织、控制的技术标准。在这个标准之上,才可能实现电子信息传递、远程数据交换、统计、核算等物流活动。

(2)物流基础模数尺寸标准。基础模数尺寸指标标准化的共同单位尺寸,或系统各标准尺寸的最小公约尺寸。在基础模数尺寸确定之后,各个具体的尺寸标准,都要以基础模数尺寸为依据,选取其整数倍数为规定的尺寸标准。由于基础模数尺寸的确定,只需在倍数中进行标准尺寸选择,便可作为其他尺寸的标准,这就大大减少了尺寸的复杂性。物流基础模数尺寸的确定不但要考虑国内物流系统,而且要考虑到与国际物流系统的衔接,具有一定难度和复杂性。

（3）物流建筑基础模数尺寸。主要是物流系统中各种建筑物所使用的基础模数,它是以物流基础模数尺寸为依据确定的,也可选择共同的模数尺寸。该尺寸是设计建筑物长、宽、高尺寸,门窗尺寸,建筑物柱间距,跨度及进深等尺寸的依据。

（4）集装模数尺寸。是在物流基础模数尺寸基础上,推导出的各种集装设备的基础尺寸,以此尺寸作为设计集装设备三向尺寸的依据。在物流系统中,由于集装是起贯穿作用的,集装尺寸必须与各环节物流设施、设备、机具相配合,因此,整个物流系统设计时往往以集装尺寸为核心,然后,在满足其他要求前提下决定各设计尺寸。因此,集装模数尺寸影响和决定着与其有关各环节标准化。

（5）物流专业名词标准。为了使大系统有效配合和统一,尤其在建立系统的情报信息网络之后,要求信息传递异常准确,这首先便要求专用语言及所代表的含义实现标准化,如果同一个指令,不同环节有不同的理解,这不仅会造成工作的混乱,而且容易出现大的损失。物流专业名词标准包括物流用语的统一化及定义的统一解释,还包括专业名词的统一编码。

（6）物流单据、票证的标准化。物流单据、票证的标准化,可以实现信息的录入和采集,将管理工作规范化和标准化,也是应用计算机和通信网络进行数据交换和传递的基础标准。它可用于物流核算、统计的规范化是建立系统情报网、对系统进行统一管理的重要前提条件,也是对系统进行宏观控制与微观监测的必备前提。

（7）标志、图示和识别标准。物流中的物品、工具、机具都是在不断运动中,因此,识别和区分便十分重要,对于物流中的物流对象,需要有易于识别的又易于区分的标识,有时需要自动识别,这就可以用复杂的条形码来代替用肉眼识别的标识。

（8）专业计量单位标准。除国家公布的统一计量标准外,物流系统还有许多专业的计量问题,必须在国家及国际标准基础上,确定本身专门的标准,同时,由于物流的国际性很突出,专业计量标准还需考虑国际计量方式的不一致性,还要考虑国际习惯用法,不能完全以国家统一计量标准为唯一依据。

2. 分系统技术标准

分系统技术标准主要有:运输车船标准、作业车辆标准传输机具标准、仓库技术标准、包装、托盘、集装箱标准。包括包装、托盘、集装系列尺寸标准,包装物标准、货架储罐标准等。

3.5.3　包装标准化

在一定的范围内获得最佳秩序,对实际的或潜在的问题制定共同的和重复使用的规则包装活动,称为标准化。包装标准化工作就是制定、贯彻实施包装标准的全过程活动。

目前,我国的产品包装标准主要包括建材、机械、电工、轻工、医疗机械、仪器仪表、中西药、食品、农畜水产、邮电、军工等 14 大类 500 多项。包装标准是以包装为对象制定的标准。包装标准包括以下几类:

（1）包装基础标准。主要包括包装术语、包装尺寸、包装标志、包装基本试验、包装管理标准。

（2）包装材料标准。包括各类包装材料的标准和包装材料试验方法。

（3）包装容器标准。包括各类容器的标准和容器试验方法。

（4）包装技术标准。包括包装专用技术、包装专用机械、防毒包装技术方法、防锈包装等标准。

（5）产品包装标准。

（6）相关标准。主要指与包装关系密切的标准，诸如集装箱技术条件、尺寸，托盘技术条件、尺寸，叉车规格等。

3.5.4 与运输标准化有关的一些具体规定

集装箱使用标准化主要包括《系列Ⅰ集装箱装卸和紧固》和《集装箱代号、识别和标记》等国际标准。国际标准集装箱目前为系列Ⅰ共 13 种，国际标准集装箱其宽度均为 2 438 mm，长度有 2 911 mm、6 095 mm、9 125 mm、12 192 mm 四种，即 10 英尺、20 英尺、30 英尺、40 英尺四种，高度有 2 438 mm 以下、2 438 mm、2 591 mm、2 896 mm 四种，其中 2 591 mm 应用最普遍。国际集装箱运输最常用的是 20 英尺和 40 英尺的集装箱，为了便于统计，将一个 20 英尺的标准集装箱作为国际标准集装箱的标准换算单位，称为换算箱或标准箱，简称 TEU，将 40 英尺的集装箱简称 FEU，1FEU＝2TEU，TEU 是 Twenty-Foot Equivalent 的缩写，FEU 是 Forty-foot Equivalent Unit 的缩写。

（1）集装箱的起吊方式。

国际标准 ISO 3874《系列Ⅰ集装箱装卸和紧固》中规定集装箱的起吊方式有：用吊具吊顶、用吊索吊顶、用吊索吊底、用叉车叉举、用抓臂起吊、侧吊、端吊等。

（2）集装箱起吊的注意事项。

① 如果箱内货品偏心装载时，严禁用单根钢丝绳起吊。

② 当箱内装载高重心货品时，禁止起吊后高速旋转。

③ 当装卸超高货集装箱时，要用专用的超高货吊索。

（3）集装箱装卸的注意事项。

① 当集装箱着地时，应注意慢慢放下，避免使集装箱受到猛烈冲击而损坏箱内货品。

② 集装箱在下降过程中不能突然停止。

③ 不允许在其他集装箱上拖拽集装箱。

④ 不能用滚轮或圆棍棒移动集装箱。

（4）集装箱的固定。

① 在公路车辆上固定集装箱时，用四个底角件固定扭锁、锥体。

② 在铁路车辆上固定集装箱时，用四个底角件固定，常采用锥体固定件来固定。

③ 如果集装箱在集装箱专用船舶的箱格内，则不用固定。如果在甲板上，可以用箱格导柱固定或插接框架固定。

 **思考与讨论**

1. 简述物流标准化的内容。

2. 物流标准化的优点有哪些？

案例分析

本章要点

● 物流管理（Logistics Management）是指在社会生产过程中，根据物质资料实体流动的规律，应用管理的基本原理和科学方法，对物流活动进行计划、组织、指挥、协调、控制和监督，使各项物流活动实现最佳的协调与配合，以降低物流成本，提高物流效率和经济效益。现代物流管理是建立在系统论、信息论和控制论的基础上的。

● 物流管理的目标和原则。

● 物流质量是决定物流活动效率和决定物流服务水平的关键因素，由于物流企业的特殊性，物流质量的好坏直接关系到物流企业经营的可持续性，一般物流过程中的产品丢失、毁坏、变质、延误等事故的直接原因都是物流质量不高造成的，从而导致物流企业的业务量减少和市场占有率下降，危及企业的生存。

● 物流质量管理实施中的几种方法。

● 库存管理又称为存货管理或在库管理，是在库存论的指导下，在经济合理或某些特定的前提下，如不允许缺货与降低服务水平等，建立库存数量的界限，即库存量（需求量）、库存水平、订量等数据界限。

● 物流标准化是指以物流为一个大系统，制定并实施系统内部设施、机械设备、专用工具等的技术标准，制定并实施包装、装卸、运输、配送等各类作业标准、管理标准以及作为现代物流突出特征的物流信息标准，并形成全国以及和国际接轨的标准体系。

关键概念

物流管理、物流成本、物流质量管理、PDCA 循环、库存管理、物流标准化

综合练习题

1. 传统物流成本与现代物流成本有何区别？
2. 简述现代物流成本控制的运作思路。
3. 简述物流质量管理的八大原则。
4. 简述物流质量管理体系。
5. 简述库存的类型。
6. 比较 JIT 和 VMI 的异同。

微信扫码查看

第4章　企业物流

学习目标

● 了解企业物流的概念、特征及其合理化
● 了解供应物流的内容及模式,尤其是新的供应链模式
● 了解生产物流的内容、类型及其计划与控制的管理
● 了解销售物流的主要概念、其分销渠道的结构和类型、流程的主要环节、服务要素以及对服务的管理
● 了解回收物流及广义上其所包括的废弃物物流

 案例导入

联想的供应链管理

联想作为国内 IT 业界的龙头企业之一,其供应链管理中包含了许多新的理念。联想的供应链主要是解决这样四个方面的问题:第一方面,怎么样保证准确的预测;第二方面,怎么样保证在预测出现偏差的时候,能够快速调整;第三方面,怎么样满足客户差异化的需求,怎么样满足客户定制的需求;第四方面,怎么样很好地完成供应商在采购方面的协同。这四个问题可能也是很多企业在当今需要面对的主要问题。

一、完善供应链首先要认识行业特点

首先,在 IT 行业,主要产品的价格波动风险十分大,影响因素也非常复杂,比较难以准确地预测,另外市场发生变化的时候,就需要快速调整,这样才能够满足客户的需要,避免库存带来的风险。

其次,IT 行业的部件更新换代非常快、非常频繁,据统计,基本上每两天就有一个机型发生大的或者是小的改动,另外产品的降价速度也非常快,这就必须要准确地预测市场的需求,才能满足客户的订单,而不造成过多的库存。

第三,IT 行业中,满足客户差异化的需求日益强烈,在保证标准化,必须很好地满足客户差异化的需求。

此外,物料的价格很多是来自于上一个供应商,上一个供应商利益驱动的情况是非常明显的,并且很多供应商是寡头垄断或者是少数寡头的特点,所以供应商对整个行业的影响比较大。

二、采用多维度预测确定采购计划

预测最基本条件要基于历史数据,因为联想从市场和代理商当中积累了大量的历史数据。通过对销售的历史数据的分析会发现产品的销量跟很多的实践因子相关,比如说市场自然的增长、季节的因素、优惠活动、新产品的推出等,都会影响市场的销量。通过预测模式,再加上对代理商和区域市场对客户的预测,同时得出联想在短期和长期以及非产品对整个市场多维度的预测。

三、预测偏差时快速调整采购计划

预测偏差的调整涉及两个方面:一方面是采购计划方面怎么样快速调整;另外一方面是在生产计划方面怎么样进行快速调整。

四、采用供应商协同保持供应链竞争力

在协同方面,首先是让供应商做到全程协同,这样就包括在产品研发过程当中就要和供应商进行同步开发;其次在品质和供应弹性以及成本方面,需要进行一个持续的改善;另外,在采购价格方面需要供应商能够保持最佳的竞争力。

此外,采取全程紧密的策略,首先在供应商端会实现优胜劣汰,寻找有竞争力的合作伙伴,另外在供应商端会设立相应的采购平台,加强日常的管理,以便于这种突发问题的解决以及持续改善项目的推进。联想进行供应商协同一个主要的目的,就是要确保在业界自由的供应商争夺以及采购资源的争夺中,能够保持一种有利的战略位置。

分析:从联想的供应链管理的案例中,我们不难看出,将整个企业置于一个系统的供应链之中,通过销售预测,联想可以比较准确地把握市场的变化和用户的需求。通过采购计划、生产计划,可以更好地协调在供应市场和销售市场发生变化时的应对。通过需求协同和供应商的协同,可以更好地把握市场的需求以及供应商的供应状况。

相关知识

对企业而言,物流联系着供应商、配送中心、分销商、零售商及最终的消费者等各环节,因此对物流良好的管理至关重要。企业的市场范围常常覆盖全国或全球,但生产却可能集中在相对较少的几点。生产地和市场地被时空分割,物流活动就是它们之间的桥梁。通过对供应物流、生产物流、销售物流及回收物流的有效管理,完成企业的使命,实现价值。

4.1　企业物流概述

案例 4-1

4.1.1　企业物流的概念

企业物流(Enterprise Logistics)是对企业从原材料供应地一直到产品用户之间的物料流及有关信息流进行组织和管理的过程。相对于宏观的社会物流来讲,企业物流属于微观领域的物流活动,即小物流。具体来讲,企业物流包括运输、仓储、物流管理、订货处理、顾客

服务等活动。企业物流始于企业的原材料采购,终于企业对具体物流流程废弃物及退货的回收,它包含了企业经营的全过程。

企业物流通常可以分为三大类:生产企业物流、商业企业物流及物流企业物流。其中生产企业物流在企业物流中具有十分重要的地位。它按照企业内物流活动发生的先后顺序可划分为:供应物流、生产物流、销售物流以及回收、废弃物物流。本章就是以生产企业物流为主要研究对象,进行一系列的分析。至于另外两种,商业企业物流由于没有涉及生产环节,其物流活动要比生产物流企业相对简单,其最重要的部分是配送中心。第三种是物流企业物流,也就是第三方物流,是专门进行运输、仓储、信息等物流活动的非货主企业,一般同货主以合同的方式进行交易,确定回报,承担生产企业或者说货主的全部或部分的物流活动。现在有许多的生产企业,为了降低成本或者出于其他原因考虑,将自己的物流部分以完全或部分外包的形式进行运作。关于第三方物流将在第五章内详细讲述,在此不再赘述。

最后,企业之所以要关注自身的物流,是因为现在越来越多的企业认识到,物流是关系到企业市场经营的一种全局性的经济活动,而不仅仅是仓库加运输的简单合成。一个适合企业的运作良好的物流系统,能够更好地实现服务于企业的生产与销售,大大降低成本,并提高顾客服务水平,创造顾客价值的目的。我们必须将企业物流看作一个整体的系统,即企业物流系统,从企业运作全过程来考虑对其的计划、实施与控制,通过对企业内外部资源(如人员、设施、材料、资金、能源、信息等要素)的有效配置形成系统的整体功能,来有效地安排物流活动,提高物流效率。

4.1.2 企业物流的特征

企业物流系统是由物流的诸要素相互依赖、相互作用而形成的一个有机的整体,是整个企业系统的一个子系统,其各种活动的目标都要服从企业活动的整体目标。因此,现代的企业物流的特征有以下几点。

1. 企业物流的宗旨要从用户的需求出发

企业的客户是企业一切活动的前提,没有客户,企业也就失去存在的意义和目标。因此,企业物流系统必须与企业的目标一致,以顾客的需求信息为驱动,以不断反馈的信息流来带动企业的调达物流、生产物流、销售物流等整个物流系统的运作。并且以时间为竞争要素,对物流流程进行全面管理,有效调配企业内外资源,增强企业的市场反应能力,寻找并实现与竞争企业在顾客服务上的差异化,适时满足客户需求,为客户创造时间上和空间上的价值效用,提高客户的满意度。

2. 企业物流系统与企业外部的各系统及企业内部其他子系统紧密相连,并对其他子系统起支持作用

企业物流系统与生产、销售、财务系统等一起协调着企业的商流、实物流、信息流以及企业的经营管理。从生产前的前向采购物流,到生产活动利用企业资源,将进入到企业的原材料、能源、零件等转化为半成品或成品输出,然后再经过销售使产品从厂商到批发商,批发商到零售商,再到消费者,甚至再到销售后的退货及废弃品物流,都是各个子系统之间协调合

作的结果,但每一个步骤的实现又都要以物流系统为支撑。若将每个企业当作整个社会物流系统中的一个个节点,那么各节点之间的转化就要通过生产物流,各节点之间的连接就要通过供应物流和销售物流。

3. 企业物流系统以信息流贯穿始终,进行前馈和反馈运动,连接其他各子系统及外部系统

对于企业物流系统可划分为物流作业系统和支持物流系统的信息流动系统。现代的企业物流是以信息为驱动,关联客户、供应商、批发商、零售商等,进行一种整体的共同活动,实现企业供需信息的有效实时连接,通过信息流的前馈运动,从最终用户到零售商到供应商实现对企业计划、库存风险分担的机能结合,以此带动相互间的协同运作,最有效率地进行对供需矛盾的协调,实现整个流通渠道中的全体商品的快速流动。即信息流对于企业的实物流实现了有力的连接和支撑。就以一个简单的物品入库为例,它的工作程序为:物品质量检验—物品登录—打印条码标签—物品放入指定货位—核对,在这一系列动作进行的同时,也就引起了相应的数据信息的录入与变化登入的信息处理。

同时,要使企业的物流系统能够更好为企业的整体目标服务,必须对其进行必要的管理,而对整个企业物流的管理系统,就是一种基于信息流的反馈式控制系统。从管理的各项职能来看,从确定目标,到估算达到目标所需要的资源(人、财、物、时间等),考虑有可能达到目标的途径,制定方案,做出具体计划;再到按照计划的要求,有步骤地进行组织调度;还有及时掌握信息,在计划实施过程中对各种意外、突发事件的监控;直至对变化的调整控制优化。这整个管理的过程,无一不需要信息的参与、反馈。通过信息反馈过来的企业物流系统的实际情况,将计划与实际进行比较,经修改后再去执行。

4. 企业物流各子系统间相互制约,成本交替损益,且各系统的利益与整体利益会相互制约

企业物流系统的目的在于以最少的费用提供最好的物流服务,实现对物流的时间和空间的收益。这必须要求各系统能够有序协调,因为各子系统的功能既能对其他功能产生影响,又受到其他功能的共同制约。但在资源一定的前提下,如成本控制要求前提下,有时会出现“效益背反”的现象,即若两方面处于统一资源前提下的矛盾关系中,当太侧重于其中一个方面的目的时,会使另一方面遭受损失。物流的各项活动(如运输、保管、搬运、包装、流通加工等系统)都有提高自身效率的机制,如减少库存据点并尽量减少库存,势必使库存补充变得频繁,增加运输次数。这同时也体现在各子系统物流成本的交替损益,若降低缺货费用,则将导致库存成本的上升。由于各子系统间的这种“效益背反”,企业的物流系统就必须强调整体效益,统一管理,使物流充分系统化,在达到企业整体物流资源配置的最优与物流效率的极大化的基础上,追求物流系统的最佳效益。

4.1.3　企业物流合理化

1. 企业物流合理化的必要性

企业物流合理化涉及许多方面的内容。从企业的外部关联上看,企业物流是社会物流的有机组成,是一个个的节点,整个社会大物流的正常合理运转,需要每个节点的正常运行为必要前提,因此企业物流的合理化与社会物流的合理化是相互支撑的,且企业物流合理化

起着一种基础性的作用。

再从企业自身的物流系统看,从企业采购原材料开始到生产中的半成品、成品的包装、储运和搬运管理,直到企业产品进入市场销售到达消费者手中,乃至于最后的废品回收及从客户手中的退货回收。整个业务经营流程中,物流系统对其他的子系统自始至终都起到一种支撑性的作用,但在整个运作中,存在着许多不确定的因素,有效实现有关工作的及时衔接比较困难,各子系统之间也还存在着顾此失彼的情形,使得物流系统一直追求的目标——以最小的成本提供最好的服务,实现对物流的时间和空间上的效益——常常难以实现。因此,针对物流系统中存在的各式问题进行合理化改进,具有十分现实的效益性和迫切性。

2. 企业物流合理化的基本方向及手段

要实现物流合理化,总体来说,必须明确物流在企业中的地位、作用及经营决策层的方针,设计适合每个企业的物流系统,确定公司的物流服务水平,进行投入与产出效率分析,还要通过相关的运筹知识和评估模型,为相关的物流业务进行评估分析,选定最优的运作决策。通过调整各个子系统,使它们形成一个有机的整体,最终达到提供合理化的低成本、优良的质量、恰当的时间、合适的地点、适宜的价格以及最好的服务,实现物流时间上和空间上的效益,即要实现服务性、快捷性、有效地利用面积和空间、规模适当化、库存控制,简称为5S的物流系统化及合理化的目标。

下面,主要从以下几个方面来进行合理化改进。

(1) 物流系统的合理分析和设计。

企业的物流系统决定了一个企业的物流环节的畅通程度及实现整个物流流程活动的效率。要使得物流系统能够沿着并服务于企业总体的目标方向,达成系统的目标要求,必须要利用科学的分析工具、计算方法,从全面综合的角度,对物流系统的目标、功能、环境、费用及效益等进行一系列的分析,使得系统运行后能够达到各子系统间的良好协作,最终获得整体效益的最大化。

如要实现物流的规模效益,就要实现对物流活动相关环节的计划化,充分利用现代科学化的电子分析与交换技术,无论是客户对企业的订货还是企业对供应商的订货,都要通过混装订货与发货、制订较大批量的采购与发货计划,从而实现物流的集中化,进一步达到规模效益。

当然在分析与设计时,也必须要遵守一些必要的原则。首先,物流系统是一个开放式的动态系统,与外部环境亲密相连;而其内部各子系统的功能也存在着相互制约和影响,因此必须内外兼顾,综合分析。其次,要在保证各子系统一定局部利益的同时,确保整体利益的最大。因为在系统中会存在诸如"效益背反"及"收益递减"的情况,整体和局部利益不能够同时最大化。最后,还必须在定性的基础上,将一些问题尽量定量化、精确化。

(2) 物流作业及信息系统的改进。

有了正确的物流系统的定位和设计,必须要有各个系统功能在现实中的支撑。

在运输、保管、搬运、包装、流通加工等作业中使用各种先进的技能和技术,提高物流作业的省力化、机械化、自动化水平,并使生产据点、物流据点、运输配送路线、运输手段等网络化,以提高物流活动的效率;在保证订货、进货、库存、出货、配送等信息通畅的基础上,使通信据点、通信线路、通信手段网络化,提高物流作业系统的效率。

比如，在现在许多大型配送中心等正普及使用的自动分拣分类装置，降低了劳动的密集程度，有效提高了分类拣选与输送定位工作的效率。还有计算机控制的光电导引出入库工具，如用于高层仓库的自动化单位载荷搬运系统（即 ASRS 系统），它基于计算机控制系统，对入库的商品的收货入库到出运完全实现自动化，使商品出入库作业具有了高准确率，还能避免货损、货差。

而对于物流系统的信息化，这是现代物流发展的不可阻挡的趋势之一。首先，要从信息的获取角度，从整个物流系统链条看，企业对物流信息的实时掌握程度越高，其做出的物流决策的有效程度就会越高，也就能更有效地降低成本，提高效率。而物流信息不仅包括内部，还包括系统与外界相联系的相关环节（采购、仓储、库存、运输、配送等），涉及上下游的众多环节。在顾及所有相关信息的前提下，我们也必须在繁多的信息中进行过滤处理，通过分析它们与企业经营目标的相关性程度，来决定其有用性及取舍。

再者要充分利用先进的信息管理和控制技术，如射频数据通讯（RFDC）、数据广播、运输跟踪、销售时点系统（POS）、电子订货系统（EOS）、电子数据交换系统（EDI）等，这些先进的工具和技术的运用，使得信息的无缝连接成为可能，更好地实现对于实时信息的共享和应用，更有效地提高企业物流运作的效率和衔接的有效程度，从而实现使物流系统的效率最优化。

（3）物流管理系统的改进。

要提高企业物流的效率，进一步增强企业的竞争力，首先必须从企业的物流管理思想进行根本的转变。

要将分散的、各部分孤立运转的物流系统逐步转化为整体的、集中的、统一计划控制的一体化物流系统；将仅完成各个过程的单项任务的封闭型管理向具有较强应变能力和极快反应速度的开放型管理系统转变；将传统的被动的、局部的、操纵型的管理向决策型的管理方向发展；还要充分利用现代的计算机管理系统，增强流程各活动间的衔接，提高效率，并争取实现实时管理，零延迟。

物流系统的系统化、一体化、现代化是一个复杂的过程，各物流活动广泛而又复杂，因此，配备高度专业化的物流管理人才是必要的。无论多先进的系统也要人来从中协调和控制，因此无论基层还是高层管理人员，都必须具备与自身所在岗位层次所匹配的物流管理能力。

管理人员要能够充分利用 MIS（管理信息系统）及 DSS（决策支持系统），以求得能够对信息的需求立即响应，对物流的变化引起信息的更新能够及时知晓，即实现一种"实时"物流管理的状态。

 思考与讨论

1. 企业物流的概念是什么？
2. 企业物流系统有哪些主要特征？

案例分析

4.2 供应物流

案例 4-2

供应物流是企业能够进行正常生产的起始步骤,原材料、零部件、燃料等需要不断地通过供应物流输送到企业,经过采购、供应、装卸与搬运、仓储与库存管理等,将生产需求和物资供应联系起来,否则企业后续的生产经营活动将成为空谈。

4.2.1 供应物流概述

1. 供应物流的概念

从 2001 年 8 月 1 日起正式实施的我国《物流术语》国家标准中,对供应物流是这样定义的:为生产企业提供原材料、零部件或其他物品时,物品在提供者与需求者之间的实体流动。

这个定义实际上将供应物流限定在制造业中使用,对于批发业和零售业,人们习惯上使用配送物流来描述。而在《物流术语》国家标准实施以前,供应物流的一般定义是:供应物流包括原材料等一切生产资料的采购、进货运输仓储、库存管理、用料管理和供料运输。这个定义描述了供应物流的工作内容,但这些工作内容必须放在企业物流系统的大环境中考虑。

供应物流是企业物流系统中独立性相对较强的一个子系统,并且和生产系统、技术系统、财务系统等企业各部门以及企业外部的资源市场、运输市场及其他企业的供应物流部门等密切相关。

2. 供应物流的合理化

在制造业物流中,供应物流对于企业物流总成本的降低是非常关键的,同时,它也是企业均衡生产的重要保证。

企业物流总成本的降低取决于很多因素,但在任何情况下,供应物流的优化都是不可忽视的。越是大型的生产企业或巨型生产企业,供应物流问题更加突出。例如,戴尔公司、海尔集团等,企业规模越大,成本基数越大,仅将其供应物流的成本每降低一个百分点,企业每年就将节省几亿元的资金投入。

要实现供应物流的合理化,必须尽量优化其内容及流程的各个方面。首先,要根据企业的生产计划,确定合理的物资消耗定额、储备定额,对各种原材料、购入件的需求量及供货日期做出准确的需求预测。同时,必须合理控制企业库存,一方面库存要满足正常生产所需(正常库存),不能耽误企业生产流程的正常运转,也不能库存过量,造成库存积压,占用大量流动资金;另一方面又要足以应对突发状况(安全库存)。现代的企业越来越开始重视企业库存的控制,如采用 JIT 模式的管理方法,使得库存量为零或接近于零。再者,要实现供应物流合理化,采购决策必须要尽量正确无误,如市场资源的调查、供应商的选择及进货时间间隔、批量,如何才能达到 EOQ 等,还需要供应保障,健全管理组织机构等。

在企业供应链一体化的大环境下,企业之间的竞争实际上是供应商、制造商、经销商及相关合作伙伴组成的供应链联盟之间的竞争。同时,在复杂的供应链网络中,不同企业成员的目标存在着各种冲突,这意味着要为某个特定企业寻找最佳的供应链战略面临着巨大挑战。供应链战略设计中不仅要考虑制造业的利益最大化,还需要通过供应物流的合理化来保持联盟的稳定和供应商的忠诚。

4.2.2　供应物流的内容

供应物流的过程因不同的企业、不同的生产工艺、不同的生产组织模式而有所不同,但供应物流的基本流程和内容大致相同,大体上都包含采购、供应、装卸与搬运、仓储与库存管理四个方面。

1. 采购

(1) 采购的含义。

采购是供应物流活动中的一个十分重要的环节,直接关系到供应物流的成本和质量,涉及的方面繁多复杂,往往会对供应物流甚至企业物流形成瓶颈。

采购包括寻找商品产地和供应商、购置、运输、收货、入库仓储等。采购是生产企业为了获得生产所需要的商品物资而进行的活动,也是流通企业备货、购物的重要环节。

采购的对象即"资源",包括生活资料,也包括生产资料;包括物质资料,也包括非物质资料。能够提供这些资源的供应商就形成了资源市场。在采购这个过程中,一是要实现将资源的所有权从供应者手中转移到客户手中;二是实现将资源的物质实体从供应商手中转移到客户手中。前者是一个商流过程,主要通过商品交换来实现商品所有权的转移;后者是一个物流过程,主要通过运输、储存、包装、装卸、流通加工等手段来实现商品空间位置的转移。因此,采购实际上是商流与物流相统一的过程。而且企业采购是供应商与企业之间相互依靠的过程,因此供应商和企业之间往往会发展成为长期的合作关系。

(2) 采购的流程。

采购流程是采购管理中最重要的部分之一,它会因采购方式、采购来源、采购对象的不同而存在若干差异,而且不同的公司,它们对采购过程的要求也是不同的。

采购活动的过程,如图 4-1 所示。

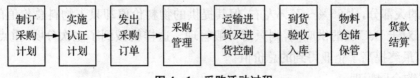

图 4-1　采购活动过程

第一步,制订采购计划。它包括寻找商品产地和确定供应商、采购方法、采购日程(时机)计划等。清晰可行的采购计划是整个采购流程能够顺利进行的首要条件,对之后各采购流程活动有着重要影响,如在采购过程中确定的采购类型,在很多情况下将会决定整个采购过程的复杂性。同时,采购计划包括认证计划和订单计划。

第二步,实施认证计划,并通过合同或协议确认,发出采购订单。在这个过程中,包括供应商的选择、建立和维护企业的采购环境等。其中对供应商选择是实施计划过程中,十分重要的一环,认证和订单人员必须弄清各供应商的真正实力,根据既定计划联系并选择供应商,洽谈质量、数量、价格、运输、服务及风险赔偿等合同或协议细节,以免流程之后的活动中多生风险,也为最终供应商的确定及分类打下基础。

第三步,采购管理,包括供应商关系管理、采购合同管理、采购绩效管理。

① 供应商关系管理(Supplier Relationships Management,SRM)。

国家标准《物流术语》对供应商关系管理的定义为:"一种致力于实现与供应商建立和维持长久、紧密伙伴关系,旨在改善企业与供应商之间关系的新型管理。"

现代的供应商关系管理与传统的供应商关系管理有很大的区别,二者的比较如表 4-1 所示。

表 4-1　现代供应商关系管理与传统的供应商关系管理比较

项　目	传统的供应商关系管理	现代的供应商关系管理
供应商数目	多数	少数
供应商关系	短期、买卖关系	长期合作、伙伴关系
企业与供应商的沟通	仅限于采购部门与供应商销售部门之间	双方多个部门沟通
信息交流	仅限于订货、收货信息	多项信息共享
信息谈判	尽可能低的价格	互惠价格,达到双赢
供应商的选择	凭采购员经验	完善的程序
供应商对企业的支持	无	提出建议
企业对供应商的支持	无	技术支持

同时,企业往往会有不止一个的供应商,尤其是大型企业,供应商更是成百上千,不可屈数,因此,企业必须分清主次,将有限的资源分配给最有价值的重点型、伙伴型供应商。要做到这一点,不妨运用常用于物料管理中的 ABC 分类管理办法,也是借鉴 80/20 的原理,对供应商进行 ABC 的等级划分。对于关键的少数 A 类供应商,占到总供应商数量的 5%～15% 左右,但其供应的物料的价值占采购方采购物料价值的 60%～70% 左右,要对其投入主要精力,进行重点管理;B 类占总供应商数量的 20% 左右,物料价值也在 20% 左右;C 类占供应商总量的大部分,达 65%～75% 左右,但其提供的物料价值却只占物料总价值的 10%～20% 左右,对于 B、C 类的供应商,则只需一般管理。这样就做到了主次分明,重点突出,提高了效率,最终提高了企业得到的总价值。

② 采购合同管理。

采购合同是买卖合同的一种,是经济社会中普遍存在的合同之一,它是明确平等主体的自然人、法人、其他组织之间设立、变更、终止在采购工业品生产资料过程中的权利与义务关系的协议,是确立物品采购关系的法律形式。具体而言,物品采购合同是买卖人通过市场购买自己所需的物品,出卖人将物品的所有权转移给买受人,买受人支付价款的合同。

采购合同可以根据其主体不同,分为政府采购合同、国有企业采购合同、非国有企业采购合同等。《合同法》还规定了几种特殊的物品采购合同,即分期付款的物品采购合同、凭样品采购的物品采购合同、试用的物品采购合同、招标投标的物品采购合同。

采购合同签订后,许多工作应该立刻进行,这些工作包括合同签订后的日常管理工作、对合同变化与变更的控制工作、建立合同交付与发票收取工作、合同完成后的管理工作。

③ 采购绩效管理。

采购绩效就是指采购行为所产生的采购效果以及采购效率的综合程度。所谓采购效果,是指通过特定活动实现预先确定的目标和标准额的程度,因此可以从三个方面来测评采购效果,即采购物料的价格方面、成本方面、采购物流方面。所谓采购效率,是为了实现预先确定的目标,计划耗费和实现耗费之间的关系,因此可以从采购组织的管理制度、人员、信息沟通体系方面来测评。

采购绩效考核与评估的具体指标包括质量绩效指标、数量绩效指标、时间绩效指标、价格绩效指标、采购效率指标等。

对采购人员进行绩效考核与评估,可以采用定期绩效考核与评估的方式,也可以采用不定期绩效考核与评估的方式。

第四步,运输进货及进货控制。指订货成交以后继续履行合同或协议,组织运输进货。运输进货可以由供应商承担,也可以由生产企业自行承担,或物流外包。

第五步,到货验收、入库。到货后,仓储和质量检验有关人员进行检验验收和入库。

第六步,物料仓储保管。

第七步,货款结算。

2. 供应

供应是供应物流与生产物流的衔接点,是依据供应计划,根据生产资料消耗定额进行测算,大致确定供给数量并保证供应的作业层,负责原材料消耗的控制。

3. 装卸与搬运

装卸与搬运是发货、接货和仓储堆码作业中的物流活动。装卸与搬运工作量大,对保证物资的完好率具有重要的作用,是物流作业机械化、自动化及智能化的重点。装卸搬运是与运输和仓储相伴而存在的,从某种意义上讲,没有装卸与搬运的现代化,就没有运输和仓储的现代化,也就没有物流的现代化。现在大多数企业都实施装卸与搬运机械化和自动化,如运用叉车、吊车、自动导引车(AGV,也称无人搬运车)等装卸和搬运。

4. 仓储与库存管理

仓储是供应物流与生产物流衔接的一个环节,负责供应物流的接货、仓储、发货工作。在这个环节上要严把进货关,入库前保证入库物资的数量和质量符合合同或协议的规定。

库存管理是供应物流的核心部分,它依据企业生产计划的要求和库存状况制订采购计划,并负责制定库存控制策略及收集计划的执行与反馈情况。库存管理有两个基本目标:一是提高对客户的服务水平;二是降低库存成本。但这两个目标本身是相互矛盾的,要提高服务水平就不可避免要提高成本,因此,库存管理要寻求两者之间的最优平衡和最佳组合。对于入库后的物资,要认真执行库存物资维护保养的规定,尽量减少库存物资人为和非人为的耗损,控制库存数量,减少资金占用,降低库存成本。

在传统的库存管理中,经常用到 ABC 分类法、EOQ 法等,这些方法都是相对简单的单级库存控制模式,也属于企业相对熟悉的管理模式。下面简单介绍这两类方法。

（1）ABC 分类法。

ABC 分类法是一种应用范围较广的方法,在库存管理中,通常将库存物品按其占总库存物品品种数目和总库存资金的比重的比例来分类。A 类数目占总数目的 $5\%\sim15\%$,但资金占总库存资金的 $60\%\sim70\%$;B 类数目占总库存的 20% 左右,资金占总资金的 20% 左右;而 C 类,数目占总数目的 $65\%\sim75\%$,但资金却只占总库存资金的 $10\%\sim20\%$。从而,在管理时,对 A 类进行重点管理,B、C 类只进行一般管理即可。

（2）经济订货批量模型法(Economic Order Quantity Model,简称 EOQ 法)。

在总的需求量一定的条件下,若采购的数量大,则存货的周转率就会下降,库存成本相应增加;但若采购次数过多,降低了每次的库存成本的同时,又会相应增加采购费用,可以看出这两者之间存在着“效益背反”的关系。因此,只有当采购费用和库存费用的总和最小时的订货量,才是最经济合理的,此时的采购量称之为经济采购量。

EOQ 法可用图 4-2 表示。

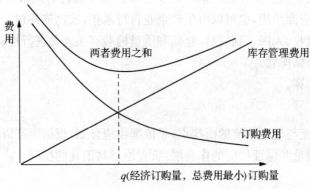

图 4-2 经济批量订购模型

用公式表示:

$$EOQ=\sqrt{\frac{2QK_q}{K_m}}=\sqrt{\frac{2QK_q}{UK_i}} \tag{4-1}$$

式中:q——订购批量;

Q——全年物料的需求量;

K_q——每批订购费用;

K_m——单位物料年保管费用;

K_i——单位物料年保管费用率;

U——物料单位价格。

用 EOQ 公式可以确定每次订货的数量,但它未能直接给出何时订货,即订货的确定,这需要再进行其他的计算。

4.2.3 供应物流的模式

企业供应物流目前用得较多的有以下四种基本模式。

1. 委托社会销售企业代理

即供应商或社会销售企业送货上门,也称供应商代理形式。采用这种模式,企业可免除物流活动而致力于其核心业务,供应商则利用其熟悉的物流渠道为企业提供增值服务,并以良好的服务与企业共同结成战略联盟。供应物流的费用,可以列入物资采购价格内,也可单独由企业额外支付。

2. 委托第三方物流企业代理

这种供应物流方式是指在企业完成采购任务后,由相对于"第一方"发货和"第二方"收货人而言的第三方专业物流企业来承担供应物流活动的一种物流形态。第三方物流企业通过与第一方或第二方的合作来提供其专业化的物流服务,它不拥有商品,不参与商品买卖,而是为顾客提供用合同形式来约束、以结盟为基础的系列化、个性化、信息化的物流代理服务。这种方式正逐渐成为供应物流的主导模式。

3. 自供与外协物流模式

企业自供模式,即企业上一生产环节的产品作为下一生产环节的原材料供应。外协是由生产企业向外协厂(即 OEM 厂商)提供所需产品的技术图纸以及产品质量要求,由外协厂组织生产、供应,并满足生产企业的需要,完成供应物流过程。

4. 供应链供应物流模式

这是近年来随着供应链理念和实践的拓展发展起来的供应物流模式。供应链体系将物料供应商、生产商、储运商、分销商及消费者组成供需网络链,供应商和企业结成最高层次上的联盟,在互利互惠、共享信息、共担风险和相互信任的原则下建立长期的供应合作关系。

在上述这些方式下,又各有层次高低不同的管理模式。目前诸如"零库存"供应模式、JIT 供应模式、虚拟仓库供应模式等,都是较高层次的供应管理模式,同时也是供应物流的发展趋势。

4.2.4 供应物流服务的新方式——供应链供应物流模式

随着市场和竞争环境的变化,企业的机会成本增加,这使得企业开始进行业务外包,但这又导致了企业间的交易成本上升。为了降低这些浪费,企业间开始寻求一种更加有效的合作与联盟方式,经过不断的发展,从 MRP 的一体化系统,到追求"零库存"过程中的 JIT 模式,再到精细化生产和供应,最终发展到供应链管理(Supply Chain Management)模式,产生了巨大的变化。供应链管理是以同步化、集成化生产计划为指导,以信息技术为支撑,围绕供应、生产作业、物流满足需求等来实施的。

供应链体系将物流供应商、生产商、储运商、分销商及消费者组成供需网络链,供应商和企业结成最高层次上的联盟,彼此在互利互惠、共享信息、共担风险和相互信任的原则下建立长期合作的供应关系。供应链的各个环节以一种协调的方式实现一种同步化运营,使供应链各企业在响应需求的方面取得一致性的行动,在更短的时间内,用更少的成本实现价值的增值。

一条完整的供应链应该包括供应商、制造商、分销商、第三方物流公司、零售商、消费者,如图 4-3 所示。

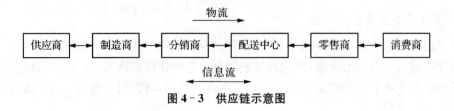

图 4-3　供应链示意图

从图中也能看出,每个企业都是供应链上的一个节点,产品和服务的质量、竞争力等并不取决于某一个节点企业,而是整个供应链上所有节点企业共同作用的结果。

1. 供应链供应管理的主要方法

对于供应物流,库存问题始终是供应链管理中的关键问题,现以其为例,介绍供应链供应管理的方法。

(1) 快速供应(Quick Response,QR)。

QR 因 20 世纪 80 年代美国服装业的危机而产生,并且成功地拯救了这场危机。之后,就由沃尔玛等零售巨头为主力开始推动。QR 的意义,即为了获得基于时间上的竞争优势,在整个供应链中,各节点企业密切合作,以达到加速系统处理时间,降低库存,最大限度地提高供应链的运作效率。其步骤包括:零售商通过条码商品的扫描,从 POS 系统得到及时准确的销售数据;经由 EDI 系统的传送,制造商每周或每日共享销售与库存信息;针对预定的库存目标水平,制造商接受委托进行自动或近于自动的补充供应活动。

QR 的发展到现在,已经进入新的阶段,即 CPFR(Collaborative Planning Forecasting and Replenishment)联合计划、预测及补货阶段,它的形成始于沃尔玛所推动的 CFAR(Collaborative Forecasting and Replenishment),不仅合作企业实行共同预测和补货,同时将原来属于各企业内部事务的计划工作(如生产计划、库存计划、配送计划、销售计划等)也由供应链各企业共同参与。

(2) 持续供货补充(Continuous Products Replenishment,CPR)。

它与 QR 的目的是一脉相承的。利用及时准确的销售商品数量的实时信息,并结合库存信息,运用预先规定的库存补充程序,更加科学与准时地确定发货补充数量和配送时间的计划方法。由于着眼于改进供应链中的物流合理性,将管理前向扩展到终端客户的同时,后向也延伸到供应商,使得整个系统的库存管理水平大大提高,成为完成有效客户响应的一个行之有效的库存管理模式。供应链各个阶段库存大量减少,库存周转加快,极大地提高了效率,节约了资金。

(3) 供应商管理库存(Vender-Managed Inventory,VMI)策略。

这种方法也有效打破了各环节企业各自为政的格局,满足供应链集成化管理的要求。供应商在用户的同意下,考虑库存,决定库存数量和补充策略。整个供应商管理库存的实施都是透明化的,买方企业和供应商随时都可以监控。

此方法的库存管理部分是由销售预测和库存管理以及和供应商生产系统共同组成的,因为实施了供应商管理库存之后,这几个部分的工作主要由供应商和买方企业共同协调来完成,所以将其归为一种模块来处理。首先由买方企业那里获得产品的销售数据,然后和当时的库存水平相结合及时传送给供应商,然后由供应商的库存管理系统做出决策：如果供应商现有的仓储系统能够满足库存管理系统做出决策所需要的产品数量，就直接由仓储与运输配送系统将产品直接及时配送给买方企业；如果供应商现有的仓储系统能够不满足库存管理系统做出决策，就必须通知生产系统生产产品后再通过运输与配送系统及时将产品配送给买方企业。其中，在正式订单生成前，还应该交由买方企业核对，调整后再得出最后订单。

此外还有由各方分散承担风险的管理模式，乃至对供应链管理能实行全局优化的多级库存优化与控制。这些方法无不遵从着供应链的高效管理模式，并在实际工作中产生巨大的影响。

2. 供应链供应物流的主要模式

概而言之，供应链供应物流模式主要有 JIT 供应模式、即时供应模式和"零库存"供应模式等。

(1) JIT (Just in Time)供应模式。

JIT 的基本原理是用需定供。即供方根据需求方的要求（或称看板），按照需求方所需求的品种、规格、质量、数量、时间及地点等要求，将物品将送到指定的地点。不多送，也不少送，不早送，也不晚送，所送品种要全部保证质量，不能有任何废品。即以恰当的时间、恰当的地点、恰当的数量、恰当的质量提供恰当的物品。

准时制采购的策略是：

① 小批量采购。准量采购减少和消除了原材料和外购件的库存，会使送货频率增加，从而引起运输物流费的上升。

② 保证采购的质量。准时制采购原材料及外购件时，库存减少，甚至不存在库存，但必须保证所采购物资的质量。

③ 合理选择供货方。准时制采购应选择供货商，选择因素有产品质量、价格、技术能力、应变能力、批量柔性、交货期与价格的均衡及地理位置等。

④ 可靠的送货和特定的包装要求。因为消除了缓冲库存，任何交货失误和送货延迟都会造成难以弥补的损失。

在供应链管理的模式下，不同于传统的采购模式，JIT 的采购活动均是以订单驱动的方式进行的，供求双方均围绕订单运作，实现准时化、同步化运作。即当采购部门产生一个订单时，供应商即开始着手物品的准备工作。同时，采购部门编制详细的采购计划，制造部门进行生产的准备过程，当采购部门将详细的采购单提供给供应商时，供应商能很快将物资在较短时间内交给用户。当用户需求变化时，制造订单又驱动采购订单发生改变。由此可看出，准时化采购增加了供应链的柔性和敏捷性。

实行准时采购战略不但取决于企业内部，而且取决于供货方的管理水平，取决于物流系统的管理水平，因此应对准时制采购的相关因素做好合理的、全面的考虑。

(2) 即时供应模式。

即时供应模式是 JIT 供应的特例，它不是按照计划的时间进行计划数量产品的供应，而是按照用户随时提出的时间要求进行准时供应的一种供应物流模式，多用于零部件的供应。通常的情况是，需求企业通过互联网络向伙伴供应商发出临时需求信息，供应商则根据需求快速组织生产，再按需求的时间，快速送达需求商的生产线。由于零部件的生产是按临时需求组织生产的,所以产品的质量完全取决于供应商对生产过程的质量监控,因此,这个生产过程又称质量生产。电子商务的快速发展和广泛应用,为这种缺乏计划而又有严格时间要求的即时需求提供了支持。

(3)"零库存"供应模式。

关于"零库存"的概念,学术界存在争议。在实践中对"零库存"一般有两种理解:一是实际意义上的"零库存",就是与传统意义上的大量库存比较,由于通过 JIT 供应和 JIT 供应特例的即时供应,使库存量大大减少,几乎接近零的一种模式;另一种是数学意义上的"零库存",即需求方不设库存,而是由供应方设置和管理库存。这种真正意义上的"零库存"运作方式是供应商将商品直接存放在用户的仓库中,并拥有库存商品的所有权。供应商只有在用户领用商品后才与用户进行货款的结算。这种运作方式对供需双方都有利,供方可以利用需方的仓储设施,免去了固定资产的投资,节约了大量资金;需方因为没有设库存,免去了库存占有资金,并节省了大量的管理费用。

 思考与讨论

1. 通常情况下,采购的流程有哪些?
2. JIT 供应模式的基本原理是什么?
3. 目前企业供应物流的基本模式有哪些?

案例分析

4.3 生产物流

4.3.1 生产物流概述

案例 4-3

1. 生产物流的概念

生产物流(Production Logistics)一般是指原材料、燃料、外购件投入生产后,经过下料、发料,运送到各加工点和存储点,以在制品的形态,从一个生产单位(仓库)流入另一个生产单位,按照规定的工艺过程进行加工、储存,借助一定的运输装置,在某个点内流转,又从某个点内流出,始终体现着物料实物形态的流转过程,即生产过程中原材料、在制品、半成品、产成品等在企业内部的实体流动。

生产物流和生产流程同步,是从原材料购进开始直到产成品发送为止的全过程的物流活动。这种物流活动是与整个生产工艺过程伴生的,实际上已经构成了生产工艺过程的一部分。原材料、半成品等按照工艺流程在各个加工点之间不停顿地移动、转移,形成了生产物流。它是制造产品的生产企业所特有的活动,如果生产中断了,生产物流也就随之中断了。

生产物流的发展历经了人工物流—机械化物流—自动化物流—集成化物流—智能化物流 5 个阶段。

过去人们在研究生产活动时,主要关注一个又一个的生产加工过程,而忽视了将每一个生产加工过程串在一起的,并且又和每一个生产加工过程同时出现的物流活动。例如,不断离开上一工序,进入下一工序,便会不断发生搬上搬下、向前运动、暂时停止等物流活动。

实际上,一个生产周期,物流活动所用的时间远多于实际加工的时间。因此,企业生产物流研究的潜力、时间节约的潜力、劳动节约的潜力是非常大的。

2. 影响生产物流的主要因素

只有合理组织生产物流过程,才能使生产过程始终处于最佳状态。无论是制造业还是流程式企业,生产物流管理都是整个供应链管理的重要组成部分,其主要作用是在优化资源的基础上,以最低的成本和最快的速度生产出最好的产品,满足用户对产品品种、质量、数量、交货期限的要求,提高企业的反应能力和生产效率。

在企业生产管理过程中,影响生产物流的主要因素有以下几个:

(1) 生产工艺。不同的生产工艺,加工设备不同,对生产物流的要求和限制不同,是影响生产物流构成的最基本因素。

(2) 生产类型。不同生产类型的产品,其品种、结构复杂程度、精度等级、工艺要求和原料准备都不尽相同。这些特点影响着生产物流的构成以及相互间的比例关系。

(3) 生产规模。生产规模是单位时间内的产品产量,通常以年产量来表示。一般来说,生产规模越大,生产物流的构成要素越齐全,物流量越大;反之,生产规模小,生产过程的构成就没有条件划分得很细,物流量也较小。

(4) 企业的专业化与协作水平。社会专业化水平和协作水平提高,企业内部生产过程就趋于简化,物流过程就可缩短,将某些基本的工艺阶段的半成品(如毛坯、零件、部件等)改由厂外其他专业工厂提供。

3. 合理组织生产物流的基本要求

要保证生产稳定、缩短生产周期、提高产品质量、降低产品消耗,生产物流管理应达到以下要求:

(1) 生产物流的连续性,即产品按照工艺流程连续通过各环节,不发生或很少发生不必要的中断;

(2) 生产能力的匹配性,即生产过程各阶段、各工序之间,在生产能力上要保持适当的比例;

(3) 生产的均衡性,即生产各环节在相同时间内的工作量相对稳定,不超负荷工作;

(4) 生产过程的平行性,即物料在各工序之间平行作业,以充分利用设备,提高生产效率。

生产物流管理应该从规范企业基础管理数据入手,建立和完善物流优化指标体系,以基础数据为基础,合理制订生产经营计划,优化生产作业计划,强化生产和物流控制,同时加强在制品库存和厂内运输的管理,才能实现上述生产物流管理的目标。

4. 生产物流过程

企业生产物流的过程大体为:原材料、零部件、燃料等辅助材料从企业仓库和企业的"门口"开始,进入到生产线开始端,再进一步随生产加工过程各个环节运动,在运动过程中,本身被加工,同时产生一些废料、余料,直到生产加工终结,再运动至成品仓库便终结了企业生产物流过程。

4.3.2　生产物流的类型

1. 从生产专业化的角度分类

(1) 单件生产物流。

单件小批量型是指需要生产的产品品种多但每一种生产的数量甚少,生产重复度低的生产物流系统。单件小批量型生产物流具有如下特征:物料需求与具体产品制造存在一一对应的相关需求,因此生产的重复程度低;由于单件生产,产品设计和工艺设计存在重复性,从而物料的消耗定额不容易进行准确制订;由于生产品种的多样性,使得制造过程中采购物料所需的供应商多变,外部物流较难控制。

(2) 大量生产物流。

单一品种大批量型是指生产的产品品种数量相对单一,而产量却相当大,生产重复度非常高且大批量配送的生产物流系统。其生产物流特征表现在:由于大批量生产以流水线式生产大批量、少品种的产品,因此,物料被加工的重复度高,从而物料需求的外部独立性和内部相关性易于计划控制。产品和工艺设计与控制过程相对标准和稳定,从而物料的消耗定额容易准确制订。为达到物流自动化和效率化,强调在采购、生产、销售物流功能的系统化方面,引入运输、保管、配送、装配、包装等物流作业中各种先进技术的有机配合。由于生产品种的单一性,使得制造过程中物料采购、供应商固定,外部物流相对而言较容易控制。

(3) 成批生产物流。

成批生产物流有多品种大批量型和多品种小批量型两类。

多品种大批量型是一种以大批量生产的成本和时间,提供满足客户特定需求,产品重组和过程重组转化或部分转化为大批量生产问题。

多品种小批量型是指生产的产品品种繁多并且每一品种有一定的生产数量,生产的重复度中等的生产物流系统。

2. 从物料流向的角度分类

(1) 项目型生产物流。

项目型生产物流是一种凝固性物流,因为在此生产过程中物料流动性不强。项目型生产的特点包括物料凝固、物料投入量大、产品生产周期长、生产的适应性强等。

(2) 连续型生产物流。

连续性生产又称"流程型生产",是指在流程型生产企业中,物料是均匀、连续地按一定工艺顺序运动的。其特点是工艺过程的连续性。流程型生产包括化工(塑料、药品、肥皂、肥料等)、炼油、冶金、食品、造纸等。

(3) 离散型生产物流。

离散型生产又称"加工装配型生产",是指产品由离散的零部件装配而成的,物料运动呈离散状态。因此,加工装配型生产的特点是工艺过程的离散性。属于这一类型的有机床、汽车、家具、电子设备、服装等产品的制造。

4.3.3　生产物流的计划与控制

1. 生产物流计划

(1) 生产物流计划的内容。

生产物流计划的核心是生产作业计划的编制工作,即根据计划期内确定的产品品种、数量、期限,以及发展变化的客观实际,具体安排产品及其部件在各个生产工艺阶段的生产进度、生产任务。

(2) 生产物流计划的任务。

生产物流计划的任务是保证生产计划的顺利完成,并为均衡生产创造条件,同时还要加强在制品的管理,缩短生产周期。

(3) 期量标准。

期量标准是生产物流计划工作的重要依据,因此亦称为作业计划标准。它是根据加工对象在生产过程中的运动,经过科学分析和计算,所确定的时间和数量标准。

2. 物料需求计划 MRP

(1) MRP 的基本概念。

为了更大幅度地减少库存,降低仓储库存管理的成本和压力,有效地解决物料计划和控制的问题,美国首先提出并推广应用了物料需求计划方法(即 MRP)。MRP 是以计算机为基础的计划主导型的生产计划与库存系统,是解决相关需求库存问题的一个有力的工具。它强调在生产之前制订或修订出切实可行的计划,并形成产品的材料结构表和库存状况,然后按计划进行生产。它是一种将企业采购物流、生产物流、销售物流集成在一起的"一体化"系统。

MRP 在计划构造上的特征是引进了时间分割,设定每个时间区段中的工作任务。MRP 在计划方法上的特点是零部件展开计算,即从最终产品的需要数量和期限出发,按产品结构展开,推算出所有零部件的需要量和生产量,再按生产提前期推算出它们的完成期和投产期,一直到原材料和毛坯的供应数量和期限。在零部件分解展开过程中查询存储记录,及时更新记录,根据生产能力情况做出调整。

MRP 的基本原理就是由产品的交货期展开成零部件的生产进度日程与原材料、外购件的需求数量和需求日期,即将产品出产计划转换成物料需求表,并为编制能力需求计划提供信息。

(2) MRP 系统的基本功能及流程。

MRP 系统解决了物料转化过程中的几个关键问题:何时需要、需要什么、需要多少? 它不仅在数量上解决了缺料问题,更关键的是从时间上来解决缺料问题。

(3) MRP 的发展。

MRP 的发展主要经历了四个阶段,即时段式 MRP、闭环式 MRP、MRP Ⅱ 及 ERP。

时段式 MRP,即狭义的 MRP 系统。从主生产计划出发,一是将物料需求区分为独立需求和非独立需求并分别处理,二是对库存状态数据引入时间分段的概念,从而解决了何时订货以及订货数量问题。

闭环式 MRP,即生产与库存控制系统(Production and Inventory Control System)。在此基础上,一方面把生产能力作业计划、车间作业计划和采购作业计划纳入 MRP。同时,在计划执行过程中,加入来自车间、供应商和计划人员的反馈信息,并利用这些信息进行计划的平衡调整,从而围绕着物料需求计划,使生产的全过程形成一个统一系统。闭环式 MRP 将物料需求按周甚至按天进行分解,使得 MRP 成为一个实际的计划系统和工具,而不仅仅是一个订货系统,这是企业物流管理的重大发展。同时"闭环"不仅代表整个系统所包含的所有功能,而且指执行功能能提供反馈信息,从而使计划在任何时候都保持有效。

MRP Ⅱ 系统,即制造资源计划系统(Manufacturing Resource Planning System)。它是闭环 MRP 系统的进一步发展,因为企业的经济效益最终要用货币的形式表现出来,企业都希望 MRP 系统能反映财务信息,于是 MRP Ⅱ 系统应运而生。

MRP Ⅱ 将市场信息、财务信息、工程信息、生产与库存信息有效地集成在一起,进行综合计划和管理,实现了管理职能的集成。

与闭环 MRP 相比,MRP Ⅱ 扩展了如下功能:

① 把企业的财务管理、成本管理与 MRP 结合在一起。

② 把经营计划、销售规划与管理、生产规划纳入统一管理。

③ MRP Ⅱ 具有模拟功能,能够根据不同的决策方针模拟出各种结果,进行辅助决策。

④ 一般情况下具有中央数据库,实现了信息集成。

ERP(Enterprise Resource Planning)阶段,建立在信息技术基础上,以系统化的管理思想,为企业决策层及员工提供决策运行手段的管理平台。它是从 MRP 发展而来的新一代集成化管理信息系统,扩展了 MRP 的功能,其核心思想是供应链管理。它跳出了传统企业边界,从供应链范围去优化企业的资源。

它主要增加了下列功能:

① 融合了其他一些先进的管理思想和方法(如 JIT、TQM、OPT、TOC)。

② 增加了供应商管理、客户关系管理、供应链管理等功能。

③ 增加了分销资源系统(Distribution Resource Planning,DRP)的功能。

④ 利用计算机技术的最新成果,不断改善系统功能和用户界面。

⑤ 发展与企业其他系统的接口,实现更大范围内信息的集成。

3. 生产物流的控制

(1) 生产物流控制原理。

在生产物流系统中,物流协调和减少各个环节生产和库存水平的变化是很重要的。在这样的系统中,系统的稳定与所采用的控制原理有关。

生产物流控制内容包括进度控制、在制品管理、偏差的测定与处理等。生产物流控制有两种模式:推进式和拉引式。

① 物流推进控制。

基本方式是根据最终需求量,在考虑各阶段的生产提前期之后,向各个阶段发布生产指令,这种方式称为推进方式。

推进型控制拥有集中控制的特点,每个阶段物流活动都要服从集中控制指令。但各阶段没有考虑影响本阶段的局部库存因素,因此这种控制原理不能使各阶段的库存水平都保持在期望水平。前面提到的广泛应用的 MRP 的控制实质上就是推进型控制。

② 物流拉引控制。

基本方式是在最后阶段按照外部需求量,向前一阶段提出的物流供应要求,前一阶段按本阶段的物流需求量向上一阶段提出要求,以此类推,接受要求的阶段再重复向前阶段提出要求,这种方式称为拉引方式。从指令方式上可看出,由于各工序独立发出指令,因此实质上是单一阶段的重复。

拉动型控制的特点是分散控制。每个阶段的物流控制目标是满足局部需求,然后是局部生产达到最优。但各阶段的物流控制目标难以考虑系统的总控制目标,因此这种控制不能使总费用水平和库存水平保持在期望水平。"看板管理"的系统控制实质上就是拉动型控制。

(2) 生产物流控制的类型。

① MRP、MRP Ⅱ 和 ERP 的"推动式"物流管理模式。

在生产物流组织控制上,根据 ERP、MRP Ⅱ 的运作原理,通过预测计算物料的需求量和各个生产阶段对应的提前期,确定原材料、零部件和产品的投入产出计划,向相关车间或工序以及供应商发出生产和订货指令。各个生产车间或工序以及供应商,按计划安排进行生产,把加工完的零部件送到后续车间和工序,并将实际完成情况反馈到计划部门,通过"送料制",最终产品逐渐形成。计划信息流同向指导推动物流。

对于"推动式"生产物流系统,进行生产控制就是要保证各个生产环节的物流输入和输出都按计划要求按时完成。但是由于各类因素的干扰,外部需求经常波动,内部运行也时有异常事件发生,各种提前期的预测也不尽准确,造成"计划变化滞后"的情况,各车间、工序之间的数量和品种都难以衔接,交货期难以如期实现。为了解决这些矛盾,通常采用调整修改计划,设置安全库存,加班加点,加强调度控制力度,增加计算机辅助管理系统等措施。与此对应,要发生相关的库存费用、人工费用、管理费用和投资。尽管这样,还是不能完全挽回由于不确定性因素带来的损失。

② JIT"拉动式"物流管理模式。

从最终产品装配出发,由下游工序反向来启动上游的生产和运输。每个车间和工序都是"顾客",按当时的需要提出需求指令;前序车间和工序成为"供应商"按顾客的需求指令进行生产和供应,没有需求就不进行作业,实行"领料制"需求信息流逆向拉动物流。

JIT"拉动式"物流系统的最大特点是市场供需关系的工序化。它以外部市场独立需求为源点,拉动相关物料需求的生产和供应。生产系统中的上下游、前后工序之间形成供应商—顾客关系,下游和后工序"顾客"需要什么,上游和前工序"供应商"就"准时化"提供什么,物流过程精益化,市场需求导向的理念在拉动式物流中得到充分体现。JIT 的最终目标是消灭库存或至少是把库存降到最小值。JIT 的"拉动式"物流管理模式的实施需要一定的企业管理基础,它主要考虑了人的因素,注重员工的多功能和合作。但是,JIT"拉动式"物流系统的成功运行是在与生产相关的物流系统资源都能够提供足够大的物流能力的前提下进行的。在实际生产中各种资源的能力不可能一开始就是完全相等的,即不可能一开始就实现最大能力的均衡生产。所以,JIT 的顺利实施也就受到了整个生产系统中有效产出最低的环节瓶颈的限制。

(3) TOC 的"瓶颈控制"物流管理模式。

TOC 瓶颈理论把企业看作是一个完整的系统,认为任何生产系统都会产生瓶颈因素。正是各种各样的制约因素,限制了企业生产产品的数量和利润的增长。因此,企业在实现其目标的过程中,应逐步识别和消除这些现存或潜伏的瓶颈,使得企业的改进方向和改进政策明确化,从而实现其"有效产出"的目标。

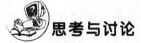 **思考与讨论**

1. MRP、闭环 MRP 系统、MRP Ⅱ、ERP 各阶段有什么不同?
2. 物流拉引式控制的原理是什么?
3. 从生产专业化的角度可将生产物流分为哪些?
4. 物料需求计划 MRP 系统的基本输入和基本输出是什么?
5. 生产物流的控制有哪些模式?

案例分析

4.4 销售物流

案例 4-4

4.4.1 销售物流概述

企业的产品只有经过销售才能实现其价值,从而创造利润,实现企业价值。销售物流是指企业在销售过程中,将产品的所有权转给客户的物流活动,是产品从生产地到客户的时间和空间的转移,以实现企业销售利润为目的,是包装、运输、储存等诸环节的统一。

1. 销售物流的概念

企业销售物流是企业产品离开生产领域,进入消费领域过程中的物流活动,是生产者至用户或消费者之间的物流,是企业物流与社会物流的最后一个衔接点,也是企业物流与社会物流的转换点。销售物流与企业销售系统相配合,共同完成产品的销售任务。

(1)销售物流是一个系统,具有系统性。销售物流是企业为保证自身的经营利益,伴随销售活动,将产品所有权转给用户的物流活动,包括订货处理、产成品库存、发货运输、销售配送等物流活动。

(2)销售物流是连接生产企业和用户的桥梁。销售物流是企业物流的一部分。销售物流是企业物流活动的一个重要环节,它以产品离开生产线进入流通领域为起点,以送达用户并经售后服务为终点。

(3)销售物流是生产企业赖以生存和发展的条件。对于生产企业来讲,物流是企业的第三利润源,降低销售物流成本是企业降低成本的重要手段。销售物流成本占据了企业销售总成本的 20% 左右,销售物流的好坏直接关系到企业利润的高低。企业一方面依靠销售物流将产品不断运至消费者和用户,另一方面通过降低销售过程中的物流成本,间接或直接增加企业利润。

(4)销售物流具有服务性。在现代社会中,市场环境是一个完全的买方市场,只有满足买方要求,卖方才能最终实现销售。在这种市场前提下,销售往往以送达用户并经过销售后服务才算终止,因此,销售物流具有更强的服务性。销售物流的服务性表现在要以满足用户的需求为出发点,树立"用户第一"的观念,要求销售物流必须快速、及时,这不仅是用户和消费者的要求,也是企业发展的要求。

2. 影响销售物流的因素

(1) 销售渠道的变革直接影响物流活动的合理化。很多大型零售商或零售连锁店通过物流系统的重组来确保物流活动的经济性,亦即将物流系统的构筑与收集消费者需求信息和提高商品购买力紧密结合在一起,从而发挥零售业直接接触消费者、直接面向市场的优势。由于零售业的积极推动,原有的物流格局开始崩溃。此外,从厂商的角度来看,为了更好地了解顾客需求,保持物流经济性,也在积极进行对流通渠道的管理和整合,通过对渠道的控制,在消费者中确立厂商的品牌形象。所有这些销售物流渠道上的变革,都直接或间接影响着物流的格局和由此而产生的效率和效果。

(2) 新产品的生产或者生产的扩大影响物流的顺畅。例如,产品的设计必须考虑到产品的包装方式、搬运方式等,不方便搬运的产品是不会有好的市场效果的。无限扩大产品线,会直接影响物流效率,从而对企业利润的增加起到抑制作用。产品线扩大虽然使企业总销售额增加,但同时也带来单位物流成本的上升,大多数物流成本与某个品种的平均销售量有关,而与总销售量无关。所以,产品线扩大应当充分考虑新产品线的平均销售规模以及相应的物流成本。

(3) 促销策略影响物流的成本。企业在日常经营活动中,为了在特定时期提高销售额或扩大市场份额,常常采取各种各样的促销手段,这些销售策略在一定时期和范围内的确能提高企业收益,但对物流成本也会产生影响。诸如在实施特定促销或商品折扣活动时,有可能使商品销售量在一定时间内达到高峰,与这种促销活动相对应,必须合理安排、确立商品销售高峰期的制造、输送、库存管理、事务处理等各种物流要素和活动,并使设备投资和在库投资有利于缓和销售高峰期对商品输送所造成的压力。除此之外,促销期的商品往往与平时销售的商品不太一致,在包装和设计上会突出促销品特征,这就会出现与上述产品线扩大相类似的物流问题。另外,促销期的商品在生命周期上也会有所限制,与产品生命周期的变化相对应,就会派生出计划、管理、需要的迅速反应、过剩产品的处理等其他问题。因此,在企业实施销售物流策略时,应充分考虑它对整个物流产生的影响。

3. 销售物流的内容

销售物流是由客户订单驱动的,而物流的终点又是客户。因此,在销售物流之前,企业要进行售前的各种市场活动,包括确定客户(潜在客户、目标客户)、与客户的联系、产品展示、客户询价、报价、报价跟踪等。所以,从企业方面来看,销售物流的第一个环节应该是订单处理。在客户接受报价后就开始处理销售订单。订单记录了客户的需求、订货的价格,并检查客户信用度和可用的物料。然后,根据销售订单实施其他物流业务。若有库存,则生成产品提货通知单,物流配送部门根据提货通知单生成物流配送单,进行销售运输,组织配送等。若没有库存,生成产品需求单(包括采购单),再把信息传递给生产物流管理系统或供应物流管理系统。

对于由于损坏或其他原因退回的货物,还应该实施退货处理。退货在销售活动中会经常发生,由于销售退还的商品也需要登记和管理,也会有费用发生,因此退货作业与企业经济效益紧密相关,不可小视。另外,还应考虑在库商品的退换问题,可以在数据上分为退换商品与正品,但是实际的物理存放空间不变。

4.4.2 分销渠道的结构和类型

1. 分销渠道的概念

分销渠道(Distribution Channel),是指促使产品或服务顺利地被使用或消费的一整套相互依存的组织,包括商品或劳务从生产者向消费者移动时取得这种商品或劳务的所有权或者帮助转移其所有权的所有企业和个人。分销渠道也称营销渠道(Marketing Channel),或者贸易渠道(Trade Channel)。所有这些营销中间机构以及处于渠道起点和终点的生产者和消费者组成了企业的分销渠道,但不包括供应商和辅助商。

2. 分销渠道的职能

分销渠道的基本职能是把商品从生产者那里转移到消费者手里。它弥合了产品、服务和其使用者之间的缺口,主要包括时间、地点和持有权等缺口。具体地讲,营销渠道成员执行了下列重要功能:

(1) 收集信息:渠道成员可以收集和传播营销环境中有关潜在于现行顾客、竞争对手和其他参与者力量的营销调研信息。

(2) 沟通与传播:渠道成员发展和传播有关供应物的富有说服力的吸引顾客的沟通材料。

(3) 促成协议:渠道成员尽力达成有关产品的价格和其他条件的最终协议,实现所有权或者持有权的转移。

(4) 辅助配合:使所供应的物品符合购买者需要,包括分类、分等、装配。

(5) 运输仓储:渠道成员提供与产品实体有关的一系列的仓储、运输工作。

(6) 资金流动:渠道成员在不同的营销渠道层面收付存货或资金。

(7) 融资功能:有些渠道成员还通过银行或其他金融机构为买方付款。

(8) 承担风险:渠道成员在执行渠道任务的过程中承担有关风险。

(9) 物权转移:渠道成员让物权从一个组织或个人转移到其他人。

3. 分销渠道的结构

分销渠道中有些是正向流程(实体、所有权和促销);另一些是反向流程(订货和付款);还有一些是双向流程(信息、谈判、筹资和风险承担)。

分销渠道一般由五个流程构成,即实体流程、所有权流程、付款流程、信息流程和促销流程,如图4-4~图4-8所示。

(1) 实体流程。

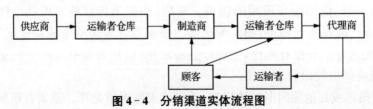

图4-4　分销渠道实体流程图

（2）所有权流程。

图 4 - 5　分销渠道所有权流程图

（3）付款流程。

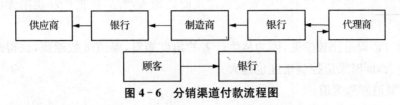

图 4 - 6　分销渠道付款流程图

（4）信息流程。

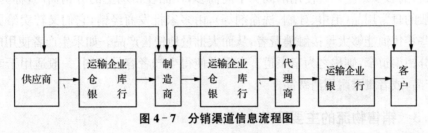

图 4 - 7　分销渠道信息流程图

（5）促销流程。

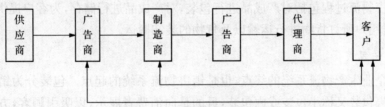

图 4 - 8　分销渠道促销流程图

4. 分销渠道的类型

分销渠道按其是否包括及包含的中间商层级的多少，可以分为零阶、一阶、二阶和三阶渠道。据此还可以分为直接渠道和间接渠道、短渠道和长渠道几种类型；根据渠道每一层级使用同类型中间商的多少，可以划分渠道的宽度结构，并据此将分销渠道划分为宽渠道和窄渠道。

（1）直接渠道和间接渠道。

一般说来，按照有无中间商进行分类可分为直接渠道和间接渠道。在直接销售渠道下，生产企业与消费者（客户）之间直接进行销售活动。在间接销售渠道下，生产企业与消费者（客户）之间进行的销售活动，需要通过中间商才能实现，中间商主要以批发商、代理商、企业的销售公司、零售商等形式存在，企业的销售渠道越扁平，在渠道中的费用越少。

（2）长渠道和短渠道。

这种分类是以渠道级数为基础的，所谓渠道级数，是用来表示渠道长度的概念，它是指在生产者和消费者之间的销售中间机构的多少。根据渠道的长短可以分为以下几种渠道：

零级渠道,由生产者直接到消费者,中间不经过任何营销中间机构,即上述的直接渠道。一级渠道,在生产者和消费者中间含有一个营销中间机构。在消费者市场,这一营销中间机构大多是零售商;而在产业市场,则大多是销售代理商或佣金商。二级渠道,包括两个中间机构。在消费者市场,通常是一个批发商和一个零售商;在产业市场,则有可能是销售代理商和批发商。三级渠道,三级渠道中含有三个中间机构,一般是批发商、中转商和零售商,中转商介于批发商和零售商之间。中转商从批发商处购入产品,再把产品卖给无法从批发商那里进货的零售商。

更长的分销渠道比较少见,因为从生产者的角度来看,渠道级数越高,获得最终用户信息的难度越大,同时渠道控制难度也越大。

(3)宽渠道和窄渠道。

这种分类是以渠道宽度为基础的。所谓渠道宽度,是指渠道的每个层次使用同种类型中间商数目的多少。生产者使用的同类中间商多,产品在市场上的分销面广,称为宽渠道。例如,一般的日常用品(毛巾、牙刷、洗涤剂等),由多家批发商经销,它们又转卖给更多的零售商,这些零售商能够大量接触消费者,从而大批量地销售产品。如果生产者使用的同类中间商少,分销渠道窄,则称之为窄渠道。窄渠道使得生产者容易控制,一般适用于专业性比较强的产品,或者贵重耐用消费品。

4.4.3 销售物流的主要环节

销售物流是指生产企业至用户或消费者之间的分销物流。它是企业物流系统的最后一个环节。销售物流过程包括对产成品进行包装,对产成品进行储存,为客户提供订单并进行信息处理,对用户所订货物进行运输以及货物的装卸搬运。

1. 产成品包装

包装是企业生产物流系统的终点,也是销售物流系统的起点。包装分为销售包装和运输包装。销售包装又称小包装或内包装,目的是向消费者展示,以吸引顾客,方便零售。运输包装又称大包装或外包装,目的是保护商品,便于运输和储存。运输包装在销售物流过程中对产成品起到保护、仓储、运输、装卸的作用。

企业可以选择在生产过程对产品进行销售包装,而将产品的运输包装推迟到销售阶段,在决定运输方式以后再进行产品的运输包装,这样企业就可以依据产品配送过程中的运输方式、运输工具等来决定运输包装选用的材料和尺寸。这样不但可以更好地发挥运输包装对产品的保护作用,而且可以通过选择不同的包装材料实现产品包装成本的节省;还可以通过与运输工具一致的标准化包装来提高运输工具的利用率。

2. 产成品储存

保持合理库存水平,及时满足客户需求是产成品储存最重要的内容,具体包括仓储作业、物品养护和库存控制。在仓储作业中,应努力提高作业质量,提高作业生产率。在物品养护时要用科学的方法来养护物品。库存控制应以市场需求为导向,合理控制产成品存储量,并以此指导生产。

就目前大多数工商业企业而言,一定数量的库存是企业的首选。主要原因有:第一,维持较高供货服务水平,就必须保有一定的库存,因为任何企业的生产经营活动都存在多种不确定因素和需求的波动,这些不确定因素和需求波动会影响企业经营活动的稳定性和持续性,因此,企业大多通过保持一定量的库存来避免不确定因素带来的经营风险,因缺货而引起的客户流失是风险的主要表现。第二,对于需求呈明显周期性或季节性变化的商品,企业为保证生产的持续性和供给的稳定性,也要保持必要的库存。

3. 订单处理

订单处理包括接收、查核、记录、整理、汇集订单和准备发运商品等工作。它主要包括三种作业:客户询价报价、订单确认、销售物流协调。制造商收到订单后,首先检查订单是否正确,然后按订单需求的商品品种、数量、式样、规格、型号把商品发送给顾客。订单处理每一环节所用的时间及工作质量都直接影响着货物分配的效率和对顾客的服务水平。

4. 产成品的发送运输

企业的产成品都要通过运输才能到达客户或消费者指定的地点,产品发送工作涉及产品的销售渠道、运输方式、运输路线和运输工具等的选择问题,因此企业在进行销售物流的管理过程中需要进行大量的决策工作,通过对各方面因素进行综合考虑做出对企业经营最有利的、最低成本的选择。

运输方式的确定需要参考产成品的批量、运输距离、地理条件等。对于由生产者或供应者送货的情况,应考虑发货批量的大小问题,它将影响到物流成本费用。在各种方式中,共同配送是一种较先进的形式,在保证客户需要的前提下,不仅可以提高运输设备的利用率,降低运输成本,还可以缓解交通堵塞,减少车辆废气对环境的污染。

5. 装卸搬运

运输和仓储都离不开装卸、搬运,其基本内容包括商品的装上、卸下、移动、分类、堆码等。装卸次数的多少、装卸质量的好坏对销售的成本影响很大。

6. 信息处理

这主要是指产品销售过程中对客户订货单的处理。订单处理过程是从客户发出订货请求开始到客户收到所订货物为止的一个完整过程,在这个过程中进行的有关订单的诸多活动都是订单处理活动,包括订单准备、订单传输、订单录入、订单履行、订单跟踪等。

由于客户采用的订货方式存在差异,订单处理的环节也会随着订货方式的不同而有所变化,比如在网上购物的情况下,订单传输就不是一个必要的环节。从图 4-9 所示的企业销售物流的流程图可以看出,箭头所指的是产品的流动方向,而企业销售过程中所涉及的信息流动方向刚好和实物流动方向相反。

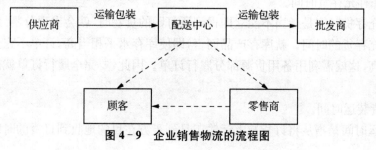

图 4-9　企业销售物流的流程图

4.4.4 销售物流的服务要素

销售物流服务有四个要素,即时间、可靠性、客户沟通和方便性。这些要素无论对卖方成本还是对买方成本都有影响。

1. 时间

时间要素通常是指订货周期时间。客户订货周期(Customer Order Cycle Time)是指从客户确定对某种产品有需求到需求被满足之间的时间间隔,也称为提前期(Lead Time)。时间要素主要受以下几个变量的影响:订单传输时间、订单处理和配货时间、额外补充存货时间以及订货装运时间。企业只有有效地管理与控制这些活动,才能保证订货周期的合理性和可靠性,提高企业的客户服务水平。

(1) 订单传输时间。

订单传输时间是指从客户发出订单到卖方收到订单的时间间隔。订单传送时间与订单传输方式有关,它可以从电话的几分钟到邮寄的数天。随着卖方订单传送速度的提高,提前期缩短了,但是订单传送成本提高了。

客户可以通过供应商的销售代表、直接邮寄、打电话或通过电子设备(如计算机到计算机,一般指的是电子数据交换 EDI)向供货方订货。向供货方的销售人员订货和直接邮寄订货,速度较慢且可靠性差;电话订货速度较快,但可靠性较差,其错误往往造成一系列错误;许多企业利用传真进行订货,这种方式速度较快且可靠性较高。

计算机与通信技术的迅速发展使得订单传送方式发生了变革,供求双方的联系非常紧密,买方可以直接登录到卖方计算机、根据卖方所提供的产品及其他诸如装运日期等信息有针对性地订货,或者通过互联网络直接订货,这种方式大大提高了订货效率,逐渐被更多的企业所采纳。

(2) 订单处理和配货时间。

订单处理时间是指处理客户订单并准备装运的时间,这一功能涉及客户资信调查、销售记录的处理、订单移交到仓库以及装运文件的准备。订单处理可以通过有效地利用电子数据处理设备来同时进行其中各项工作。一般来说,运行成本的节约总量要超过利用现代技术设备的资本投资。

配货时间涉及挑选订货并包装以备装运。从简单的人工系统到高度自动化系统,不同的物料搬运系统对于订货的准备有不同的影响,准备时间会有很大变化,企业的物流管理者需要考虑各项成本与效益。挑选与包装时间主要受下列因素影响:系统的自动化程度;客户订货的复杂性;分拣设备的大小及复杂性;是否托盘化或者托盘尺寸是否匹配。

(3) 额外补充存货时间。

额外补充存货时间是指当不能立即得到所订购的货物时,就会出现分割订单的问题,则需要额外补充存货的时间。就库存产品而言,即使库存水平相当高,订单不完全履行的概率可能也会很高,这就需利用备用货源部分履行订单。因此,要完全履行订单就需要额外补充存货时间。

(4) 订货装运时间。

订货装运时间是指从将订货装上运输工具到买方在目的地收到订货的时间间隔。这一时间的长短与装运规模、运输方式、运输距离等因素有关。

由于以上四个方面的每一项改进都要付出很高的代价,因此,管理者可以先改进一个方面的问题,而其他方面的问题以现有水平运行。

客户订货周期(见图 4 - 10)的缩短标志着企业销售物流管理水平的提高。

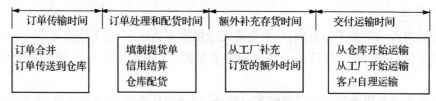

订单传输时间	订单处理和配货时间	额外补充存货时间	交付运输时间
订单合并 订单传送到仓库	填制提货单 信用结算 仓库配货	从工厂补充 订货的额外时间	从仓库开始运输 从工厂开始运输 客户自理运输

图 4 - 10　客户的订货周期

2. 可靠性

可靠性是指根据客户订单的要求,按照预定的提前期,安全地将订货送达客户指定地方。对客户来说,在许多情况下可靠性比提前期更重要。如果提前期是固定的,客户可将其库存调整到最低水平,不需要保险存货来避免由于波动的提前期造成的缺货。

(1) 提前期的可靠性。

提前期的可靠性对于客户的库存水平和缺货损失有直接影响,可靠的提前期可以减少客户面临的供应不确定性。如果生产企业能向客户保证预定的提前期,加上少许偏差,那么该企业就使其产品与竞争者的产品明显区别开来,企业提供可靠的提前期能使客户的库存、缺货、订单处理和生产计划的总成本最小化。

(2) 安全交货的可靠性。

安全交货是销售物流系统的最终目的,如果货物破损或丢失,客户不仅不能如期使用这些产品,还会增加库存、生产和销售成本。收到破损货物意味着客户不能将破损的货物用于生产或销售,这就增加了缺货损失。为了避免这种情况,客户就必须提高库存水平。这样,不安全交货使得买方提高了库存成本,这种情况对于采用及时生产方法的企业来说是绝对不允许的。另外,不安全交货还会使客户向承运人提出索赔或向卖方退回破损商品。

(3) 正确供货的可靠性。

当客户收到的订货与所订货物不符时,将给客户造成失销或停工待料的损失。销售物流领域中订货信息的传送和订货挑选可能影响企业的正确供货。在订货信息传递阶段,使用 EDI 可以大大降低出错率,产品标志及条形码的标准化,可以减少订货挑选过程中的差错。另外,EDI 与条形码结合起来还能够提高存货周转率、降低成本、提高销售物流系统的服务水平。

管理者必须连续监控以上三个方面的可靠性,这包括认真做好信息反馈工作,了解客户的反应及要求,提高客户服务系统的可靠性。

3. 客户沟通

与客户沟通是监控客户服务可靠性的关键手段。设计客户服务水平必须包括客户沟通。沟通渠道应对所有客户开放并准入,因为这是销售物流外部约束的信息来源。没有与客户的联系,管理者就不能提供有效及经济的服务。然而,沟通必须是双向的。卖方必须能把关键的服务信息传递给客户,如供应方应该把降低服务水平的信息及时通知客户,使买方能够做必要的调整。另外,许多客户需要了解装运状态的信息,询问有关装运时间、运输路线等情况,因为这些信息对客户的运行计划是非常必要的。

4. 方便性

由于消费者的需求千差万别,一个企业无论规模多么巨大,总不能满足全部消费者的所有需求的变化,只能满足市场上一部分消费者的需求,企业可以有针对性地提供不同的产品。

进行企业销售物流管理也需要将客户细分,细分的标准包括地理环境、客户状况、需求特点、购买行为等因素。方便性就是指服务方式必须灵活多样。从销售物流服务的观点来看,所有客户对系统有相同要求,有一个或几个标准的服务方式适用于所有客户是最理想的,但却是不现实的。例如,某个客户要求所有货物用托盘装运并由铁路运输,另一个客户可能要求汽车运输,不使用托盘,或者个别客户要求特定的交货时间。因此,客户在包装、运输方式及承运人、运输路线及交货时间等方面的需求都不尽相同。为了更好地满足客户需求,就必须确认客户的不同要求,根据客户规模、市场区域、购买的产品线及其他因素将客户需求细分,为不同客户提供适宜的服务水平,这样可以使管理者针对不同客户以最经济的方式满足其需求。

管理者必须将方便性因素摆在适当的位置,销售物流功能会由于过多的服务水平政策而不能实现最优化。服务水平政策需要具有灵活性,但是必须限制在容易识别客户的范围内,在每一个特定情况下,都必须要考察服务与成本之间的关系。

4.4.5 销售物流服务的管理

销售物流对服务的管理,主要集中在运输管理、库存管理、配送管理和信息管理上。

1. 运输管理

要进行合理运输,即在一定条件下,以尽可能快的速度,尽可能低的成本,尽可能大地利用运输工具的容积和载重,来组织运输。在选择运输方式时,要尽量减少中转环节,比如直达运输和集装箱运输就是比较好的方式。

由于运输成本在总物流成本中占有重要比例,而且不同的运输方式,运价相差很大,因此运价是选择运输方式的一个非常重要因素。但是,运输成本最低的运输方式常会导致物流系统中其他部分成本上升,如水运物流的运价水平很低,但所需时间成本很高(运速最慢),因此难以保证物流总成本最低。所以,运价因素绝不是唯一考虑的因素,企业还需要考虑运输服务的质量,以及这种服务质量带来的对整个物流总销售系统运作成本的影响。

因此,我们需要多方面综合考虑,在不同的情况下选择最适合的运输方式和策略。比如可以实行集约化管理,对运输进行集约化管理是指企业在整体经营安排、成本预算,以及协调企业销售物流等方面预先进行集中管理,而不是反应式运输管理;或者对第三方物流企业进行优选,经营者应该通过优选服务质量比较好的第三方物流企业作为销售物流的承运人,相对减少承运人数量,使产成品的销售物流业务相对集中于一些物流运输公司,使其业务量和营业收入增加。这样承运人便可以提供生产企业要求的合理运价和服务；或者实施复合运输，汲取汽车、火车、轮船、飞机等所有运输方式的长处，把它们有机地结合起来，实行多环节、多区段、多工具相互衔接的运输方式。复合运输从整体上保证了全程运输的最优化和效率化，其形式有水陆联运、陆陆联运、陆空联运和多式联运。

2. 库存管理

库存的增加会提高客户服务的水平。但是当客户服务接近某种程度时，所需的库存开始加速增长，随着库存的增长，库存的费用（如订货费、库存持有费用）也在加速增长，所以必须加强库存管理，使增加的库存成本能够通过高水平的客户服务所带来的利润增加得到补偿。

库存管理的方法主要有 ABC 分类法、CVA 分类法、订货点法和 JIT 法等。必须充分灵活利用这些方法，结合并结合实际，严格出入库管理，加强库存物资的维护保养；尽量减少或避免库存物资的人为和非人为因素造成的损失，加强全面的库存管理。

3. 配送管理

销售物流配送服务的管理，就是对企业销售物流配送全过程的所有环节，包括进货、储存、分拣、配货、分置、装配、送货、送达等实施科学管理，实现配送的合理化。根据批量和时间的不同，销售物流的配送管理有多种方式，如定时配送、定量配送、定时定量配送、定时定路线配送、及时配送等。合适的配送方法和方案能够省去大量的人力、物力、财力，并使企业、配送中心、用户等多方面分享所节约的利益。

其中，配送需求计划是现在一种较复杂但也比较有效的计划方法，适用于许多情况，也是在 ERP 中广泛应用的系统之一。它是在一种独立的环境下运作，由不确定的顾客需求来确定存货需求；能够准确地确定何时需要何种产品，降低了库存水平；而且能够减少延交订货的现象，降低了运输成本；同时，它还能够在多计划远景下有效地模拟库存和运输需求，从而提高了预算能力。

4. 信息管理

在销售物流的整个流程中，自始至终都存在着信息的流动，也正是这种流动使得各种活动能够有条不紊地进行。每天产生的大量的订单，企业的销售情况越好，订单的流量就越大，仅靠手工纸质的传递处理已经不能满足实际的需要。而订单处理系统又是构成物流信息系统的基础。在实际运作中，若要以最小的成本，提供快速、及时、高效、优质的物流服务，就必须运用互联网和信息技术，形成一种以信息为中心的供需对应型的销售物流管理模式，以快捷的速度通过对信息的共享，及时捕捉市场信息，抓住市场机会。

如在 Internet 的基础上，将企业内部的各个分支机构和管理部门连接起来以实现企业内部信息流通的电子网络。企业内部网的作用首先可为企业提供信息基础设施，实现办公自动化和无纸化。这既可以节约大量的通信费用，又可以提高企业的经营效率。其次是加强销售人员与客户的联系，便于客户了解企业的产品信息，提高产品销量，也有助于企业及时掌握市场状况，对快速变化的市场做出及时准确的预测和判断。

再如，EDI（即电子数据交换）的应用，EDI 指通过电子通讯的方式将企业与企业之间往来的商业文件以标准的电数据格式彼此进行交换传输，以降低整个运营体的数据流通时间和消除空间障碍。

在一定的范围内,尽可能使得信息平台达到高的开放性,不要仅局限于企业内部的信息管理,还要通过互联网与其他相关企业进行信息的共享和无缝连接。此外,要求管理信息系统的网络结构、数据库结构、软件系统的体系结构等都要标准化、模块化,不仅满足与其他信息系统的互联和系统扩展的需要,还能提高信息的处理速度,从而提高整个物流作业的速度。

总之,要充分地运用各种信息系统和技术,形成信息的共享和集成的灵活运用,如企业的用户信息、库存、配送信息等,实现销售物流作业的协同和管理。

 **思考与讨论**

1. 简述销售物流的概念。
2. 影响销售物流的因素有哪些?
3. 简述销售物流的主要环节。
4. 简述企业销售物流分销渠道的主要职能。
5. 简述构成物流信息系统的基础。

案例分析

4.5 回收物流与废弃物物流

案例 4-5

在企业的生产、供应、销售活动中总会产生由于某些原因退回的产品、一些边角余料和废料等,这些东西如果处理不当,很可能会影响整个生产的环境,甚至影响社会环境。并且,"废弃物"只是在一定时期、一定范围内而言的,资料的形式或用途发生了变化,而它本身可以被利用的属性并没有完全消失,只要被发现和再利用,就可能变成有用的资源。

4.5.1 回收物流与废弃物物流概述

现在人们通常将废弃和回收物流统称为逆向物流。逆向物流和正向物流方向相反,而且总是相伴发生。其特点是:废弃和回收物流产生的时间、地点、数量是难以预见的;发生地点为分散、无序的;发生的原因通常与质量、数量异常有关;处理的系统和方式复杂多样,不同的处理手段对资源价值贡献有显著差异。

对逆向物流的处理程序是将逆向物流的物资中有再利用价值的部分加以分拣、加工、分解,使其成为有用的物质,重新进入生产和消费领域。另一部分基本或完全丧失了使用价值的最终排泄物或焚烧,或送到指定地点堆放掩埋,对含有放射性物质或有毒物质等一类特殊的工业废物,还要采取特殊的处理方法,返回自然界。

1. 两种逆向物流的概念

(1) 回收物流。

回收物流(Returned Logistics)是指不合格物品的返修、退货以及周转使用的包装容器从需方返回到供方所形成的物品实体流动,即狭义的逆向物流。比如回收用于运输的托盘和集装箱、接受客户的退货、收集容器、原材料边角料、零部件加工中的缺陷在制品等的销售方面物品实体的反向流动过程。它主要是物资的回收流动,但同时又伴着信息流、资金流、价值流、商务流,与常规物流共同组成整个物流系统。尽管回收物流的市场潜力无疑是巨大的,但由于回收物流常常意味着供应链成本的增加而被企业物流管理人员所忽视。

(2) 废弃物物流。

废弃物物流(Waste Material Logistics)是指将经济活动中失去原有使用价值的物品,根据实际需要进行收集、分类、加工、包装、搬运、储存等,并分送到专门处理场所时形成的物品实体流动。

在实际生产活动中,人们关注的是使用价值依然存在的部分商品,即回收物流。然而,在许多的排放物中,一部分可以回收被循环使用,称为再生性资源;一部分是已丧失再利用价值的排放物,只能进行焚烧和掩埋被称为废弃物。再生性资源由于社会进步及人们环保意识的增强,已逐渐被回收,通过分拣、加工、分解,重新进入生产和消费领域。而对于生产和生活中产生的废弃物,目前国内的处理手段和重视程度还远远不够,因其使用价值的丧失使现代物流企业很少问津,当然,也与我国目前的环保体制不无关系。

2. 企业进行逆向物流的具体原因

具体而言,企业引入逆向物流系统的原因,如表 4 - 2 所示。

表 4 - 2　企业引入逆向物流系统的原因

引入逆向物流系统的主要原因	使用逆向物流系统的典型例子
为获得补偿或退款而退还产品	不能满足客户期望的 VCR 被退回,以得到退款
归还短期或长期租赁物	当天租赁的场地装备的返还
返回制造商以便修理、再制造或返还产品的核心部分	返还用过的汽车发电机给制造商以期被再制造和再销售
保修期返回	电视机在保修期内功能失灵而被退还
可再利用的包装容器	返回的汽水瓶、酸奶瓶、饮料瓶被清洗和再使用
寄卖物返还	寄存在商店的音箱没有变卖又返还给物主
卖给顾客新东西时折价回收旧货	出售新车时代理商回收旧车准备再卖
产品发往特定组织进行升级	旧电脑被送往制造商以安装光盘驱动器
送还	不必要的产品包装或托盘在不需要时被送还
普遍的产品召回	由于安全带失效汽车被返还给代理商
产品返还给制造商进行检查或校准	医学设备被返还以检查和调校仪表
产品没有实现制造商对客户的承诺	如果电视性能与承诺的不一致则可以退还它

资料来源:〔美〕David J. Bloomberg, Stephen Le May, Joe B, Hanna.综合物流管理入门[M].雷震甲,杨纳让译. 北京:机械工业出版社,2003:211 页.

3. 逆向物流的特点

(1) 分散性。

逆向物流产生的地点、时间、质量和数量是难以预见的。废旧物资流可能产生于生产领域、流通领域或生活消费领域,涉及任何领域、任何部门、任何个人,在社会的每个角落都在日夜不停地发生。正是这种多元性使其具有分散性。而正向物流则不然,按量、准时和指定发货点是其基本要求。这是由于逆向物流发生的原因通常与产品的质量或数量的异常有关。

(2) 缓慢性。

人们不难发现,开始的时候逆向物流数量少、种类多,只有在不断汇集的情况下才能形成较大的流动规模。废旧物资的产生也往往不能立即满足人们的某些需要,它需要经过加工、改制等环节,甚至只能作为原料回收使用,这一系列过程的时间是较长的。同时,废旧物资的收集和整理也是一个较复杂的过程。这一切都决定了废旧物资缓慢性这一特点。

(3) 混杂性。

回收的产品在进入逆向物流系统时往往难以划分为产品,因为不同种类、不同状况的废旧物资常常是混杂在一起的。当回收产品经过检查、分类后,逆向物流的混杂性随着废旧物资的产生而逐渐衰退。

(4) 多变性。

由于逆向物流的分散性及消费者对退货、产品召回等回收政策的滥用,有的企业很难控制产品的回收时间与空间,这就导致了多变性。主要表现在以下四个方面:逆向物流具有极大的不确定性;逆向物流的处理系统与方式复杂多样;逆向物流技术具有一定的特殊性;相对高昂的成本。

(5) 价值递减性。

对于退回或召回的商品而言,由于在逆向流动过程中产生一系列的运输、仓储、处理等费用都会冲减其价值,因此,这类产品的价值具有递减性。

4. 处理逆向物流的原则

(1) "事前防范重于事后处理"原则。

逆向物流实施过程中的基本原则是"事前防范重于事后处理",即"预防为主、防治结合"的原则。因为对回收的各种物料进行处理往往给企业带来许多额外的经济损失,这势必增加供应链的总物流成本,与物流管理的总目标相违背。因而,对生产企业来说要做好逆向物流一定要注意遵循"事前防范重于事后处理"的基本原则。循环经济、清洁生产都是实践这一原则的生动例证。

(2) 绿色原则。

绿色原则即将环境保护的思想观念融入企业物流管理过程中。

(3) 效益原则。

生态经济学认为,在现代经济、社会条件下,现代企业是一个由生态系统与经济系统复合组成的生态经济系统。物流是社会再生产过程中的重要一环,物流过程中不仅有物质循环利用、能源转化,而且有价值的转移和价值的实现。因此,现代物流涉及了经济与生态环境两大系统,理所当然地架起了经济效益与生态环境效益之间彼此联系的桥梁。经济效益涉及目前和局部的更密切相关的利益,而环境效益则关系更宏观和长远的利益。经济效益与环境效益是对立统一的。后者是前者的自然基础和物质源泉,而前者是后者的经济表现形式。

(4) 信息化原则。

尽管逆向物流具有极大的不确定性,但是通过信息技术的应用(如使用条形码技术、

GPS 技术、EDI 技术等)可以帮助企业大大提高逆向物流系统的效率和效益。因为使用条形码可以储存更多的商品信息,这样有关商品的结构、生产时间、材料组成、销售状况、处理建议等信息就可以通过条形码加注在商品上,也便于对进入回收流通的商品进行有效及时的追踪。

(5)法制化原则。

尽管逆向物流作为产业而言还只是一个新兴产业,但是逆向物流活动从其来源可以看出,它就如同环境问题一样并非新生事物,而是伴随着人类的社会实践活动产生的,只不过在工业化迅猛发展的过程中使这一"暗礁"浮出水面而已。然而,正是由于人们以往对这一问题的关注较少,所以市场自发产生的逆向物流活动难免带有盲目性和无序化的特点。例如,我国异常火爆的废旧家电业,据分析调查往往是通过对旧家电"穿"新衣来牟取利润的,这是以侵犯广大农户和城市低收入家庭等低收入消费群体的合法权益为基础的,亟须政府制定相应的法律法规来引导和约束。而具有暴利的"礼品回收"则会助长腐败,是违法的逆向物流,应坚决予以取缔。还有废旧轮胎的回收利用,我国各大城市街区垃圾箱受损、井盖丢失、盗割铜缆等现象就与城市窃钩者长期逍遥法外不无关系,固体废物走私犯罪活动蔓延势头,如废旧机电、衣物及车辆的流通,汽车黑市等违法的逆向物流活动都亟须相关的法规来约束。

(6)社会化原则。

从本质上讲,社会物流的发展是由社会生产的发展带动的,当企业物流管理达到一定水平,对社会物流服务就会提出更高的数量和质量要求。企业的回收和废弃物物流的有效实施离不开社会物流的发展,更离不开公众的积极参与。在国外企业与公众参与回收物流的积极性较高,在许多民间环保组织[如绿色和平组织(Green Peace)]的巨大影响力下,已有不少企业参与了绿色联盟。

4.5.2 企业废弃物物流回收

1. 国内废弃物物流的现状

尽管我国出台了相关的法律法规,但人们的观念,垃圾制造者的责任感及目前国内落后的废弃物处理设施和尚不健全的法律法规体系,形成了层层障碍,由于长期的分散治理,各自为政,部门和地区分割,导致了目前的许多废弃物无人管、无人治理的尴尬局面。

2. 国外废弃物物流的现状

由于废弃物物流主体的特殊性,各国、各地区都对废弃物的流通、处理制定了严格的法律法规。比如德国,是世界上第一个重视包装废弃物回收与利用的国家。1975 年,德国政府与工业界就节约资源,增加包装废弃物的回收再生达成协议;1986 年,德国政府颁布《废弃物处理及处理办法》;1991 年,又正式颁布包装废弃物法令,以立法的方式明令产品生产及销售者负责回收包装废弃物,即《包装废弃物处理法》。另外,1996 年,德国又颁布了《循环经济和废物管理法》,以法律形式保证"绿色包装"的实施。再比如日本,2001 年 4 月开始实施《推进建立循环型社会基本法》、《有效利用资源促进法》、《家用电器再利用法》争取控制垃圾数量,实现资源再利用。欧、美、日等发达国家均颁布法令,要求产品制造商、进口商、必须负责包装回收再利用与再制造的责任。

3. 废弃物物流的管理

(1)增强废旧产品回收的意识。

不仅制造企业本身,整个供应链上所有企业都要增强回收物流意识,能够认识到对废旧产品进行回收的重要意义。首先,制造企业应该起到带头作用,向员工灌输这种意识,特别是渠道上的员工,让他们认识到对售出商品要负责。然后,再把这种意识传输给分销商,以取得他们对于废旧产品回收的支持。当然,还要让顾客了解将废旧产品交回给制造企业的必要性。

(2)制定鼓励政策。

企业要从战略高度来考虑和利用回收物流系统,制定鼓励消费者将其过时的商品退回给制造商,如耐克公司鼓励消费者把他们穿破的耐克鞋送回至当初买走的那家商店。这些鞋子被运回耐克公司,然后被碎化,制成篮球场地和跑道,并成立基金维护这些篮球场。耐克公司的这种经营策略虽然要增加成本费用,但这种行为却提升了耐克品牌的价值,并且还促使消费者购买它们的商品。执行这种回收政策,不仅对环境有好处,而且还相当于花费一定的费用将顾客引导到自己的公司中来,这也不愧为一种良好的营销刺激手段。当然,对于回收的废旧产品,要给予消费者一定的经济补偿,不能低于废品回收站的回收价格。

(3)成立专门部门,建立回收物流系统。

要建立回收物流中心,负责安排废弃产品的收集、分拆、处理等工作。回收物流系统的主要任务是收集和运送废旧物品。该系统可以建立在原有的传统(前向)物流渠道上,也可以另外单独重建,或是将传统物流与回收物流系统整合在一起。组织必须确保其回收系统与正向物流具有同样的成效。尽管企业还需要一段时间发展回收物流系统,对于它们来说,建立一个允许其快速收回物品,同时尽可能降低成本的物理物流结构十分重要。这可能意味着最好由第三方组织管理回收系统,或者由那些专注于配送中心建设的组织提供回收物流服务。

(4)建立回收物流信息系统。

发展回收物流系统中的一个最重要的环节是应用信息技术。新技术和尖端技术可以帮助企业收集被回收产品的信息。对于回收物流系统,使用条码技术使得物品管理非常简便。在任何时候都可以对所有产品进行追踪,实时的产品状况和损坏信息可以帮助物流经理理解回收物流系统的需求。

数据管理可以使企业追踪产品在客户之间的流动信息,同时也允许企业辨识出于回收目的的产品返回比例。这些信息将会被利用到提高产品可靠性以及识别回收物流系统中的特殊问题上。信息同样也可以运用到提高产品供应的预测水平上去。

(5)产品设计时的意识。

为了更有效地利用废旧产品,应该在产品进行设计时就考虑到"易于再生"标准。这样在选择材料时、产品结构设计时都会考虑到以后的分拆、处理等工作的成本,从而能够降低总体成本。

总之,现在的废弃物物流回收的发展还处于早期阶段。但是有迹象表明,现在就开始对其进行投资的企业比那些滞后者更容易主导发展潮流。这是一个在战略高度和运营革新值得关注的成熟领域。将来,拥有完善的回收和废弃物物流系统将是企业生存的条件。

（6）建立严格的法律法规。

要建立严格的标准并深入地进行宣传。环境保护部门应加大宣传力度以及采用更为严厉的惩罚措施,我国对废弃物的处理水平相对落后于美、日、德等发达国家。例如,对生产垃圾和生活垃圾源头上的分类,可回收再利用的废弃物和不可回收利用的废弃物的分类处理都没有深入的宣传和严格的标准。还应对排污大户实行驻厂或委派巡视员进行监督,企业自身相应的管理措施也要跟上,使环保工作真正落实到实处,防患于未然。

思考与讨论

1. 什么是废弃物物流?
2. 企业应如何面对废弃物物流?
3. 逆向物流的流程中包括哪些主体行为?
4. 简述处理逆向物流的原则。

案例分析

本章要点

● 企业物流是对企业从原材料供应地一直到产品用户之间的物料流及有关信息流进行组织和管理的过程。相对于宏观的社会物流来讲,企业物流属于微观领域的物流活动,即小物流。具体来讲,企业物流包括运输、仓储、物流管理、订货处理、顾客服务等活动。企业物流始于企业的原材料采购,终于企业对具体物流流程废弃物及退货的回收,它包含了企业经营的全过程。

● 供应物流是为生产企业提供原材料、零部件或其他物品时,物品在提供者与需求者之间的实体流动。供应物流的内容因不同的企业、不同的生产工艺、不同的生产组织模式而有所不同,但供应物流的基本内容和流程大致相同。大体上都包含有采购、供应、装卸与搬运、仓储与库存管理四个方面。

● 生产物流一般是指原材料、燃料、外购件投入生产后,经过下料、发料,运送到各加工点和存储点,以在制品的形态,从一个生产单位（仓库）流入另一个生产单位,按照规定的工艺过程进行加工、储存,借助一定的运输装置,在某个点内流转,又从某个点内流出,始终体现着物料实物形态的流转过程,即生产过程中原材料、在制品、半成品、产成品等在企业内部的实体流动。

● 企业销售物流是企业产品离开生产领域,进入消费领域过程中的物流活动,是生产者至用户或消费者之间的物流,是企业物流与社会物流的最后一个衔接点,也是企业物流与社会物流的转换点。销售物流是指生产企业至用户或消费者之间的分销物流。它是企业物流系统的最后一个环节。销售物流过程包括对产成品进行包装,对产成品进行储存,为客户提供订单并进行信息处理,对用户所订货物进行运输以及货物的装卸搬运。销售物流服务有四个要素,即时间、可靠性、客户沟通和方便性。销售物流对服务的管理,主要集中在运输管理、库存管理及配送管理上。

● 回收物流是指不合格物品的返修、退货以及周转使用的包装容器从需方返回到供方所形成的物品实体流动,即狭义的逆向物流。废弃物物流是指将经济活动中失去原有使用价值的物品,根据实际需要进行收集、分类、加工、包装、搬运、储存等,并分送到专门处理场所时形成的物品实体流动。

关键概念

企业物流、企业供应物流、企业生产物流、企业销售物流、企业回收物流、废弃物物流

综合练习题

1. 企业供应物流的主要内容有哪些?
2. 比较各种供应物流模式。
3. 简述供应链供应物流管理的主要方法的各自特点。
4. 企业如何实施准时制供应?
5. 比较各种生产物流控制模式。
6. 分析对销售物流的各种管理,包括运输管理、库存管理、配送管理、信息管理。
7. 简述回收物流和废弃物物流的概念及特点。

微信扫码查看

第5章 物流企业与第三方物流

学习目标

● 了解物流企业的具体定义与分类
● 了解物流企业的经营目标与独特的经营策略
● 了解我国物流企业的经营现状、变革与发展
● 了解第三方物流的概念与特征
● 了解第三方物流的经营模式与策略
● 对国内外第三方物流的发展进行对比分析

 案例导入

中远国际货运有限公司物流服务

中远国际货运有限公司(以下简称中远货运)是中国最大的货运企业集团之一,担负着中远集装箱运输的国际、国内货运代理、船舶代理、沿海货运、拼箱、多式联运及项目物流等有关业务。在物流服务上,中远货运具备如下4个方面优势。

(1) 依靠中远大规模的集装箱班轮船队及辅助设施,在国内集装箱航运市场占据了举足轻重的地位。

(2) 拥有相对完善的业务分支机构和代理网络,中远货运在全国29个省区的100多个城市设有业务网点近300个,形成了以北京为中心,以香港、大连、天津、青岛、上海、广州、深圳、武汉、厦门等口岸和内陆地区公司为龙头,以遍布全国主要城镇的货运网点为依托的江海、陆上货运服务网络,可以为广大客户提供全方位的物流服务。

(3) 中远货运在业务经营上,一直以组织、安排运输服务为特长,它拥有高素质的专业销售队伍,能够通过对供应链的整体设计和管理,最大限度地降低货物流通的时间与成本,拥有较强的货运控制和驾驭能力。

(4) 中远货运拥有大规模的、与中远货运运力相匹配的客户群。中远货运成立以来,坚持服务创新的经营战略,不断拓展货运的增值服务,为货主提供"一站服务"、"绿色服务"等服务模式,在国内货运行业中,应用客户完全满意服务体系(TCSS),实现电子订舱与网上货运保险等业界领先的服务手段,同时,中远货运依托"零距离服务"理念,致力于客户关系建设,提高客户管理水平。目前,中远货运的客户范围已从工贸企业货主到私营企业、个人货

主,能够针对不同类型的客户需求,提供个性化的服务。

在中远货运目前提供的物流服务中,可以分为基本业务和增值服务两大类。在基础物流服务方面,中远货运已经具备了雄厚的实力,在货运增值服务上,也有着强有力的优势,如拼箱、多式联运及项目物流等。中远货运将继续依托自身的航运主业优势,以集装箱运输为核心,逐步开展综合物流服务,避免追求"小而全"或"大而全"的物流模式,亦不会简单局限于两头延伸服务。在增值物流业务中,突出个性化服务与边缘市场开发;在冷冻冷藏鲜活货、化工危险品、展品物流、在建工程项目物流、拼箱、私人物品运输等新型业务上开拓物流新市场。

分析:多年以来,中远货运积极探索完善供应链服务发展之路,并依靠自身实力,在中国货运市场,成功打响了中货拼箱、展品运输、危险品运输、项目运输等货物服务品牌,依靠自身的航运业主优势,以集装箱运输为核心,逐步开展综合物流服务,避免追求"小而全"或"大而全"的物流模式。

相关知识

通过本章的学习,可以了解到一个标准物流企业所具有的功能与特点以及第三方物流的类型与经营模式。在了解这些内容的基础之上,可以形成一个系统的物流企业经营概念,为以后应用物流知识奠定良好的基础。

5.1 物流企业概述

案例 5-1

5.1.1 物流企业的定义与分类

1. 物流企业的定义

根据国家质检总局、国家标准化管理委员 2006 年公布的《物流企业分类与评估指标》推荐性国家标准,规定物流企业的定义为:至少从事运输(含运输代理、货物快递)或仓储一种经营业务,并能够按照客户物流需求对运输、储存、装卸、包装、流通加工、配送等基本功能进行组织管理,具有与自身业务相适应的信息管理系统,实行独立核算、独立承担民事责任的经济组织。

2. 物流企业的分类

根据物流企业提供物流服务的主要特征,并向其他物流服务功能延伸的不同情况,可将物流企业划分为运输型物流企业、仓储型物流企业和综合服务型物流企业。

根据物流企业经营方式的不同,可将物流企业划分联营型物流企业、独立经营性物流企业、代理型物流企业。

在我国,我们可以把现阶段的物流企业概括性地分为两种:物流作业企业和物流信息企业。

（1）物流作业企业。对外提供运输、储存、配送、包装、装卸搬运、流通加工等第三方服务的独立企业，一般是利用原始或者先进的技能和技术，为其他企业提供服务和增值服务的储运公司。

（2）物流信息企业。通过 Internet，利用信息网络、电子商务等手段向社会、企业及个人提供新闻、行业动态、企业目录、供求检索等信息服务的电子商务物流公司。

5.1.2　物流企业的职能

物流企业作为独立于生产企业之外，专门从事商品交换活动的经济实体，有其基本的职能，从全社会来看，是以商品的买者和卖者的双重身份交替出现在市场中，按照供求，媒介物质的交换，解决社会生产与消费之间存在着的数量、质量、时间和空间上的矛盾，实现生产和消费的供求结合，保证社会再生产的良性循环。这一基本职能便是物流企业的宏观职能。

然而物流企业的宏观职能必须通过其微观职能来实现。其微观职能表现在以下几个方面。

1. 物流企业购买职能

这一职能是物流过程的起点。物流企业根据市场的需求，用货币购买生产企业的劳动成果——物质产品，引入流通领域，从社会生产总过程看，使生产企业生产的物质产品实现了从商品到货币的转换，为它们的再生产提供了条件——持币待购再生产所需的物资；从物流企业来看，则表现为货币到物资资源的转换，意味着完成了流通过程中的第一个环节，掌握了物质资源，为商品的销售奠定了可供需求的货源。

2. 物流企业销售职能

这一职能是物流过程的终点，是商品从流通领域返回生产消费的最后环节。从物流企业来看，这一职能表现为物质资源到货币的转换，意味着物流企业在满足了再生产的物质需要，完成了商品供应任务后，除了弥补流通成本之外，还获取到增值的货币——销售利润；从社会生产总过程来看，又是生产企业的货币到再生产需求的物质资料的转换，意味着取得了进行再生产的物资要素，并实现了物质产品的价值。物流企业的购销商品的职能，完成了物质产品所有权的让渡。

3. 物流企业储存职能

通过物流企业的储存职能，企业将购进的物质产品加以积累，并根据消费的需要进行分类、编配、加工等，将商品实体适时、适量、适质、齐备地满足用户消费的需求，从而创造生产总过程的时间价值。

4. 物流企业运送物质实体的职能

这是由物质产品在生产和消费过程中存在的地域差异决定的。物流企业通过这一职能，将暂时停止在流通领域的物质产品，借助于运力完成其商品在空间分布上的转移，运送到消费者所在地，从而创造出生产总过程的空间价值。物流企业的存和运的这两个职能，是物流全过程的两个相对独立的中间环节。通过物流企业对实体产品存和运的职能，完满地实现了其使用价值。

5. 物流企业的信息流通职能

在市场经济社会,最重要、最大量的信息来自于市场。由于物流企业在连接产需双方及其直接置身于市场的特殊地位,使它们在收集信息方面具有得天独厚的条件,将市场供求变化和潜在需求的信息反馈给供求双方,起到了指导生产,引导消费,开拓市场的作用。

综上所述,物流企业的宏观职能是靠其微观职能的具体实施实现的。宏观职能为微观职能指明方向,微观职能又是实现宏观职能的具体体现,二者互为条件,彼此制约。上述职能都是通过物流企业自主经营完成的。

5.1.3 物流企业的经营目标

企业的经营目标是指在一定时期企业生产经营活动预期要达到的成果,是企业生产经营活动目的性的反映与体现,具有整体性、终极性、客观性。同时企业的经营目标往往不止一个,其中既有经济目标又有非经济目标,既有主要目标又有非主要目标。它们之间相互联系,形成一个目标体系,使企业能在一定的时期、一定的范围内适应环境趋势,保持企业经营活动的连续性和稳定性。

物流企业作为商品整个流通过程中的重要参与者,在降低商品流通成本中起着十分重要的作用。"如何压缩商品流通过程中的库存数量及库存时间,从而提高商品物流的效率及降低其物流成本"已成为当今物流企业最关注的课题。因此,物流企业经营的目标应该围绕这个问题展开。

1. 提高物流快速反应能力,缩短流通时间,加快商品周转

长期以来,我国企业在商品流通过程占用的时间几乎占整个生产过程的90%,因此,提高物流企业的快速反应能力,对于加快商品流通、缩短流通时间具有重要意义。特别是现代信息技术的应用,提高了物流企业尽可能快速地完成物流作业和尽快交付客户所需货物的能力。

2. 整合运输,优化库存,降低物流成本

当前,我国大力发展交通基础设施建设,运输工具的性能也得到一定的改进,这为企业降低运输成本提供了可能。但是,硬件发展起来了,软件却又停滞不前,降低物流成本也只可能是一句空话。理想的运输服务系统应该是在运输距离固定的情况下,追求运输商品数量的最大化。而在运输商品数量不足的情况下,追求运输距离的最小化。所以,应该实行小批量、近距离运输和大批量、长距离干线运输相结合的联合运输模式。

库存是供应链环节的另一个重要组成部分,是指一个组织所储备的所有物品和资源。削减库存带来的经济效益十分明显,合理的库存规模甚至可以为企业提供利润的增加。

由此可以看出运输与库存涉及企业的资产负担和相关的周转速度,是实现物流总成本降低的重要突破点,这势必要求物流企业与生产厂家来协同完成。

3. 转变观念,强化物流服务质量意识

面对激烈动荡的时代,企业生产经营领域发生了巨大的变革,产品寿命周期越来越短,产品的个性化、多品种、小批量成为现代企业生产经营的主流,其结果要求物流企业提供多频次、少量化、短时化物流服务。与此同时,质量管理领域发生了观念上的变革,

一些新的质量管理理念不断涌现。因此,物流企业应进一步解放思想、更新观念,正确把握物流服务质量的内涵和实质,把握物流服务的基本规律,树立全新的服务理念。用新的质量管理理论指导物流服务质量管理实践,努力拓展服务范围,实行人性化服务,不断提高物流服务质量。

4. 减少变异,扩大经营规模

变异是指破坏物流系统表现的任何意想不到的事件,可以产生于任何一个物流作业领域,诸如客户收到订货的期望时间被延迟、货物到达客户所在地时发现受损等,这将使物流作业时间遭到破坏,服务质量受到影响。

思考与讨论

1. 简述物流企业的职能。
2. 简述物流企业的经营目标。

案例分析

5.2　我国物流企业的经营现状与发展趋势

案例 5 - 2

5.2.1　我国物流企业的经营现状

随着世界经济的快速发展和现代科学技术的进步,物流产业作为国民经济中一个新兴的服务部门,正在全球范围内迅速发展。从国际上,物流产业被认为是国民经济发展的动脉和基础产业,其发展程度成为衡量一个国家现代化程度和综合国力的重要标志之一。从我国目前经济发展形式来看,随着市场经济的深入,单纯依赖商流赚取利润的机会已经愈来愈少。因此企业逐渐将目光转向物流业,纷纷投资兴建不同类型的流通中心、物流中心或者配送中心,想以此形成新的经济增长点。

1. 物流企业全面改组,发展巨大

经过多年的发展,我国已经在交通运输、仓储设施、信息通讯、货物包装与搬运等物流基础设施和装备方面取得了长足的发展,为物流产业的发展奠定了必要的物质基础。目前绝大部分生产资料已通过市场解决,物资流通市场主体向多元化发展。过去从事物资流通的企业已经脱离了计划体制的束缚,大步走向市场经济的海洋,初步形成一支社会化、专业化的产业队伍,并建立了以中心城市为依托的城乡一体的流通网络。

2. 外资企业全面进入,竞争激烈

由于我国对外开放的进一步扩大,国外许多大型物流企业纷纷进入中国市场,2007 年,国际大型快递公司继续加快在华转运中心与操作中心的建设,战略布局已经基本成形。加之资金、技术方面的优势,在我国加快网络布局,抢占核心城市和高端市场,同时,采取逆势大幅降价,抢占份额,是我的物流企业面临着艰难的局面。

3. 国内物流企业参与国际竞争，在竞争中合作

一批国内大型物流企业开始积极拓展海外市场，寻求国外、境外上市融资，谋求发展新渠道。例如，承担部分中外运干散货业务的中外运空运在香港联交所上市，同时，中外运集团又与美国零售物流服务提供商 NRS 公司合资组建物流公司，为美国零售商提供包括运输、拼装、仓储、分拨、贸易便利和增值服务（如缝制贴牌、贴标签、包装等）在内的业务。

5.2.2　我国物流企业存在的问题

1. 缺乏专业物流管理人才

这是目前制约中国现代物流业发展的最主要的瓶颈之一。由于物流理论传入我国的时间比较短，真正对物流进行研究和实践是从 20 世纪 90 年代开始的，因而高等教育和职业教育尚未跟上，物流从业人员大多数是从管理专业、工程专业转行而来，真正懂得物流科学的高层次管理人才匮乏，尤其是具有物流策划、物流管理能力和现代物流运作经验的高级人才更是少之又少，企业自主培训员工也不多见。专业物流管理人员的缺乏导致企业缺少创新和发展能力，只能依靠传统的方式管理现代化物流企业，从而导致物流企业低效率运行，缺少活力和竞争力。

2. 未能有效利用现代科技手段，信息化水平不高

世界大的物流企业都拥有"一流三网"，即订单信息流、全球供应链资源网络、全球用户资源网络和计算机信息网络。凭借先进的计算机管理技术，这些物流客户也成为高附加值产品的企业。我国目前的物流企业虽然在某些方面引进了高科技的工作手段，但更多的仍停留在传统的人工操作阶段。同时由于计算机管理系统，自动识别和条码技术、GPS 全球定位系统、电子数据交换、自动化仓储系统（自动化库存定位及货品分拣等）现代科技手段没有得到充分应用，导致提供的物流服务在及时性、准确性、可靠性和多样性等方面都很难满足客户的需求，使得企业和客户不能充分共享信息资源，没有结成相互依赖的伙伴关系。这些都严重制约了物流企业的发展。

3. 中小型物流企业"散、乱、小"，缺乏明确可行的发展战略

目前，我国 95% 的物流企业为中小型企业，企业内部制度不完善，企业利润低，系统效率低，物流成本高，基础设施配套性、兼容性差，物流技术装备水平低，标准化建设滞后，严重制约企业的快速配送和生产，并影响服务水平的提高。"散、乱、小"的痼疾导致中小型物流企业信誉和信用评价较低，企业市场狭窄，资金筹措困难。

4. 物流管理体制不健全，配送效率低

在市场经济体制和信息技术及网络经济下，原先在计划经济影响下的物流管理体制已经不能适应国家对现代物流业的统一规划和管理，这使涉及多部门的物流网点布局、包装标准化、配送一体化等问题很难解决。同时，由于物流配送中心用于物流环节的运输工具、承载设施和设备的标准和规范不统一，造成物流无效作业环节增加，人力资源浪费巨大，使得物流的效益、快速反应能力和竞争力降低。但是目前这些问题还没有得到根本上的解决，仍制约着中国物流业走向合理化、现代化和专业化。

5.2.3　我国物流企业的变革与发展

1. 加强物流学科建设，引进优秀的物流专业人才

一些高校已经意识到了物流人才紧缺的现状并开始学习发达国家的先进物流教育经验，物流研究机构也相应出现，这一切已经成为物流专业人才和学科体系的支撑。物流企业应抓住这一机会，加大对优秀的物流专业人才的培养和引进。积极与研究咨询机构、大专院校等进行资本与技术的合作，发挥各自优势，形成利益共同体，培养造就一批熟悉物流业务，具有跨学科综合能力的物流管理人员和专业技术人才，实现物流产、学、研紧密结合，相互促进的良性循环。

2. 信息系统建设将成为物流企业信息化建设重点

从 20 世纪 90 年代开始，中外运、中海、中储等国内大型物流企业就开展了大规模的信息网络基础环境建设，不断优化 IT 基础设施配置，为信息化的良性发展奠定了基础。但随着信息化水平的不断提高，企业内部各类业务对信息化（包括信息系统、计算机设备以及通讯网络）的依赖程度也在不断加深，因此，为提高信息系统及网络服务的连续性与高效性，需要进一步加强 IT 基础环境建设。对于基础设施相对完善的大型物流企业，信息系统数量的增多、各方面业务数据量的增大导致企业整体 IT 风险陡然增加，需要为信息系统的安全、稳定运行创造良好的基础环境，以应对各类灾难的发展。因此，应急网络及灾备中心的建设将是信息化基础建设中的重点，而对信息化基础薄弱的中小型物流企业，当务之急在于完善内外部网络基础环境建设，在企业与客户（包括货主、承运商等）之间架设起信息桥梁，进而加强与客户之间的信息沟通，带动入库分拣、机力分配、配送计划编排等业务效率的提高。

3. 走联合重组之路，向规模化、产业化、专业化方向发展

大企业或成功的先行者可以主动对中小型企业进行业务指导，有可能的话使之发展成为自己的配送中心；中小型企业则应该转变观念，联大靠强，通过改造，做一个有效益的区域性的配送中心。通过重组联合，加强横向联合，打破部门、地区、行业和所有制间的界限，在物流领域形成一批跨地区、跨行业、跨所有制的大型物流公司，为货主提供全程化、专业化、优质的物流服务，克服物流市场集中度低的缺点，提高企业的竞争实力和经济效益。

4. 政府成为运行秩序的维护者

各级政府加快现代物流业相关法律、法规的制定工作，推进现代物流标准化建设。将企业物流标准化水平作为政策支持的重要选择条件，提高物流业标准化作业水平和与国际接轨的能力。开展物流术语、计量、设施技术标准、数据传输标准、物流运作模式与管理标准的普及工作，推动托盘、集装箱、各种物流装卸设施、条形码等通用性较强的物流技术和装备的标准化，清理、修订有关不适应现代物流发展要求的政策法规，支持物流企业跨区域、跨行业经营。使物流行业的自律和市场监管能力加强，推动物流行业协会的发展，发挥其制订行业管理规范、推广技术标准、交流行业发展信息、沟通和联系行业内企业等作用，促进行业自律，创造良好的市场秩序。

思考与讨论

1. 思考我国物流企业存在的主要问题。
2. 思考我国物流企业未来的发展方向。

案例分析

案例 5-3

5.3 第三方物流

5.3.1 第三方物流的概念与特征

第三方物流(The Third-Party Logistics)一词是 20 世纪 80 年代中后期才在欧美发达国家出现的概念,源自业务外包,是指生产经营企业为集中精力搞好主业,把原来属于自己处理的物流活动,以合同方式委托给专业物流服务企业,同时通过信息系统与物流服务企业保持密切联系,以达到对物流全程的管理和控制的物流运作与管理方式。将业务外包引入物流管理领域,就产生了第三方物流的概念。因此第三方物流又叫合同物流(Contract Logistics)。提供第三方物流服务的企业,其前身一般是运输业、仓储业等从事物流活动及相关的行业。从事第三方物流的企业在委托方物流需求的推动下,从简单的仓储、运输等单项活动转为提供全面的物流服务,其中包括物流活动的组织、协调和管理、设计建议最优物流方案、物流全程的信息搜集、管理等。因此,第三方物流企业具有以下特点:

(1) 第三方物流要求与客户企业建立长期合同化的战略合作伙伴关系。第三方物流是通过合同的形式来规范物流经营者和物流需求者之间的关系。物流经营者根据合同的要求,提供多功能直至全方位一体化的物流服务,并以合同来管理所有提供的物流服务活动及其过程,最终保证客户物流体系高效率运转和不断优化供应链管理。

(2) 第三方物流以现代信息技术应用为发展基础。信息技术是第三方物流发展的基础,是第三方物流企业的灵魂。第三方物流商拥有充分的市场信息,较完善的信息网络和现代化信息技术。常用的第三方物流的信息技术有实现信息技术快速交换的 EDI 技术,实现信息快速采集和输入的条形码技术等。在物流活动中,第三方物流供应商与物流服务购买者相互信任,共担风险,共享利益,依靠先进的信息技术充分共享彼此之间的信息,促进了物流服务向高质量发展。信息技术的应用,使物流管理实现了科学化。

(3) 第三方物流是专业化的物流功能的提供者。第三方物流熟悉物流市场的情况和物流活动的运作,具有专业化的物流设施和信息手段,固定的客户关系网和专业的物流人才。所以第三方物流企业提供的服务是专业化的服务,它能根据客户的需求设立物流方案拟订物流计划,其物流操作过程、物流管理都应是专业化的。它们用专业知识能为客户选择最佳的运输工具、最佳的运输路线、最好的储存方案,使客户在物流业务中投入最低的成本,得到最大的收益。

(4) 第三方物流提供个性化的物流服务。随着物流市场需求的多样化、个性化,不同的物流消费者要求提供不同的物流服务。这是因为需求方的业务内容、业务流程不同。第三方物流服务者必须按照客户的业务内容制定不同的物流流程和方案,为客户提供有针对性的服务,满足客户的需求。

5.3.2　第三方物流产生的背景与优势

企业面临的日趋激烈、多变的竞争环境是第三方物流产生与发展的前提条件。随着现代企业生产经营方式的变革和市场外部条件的变化,随着工业化社会向信息型社会的过渡,企业正向"横向一体化"方向发展,以借助其他企业的资源来达到快速响应市场需求的目的。为此,企业将主要精力放在企业的关键业务上,而将其非核心业务交给其他的专业企业,专门从事物流服务的"第三方物流"企业应运而生并发展壮大。第三方物流正是在这样的背景下产生和发展起来的。

由于第三方物流企业可以集中精力从事货物运输业务,所以具有其他生产厂家或者消费商不具有的优势。

(1) 集中主业,实现资源的优化配置。由于任何企业的资源都是有限的,很难成为业务上面面俱到的专家。为此,企业应把物流等辅助功能留给物流公司,把主要资源和精力集中于自己擅长的主业,以保持核心能力的竞争优势。

(2) 灵活运用新技术,提高物流效率,降低成本。当科学技术日益进步时,作为专业的第三方物流供应商为在同行中保持竞争优势,需要不断地采用专业和先进技术设备和信息技术,从而为企业提供更具成本优势、专业化和个性化的服务,满足企业竞争的需要,而这些服务通常都是企业难以做到的。而第三方物流供应商的专业化和规模化的物流服务又能充分利用这些设备和技术,使设备和技术的运用进入良性循环。

(3) 减少固定资产投资,加速资本周转。企业自营物流需要投入大量的资金购买物流设备、建设仓库和信息网络等专业物流设备,并且为维持其效能,还需不断投入维护费用。但其使用效率却大大低于专业物流公司,从而影响了企业资金的使用效率。

(4) 提升企业形象。第三方物流提供者与顾客,不是竞争对手,而是战略伙伴,他们为顾客着想,通过全球性的信息网络使顾客的供应链管理完全透明化,顾客随时可通过Internet 了解供应链的情况。第三方物流提供者是物流专家,利用完备的设施和训练有素的员工对整个供应链实现完全的控制,减少物流的复杂性;通过遍布全球的运送网络和服务提供者(分承包方)大大缩短了交货期,帮助顾客改进服务,树立自己的品牌形象。第三方物流提供者通过"量体裁衣"式的设计,制订出以顾客为导向,低成本高效率的物流方案,使顾客在同行者中脱颖而出,为企业在竞争中取胜创造了有利条件。

(5) 提高企业经营效益。货主企业采用第三方物流方式对于提高企业经营效率具有重要作用。首先,可以使企业专心致志地从事自己所熟悉的业务,将资源配置在核心事业上。其次,第三方物流企业作为专门从事物流工作的行家里手具有丰富的专业知识和经验,有利于提高货主企业的物流水平。第三方物流企业通过其掌握的物流系统开发设计能力、信息技术能力,成为建立企业间物流系统网络的组织者,完成个别企业,特别是中小企业所无法实现的工作。以上种种原因,极大地推动了第三方物流的发展,使第三方物流成为 21 世纪国际物流发展的主流。

5.3.3 第三方物流的类型

第三方物流企业按照其完成的物流业务范围的大小和所承担的物流功能,可将其分为功能性第三方物流企业和综合性第三方物流企业。功能性第三方物流企业,也叫单一物流企业,即它仅仅承担和完成某一项或几项物流功能。按照其主要从事的物流功能,可将其进一步分为运输企业、仓储企业、流通加工企业等。综合性第三方物流企业指能够完成和承担多项甚至全部的物流功能的第三方物流企业,综合性物流企业一般规模较大、资金雄厚,并且有着良好的物流服务信誉。

按照第三方物流企业是自行承担和完成物流业务还是委托他人进行操作,将第三方物流企业分为物流自理第三方物流企业和物流代理第三方物流企业。物流自理企业就是平常人们所说的物流企业。物流代理企业可以按照物流业务代理的范围,分成综合性物流代理企业和功能性物流代理企业。其中,功能性物流代理企业包括运输代理企业(即货代公司)、仓储代理企业(仓代公司)和流通加工代理企业等。

我国第三方物流发展时间不长,第三方物流企业无论是经验、规模、经营理念,还是技术服务水平,与现代物流企业的要求还有相当大的差距。从目前看,我国第三方物流企业大致有以下几种类型:

(1)由传统商业、物资储运企业经过重组改造而成的第三方物流企业。这类企业利用原有的仓储设施和运输能力为本地区提供基本物流服务和部分增值服务。由于受计划经济的影响,在管理方法和经营理念上,多数企业还局限在运输、仓储等传统基本物流业务。

(2)由交通运输、货运代理和仓储等大型国有企业转变而成的第三方物流企业。这类企业在各自行业处于垄断或领先地位,规模较大,资金实力较雄厚,通过扩大业务范围,提供较全面的物流服务。例如,中外运、中远、中储、中国邮政等企业。

(3)生产制造企业自身原有的自营物流机构或实体,除完成本企业物流服务外,拓展业务,为其他企业提供物流服务的第三方物流企业。这类企业依托母公司的优势,在保证本企业物流服务的基础上,积累经验,规模不断扩大,逐步发展为第三方物流企业。例如,海尔、科龙、小天鹅、美的等企业。

(4)大型的外资、港资的第三方物流企业。这类企业一方面为原有跨国公司用户提供进入中国市场的延伸物流服务,另一方面利用先进的经营理念、经营模式和优质的服务逐渐向中国物流市场渗透。它们在资金、设备和人才上都有较大的优势,能够为企业提供较为全面的物流服务,这些企业主要集中在东南沿海。例如,丹麦有利物流公司、日本近铁物流公司等跨国物流企业。

(5)新型民营的第三方物流企业。这类企业具有机制灵活、管理成本低等特点,能迅速顺应市场的需求和物流发展的趋势,快速成长并在物流市场产生重要影响。例如,广州宝供物流集团等。

(6)以货运代理企业为基础的第三方物流企业。这类企业与众多物流服务提供商有密切业务来往,具有把不同物流服务项目加以组合,满足客户需求的能力。

5.3.4　第三方物流服务的提供者

目前,第三方物流企业在中国面临飞速发展的时期,各类不同背景的企业纷纷转型第三方物流或将第三方物流作为新的增长点。通过国内外的实践可以看出,第三方物流公司一般从传统的与物流相关的企业发展而来,如运输业、仓储业、货代业等。

尽管没有数据统计,但从运输业发展而来的第三方物流企业在市场上占最大的比重。就国外的情况看,以陆运和空运为主的快运、快递公司发展第三方物流的有 UPS、FEDEX、TNT、DHL 等;从海运发展起来的物流企业有 Maersk Logistics、美集物流(APLL)等。

中国目前也出现了类似的趋势,如以路上运输为主的企业,先后有中外运、大通、上海交通运输集团、广州市交通运输集团等在国内有一定影响的运输企业将第三方物流作为新的发展方向。而国内最有影响的海运企业,如中国远洋运输(集团)总公司、中国海运(集团)总公司等也纷纷宣布成立第三方物流公司。

第三方物流企业有以下 6 个来源。

1. 起源于仓储的第三方物流企业

同运输环节一样,仓储也是物流活动当中最重要的环节之一,因此,许多提供公共仓储服务的公司也通过功能延伸,为客户提供综合物流服务。在欧洲,Exel 和 Tibbet & Britten 都是由公共仓储业发展成为第三方物流服务商的。中国的公共仓储业向物流企业转变的趋势也比较明显,如以仓储业务为重要服务内容的上海商业储运公司,成立了上海商业物流公司,积极从事第三方物流业务。

2. 起源于货运代理公司

货代企业转型现代物流的在西方也比较多,如 Emery、BAX、MSAS、Schenker、AEI、Circle 等。货代企业转型现代物流是在原有的信息服务和货运过程协调的基础上,通过实物存储和运输环节的延伸,达到为客户提供综合一体化物流的目的。由于信息技术的发展和电子商务环境的成熟,简单地提供以信息为基础的货代服务,空间越来越小,在货代业务的基础上发展第三方物流,已经成为国内外货代业发展的热点。例如,华润物流有限公司,在华夏货运 50 多年货代经营的基础上,于 2001 年 1 月 1 日成立物流公司,仅仅 1 年时间,先后赢得国内外 10 余家大型客户。

3. 起源于托运人

这一类型的公司是从大公司的物流组织演变而来的。它们将物流专业的资源,如信息技术,用于提供第三方物流服务。在国外,这类物流企业有 Caterpillar 物流公司(来自 Caterpillar 集团)、IBM(来自 IBM 公司)等。其实中国这类企业目前也不断增多,并成为物流市场上的亮点。例如,海尔集团组建海尔物流公司、美的公司组建安得物流等,就是托运人从事第三方物流的典型。

4. 财务和信息咨询服务公司

原本主要致力于建立系统的系统集成商,为了给客户增加更多的价值,也主动提供有关电子商务、物流和供应链管理的服务,这类企业有埃森哲 Accenture、GE Information Service 等。在中国,以物流信息集成为主业的招商迪辰系统有限公司也曾经尝试过为客户提供第三方物流服务,但由于种种原因该项业务没有得到更大拓展。

5. 来源与港口码头/铁路等有关

这类企业基于终端作业的优势,并将业务延伸至运输和配送,目前,这类企业的典型代表是 PSA 和 CWT。PSA 从 1997 年开始在中国内地投资物流业,比较大的物流项目有上海招商新港物流有限公司。

6. 源于电子分销商

零部件分销商和增值服务分销商也开始进入物流增值服务的领域,其服务内容包括系统配置、EDI、货物跟踪、信息系统集成、库存管理等,比较典型的公司有 Arrow、Avnet、Synnex Techn、Serial Systems。为中国业界所熟悉并奉为电子分销商楷模的英迈国际也是这类企业。

5.3.5 第三方物流的经营模式与经营策略

1. 第三方物流的经营模式

(1) 同商业零售商相结合的经营模式。随着我国商业零售市场对外资开放,卖方市场向买方市场的转变,国内传统的国有大型商业零售企业受到外资大型超市和小摊贩的双重挤压,经营日益困难,全球电子商务的迅猛发展,商品流(送货到户)和资金流(交易结算)却成为其巨大的瓶颈。现代物流具有巨大的市场潜力,与零售业相结合的第三方物流末端配送服务为第三方物流企业的发展提供了良好的机遇。

(2) 同制造业相结合的运作模式。我国大多数企业都是自己解决产品的运输问题,包括原材料和产成品的运输,而这一部分正是第三方物流企业最大的潜在客户。同制造业相结合的第三方物流服务的最大用户群通常是那些在杂货店销售的日常洗涤用品、纸制品、化妆品和食品等产品的制造商。首先,这些组织力图通过物流的力量获得并保持竞争优势;其次,优秀的公司寻求其产品或服务增加价值,并通过一个有效的物流体系来达到此目标;第三,公司通过与服务供应者结成战略联盟来改善其资产,这些联盟使公司与其重要客户的关系更为密切。第三方物流企业可以依托生产企业,成为它们的特别是中小企业的物流代理商。

(3) 一体化运作模式。20 世纪 80 年代,西方发达国家,如美国、法国和德国等,提出了物流一体化的现代理论,应用和指导其物流发展取得了明显的效果,使生产商、供应商和销售商均获得了显著的经济效益。

2. 第三方物流的经营策略

根据第三方物流企业的这些经营模式,产生了以下两种第三方物流企业的经营策略。

(1) 战略联盟。

① 与物流企业的战略联盟。通过同一行业中各物流企业之间结成联盟以获得整体上的规模优势,从而提高物流运作效率。第三方物流企业应与其他物流企业结成伙伴关系,共同为一个顾客服务,其中的一个第三方物流企业作为核心企业与顾客单线联系,并监控其他参与活动的企业。

② 与供应链企业加强合作。加强综合服务能力,完善物流管理,从供应链的角度来看,

要求各参与方密切合作,整条供应链上的制造、存货运输、选址等一系列活动,要有序安排,统筹考虑。第三方物流要注重考虑顾客需求,提高综合服务能力,就能达到吸引和服务顾客的目的。

(2) 基于 Extranet 的信息系统。

① 开发和完善物流系统。强化企业应用第三方物流的服务,就是要通过建立快速反应体系,降低备货时间从而减少顾客的存货和储存成本,使供应链增值。实现快速反应的前提之一就是利用信息系统来管理运输、仓储、存货订单处理和提供实时状态报告。

② 基于 Extranet 的合作框架。第三方物流企业应充分利用现代信息技术的优越性,在企业内部之间建立企业内部网络 Intranet,实现企业内部之间各部门、分公司、子公司、办事处等之间的信息共享。

5.3.6　国内外第三方物流的发展现状与趋势

1. 国内的第三方物流发展现状

(1) 第三方物流市场潜力大、发展迅速,处于发展初期,而且呈地域性集中分布。

中国第三方物流供应商功能单一,增值服务薄弱。物流服务商的收益 85% 来自基础性服务,如运输管理和仓储管理;增值服务及物流信息服务与支持物流的财务服务的收益只占 15%。增值服务主要是货物拆拼箱、重新贴签/重新包装、包装/分类/并货/零部件配套、产品退货管理、组装/配件组装、测试和修理。增值服务薄弱的原因:一方面,多于一半的物流服务商认为客户还没有做好外包准备;另一方面,客户认为中国缺少高水平的物流服务商,再加上客户认为他们有条件自己把物流干好。在这种状况下,一个物流供应商在客户对其服务能力有充分信心之前,可能只能局限在相对低利润的物流服务上,一直到客户愿意外包增值服务为止。因此,物流供应商对在中国物流市场运作的早期利润率要有一个现实的估计。

整个第三方物流市场还相当分散,第三方物流企业规模小,没有一家被访谈的物流服务商拥有超过 2% 的市场份额。实践证明,在中国一个纯粹的、尽量少拥有资产的第三方物流服务的运营模式很难实行,也无法做大。目前中国物流市场的地域集中度很高,80% 的收益都来自长江三角洲和珠江三角洲地区。

物流供应商认为阻碍其发展的一个最大障碍是很难找到合格的物流管理人员来推动业务的发展。复杂的行业监管环境和政府的限制,也在很大程度上阻碍了他们的发展。比如,为了向顾客提供一个整合全国范围的物流服务解决方案,物流服务商必须取得按省份的和运输方式的多个运营许可证。

(2) 客户对第三方物流需求千差万别,物流外包将是一个渐进的过程。

对客户而言,降低成本和周期,提高服务水平是面临的主要挑战,但不同行业重点不同。例如,汽车制造业,随着其逐步从依赖进口零配件转向从本地的零配件生产企业进货,它们日趋强调通过"及时配送"降低库存水平的重要性;对服装行业,更重要的是如何缩短周转时间,以便对快速变化的市场流行趋势做出及时反应;对家电行业,由于生产能力过剩和巨大的价格压力,降低物流成本对确保盈利变得至关重要。

客户外包物流的原因,首先是为了降低物流成本,然后是为了强化核心业务,第三是为了改善与提高物流服务水平与质量。客户在选择第三方物流企业时,首先注重行业与运营经验即服务能力,第二注重品牌声誉,第三注重网络覆盖率,最后注重较低的价格。

调查显示,使用第三方物流的客户中,有超过 30% 的客户对第三方物流企业不满意,不满意最多的是物流供应商的信息技术系统很差,信息反馈有限;互相之间沟通不顺畅,供方不了解需方的情况变化;缺乏标准化的运作程序,导致各地区的服务水平参差不齐;无法提供整体解决方案;等等。

据调查,客户认同国际物流供应商在 IT 系统、行业以及专业方面的经验。同时,他们认同中国物流供应商在成本、本地经验与国内网络方面的优势。这一结果同时证实了国内物流供应商同国际物流供应商建立战略联盟的协调效应。

这次调查显示,目前中国企业尤其是传统的中国国有企业,使用第三方物流服务的比例较小,与此相反,在中国的跨国企业在外包物流方面的脚步最快,是目前中国第三方物流市场的重点。但这些跨国公司在外包时也十分谨慎。

(3) 第三方物流企业发展很快,但面临一些共有的挑战,也存在各自的困难,许多第三方物流企业正在寻求合作,以提高服务能力。

目前中方与外国第三方物流供应商在运营过程中,各有侧重。国外的第三方物流供应商主要关注进出口物流,约占业务收入的 70%,所以其服务客户 98% 是外商独资或中外合资企业等外国客户。中国的第三方物流服务供应商更注重国内物流的商机,收入占总收入的 88%,按调查企业分析,56% 为外国客户服务,44% 为中国客户服务。

第三方物流供应商认为,吸引物流需求客户存在三大障碍:一是生产与流通企业有较大物流能力,物流外包就意味着裁员和资产出售;二是客户对第三方物流缺乏认识;三是对现在的第三方物流企业能否降低成本,能否提供优质服务缺乏信心。

大多数国际的物流供应商告诉我们,他们正在寻找中国的合作伙伴,以获得迅速进入市场的机会,但至今都很难找到合适、对等的本地合作伙伴。造成这一困难的原因在于国内的物流供应商,尽管非常希望从国际的同行那里获得行业运作的知识及其国际网络,但并不愿意让国际合作方在他们的市场获得资产所有权和管理权。

第三方物流供应商普遍希望改善物流发展环境。中方的供应商认为缺乏物流人才是他们面临的最大挑战,外国供应商认为"政府限制"是首要挑战。政策环境涉及运营许可、跨省运输、登记注册、税收政策、行业标准等。希望政府出台产业政策。

第三方物流供应商会发现在中国第三方物流市场发展的初期,要想获取利润并快速成长是一件很难的事。第三方物流供应商首先从提供基础物流服务开始,展示他们有能力把这些服务做得最好,随后才开始提供高附加值的服务。即使基础服务的利润率比较低,但只有把这些服务做好了,才能说服顾客外包更复杂的整合的供应链管理。在一开始利润率较低的时期,应当避免过度投资,但应当购买一些必要的资产,以确保其对运营的控制和对客户的信誉度。物流供应商还应当在那些潜在的高利润的,并且与其自身能力相匹配的领域投资。如何在这些方面合理平衡,做出明智的选择,将是在中国第三方物流市场制胜的法宝。

2. 国内的第三方物流发展趋势

(1) 服务链不断延伸、专业化不断加强。一方面供需双方合作不断加深,服务模式日趋完善,以中国外运股份有限公司的米其林项目为例,米其林是世界知名的轮胎制造商,1997年、2001年分别在我国东北沈阳、上海建厂,最初中国外运仅仅是为其提供海运服务,主要是在国际端的原材料进口和产品出口。双方建立第三方物流合同关系后,中外运按照其供应链的布局实施了个性化的物流资源配置,新建、改造专用的物流仓库,为其提供个性化的物流解决方案,也就是按照生产企业上下游配置做了一些安排。经过几年磨合,服务范围从进出口货代扩展到 CBC、全国干线运输包括区域性配送。区域配送在操作层面上、供应链层面上、信息反馈层面上做了很多工作,来满足企业在供应链管理上的要求以及运输服务要求。服务区域从北方扩展到华东、华南地区,服务标准显著提升。

(2) 服务范围向金融领域扩展。物流、现金流、资金流是供应链三大组成部分。在我国信用体系尚不健全的体系下,中小企业因资金链断裂而造成的采购与供应短缺是造成供应链不稳定的重要因素,前些年在流通行业比较明显。由此以质押、监管为代表的物流金融服务得到较大发展,包括中外运、中远在内的企业纷纷开展此项业务。很多客户、企业对这个方面的需求也很明显,需要通过物品和质押这种关系来缓解自己资金不足的问题。质押监管的发展标志着第三方物流与金融行业的融合,而服务范围也由静态的仓单质押向货物的在途质押转变,从供应链资金流收入方面看,第三方物流服务内涵得到进一步延伸和扩展。

(3) 物流行业的整合趋势非常明显。全球经济一体化所带来的是物流全球化进程,这一进程正在向中国扩展,自第三方物流概念引入国内起,以兼并收购为特征的全球物流整合深刻改变了物流市场格局。一大批知名的第三方物流企业消失,一批巨型的物流大集团在整合过程中迅速发展壮大,市场集中度明显提升。以德国邮政为例,由几家德国本土邮政企业经过私有化之后,在短短十年时间里先后并购了 DHL 等物流巨头,并以 DHL 为平台集中打造第三方物流服务平台。

3. 国外第三方物流发展趋势

(1) 基于网络的电子物流的兴起。

基于网络(如 World Wide Web, WWW)的电子商务的迅速发展,促使电子物流(E-Logistic)的兴起。据统计,通过互联网进行企业间的电子商务交易额 1998 年全球达到 430 亿美元,2016 年已迅速增长到 22.97 万亿美元。企业通过互联网可以加强企业内部、企业与供应商、企业与政府有关部门的联系和沟通,相互协调,相互合作。消费者可以直接在网上获取有关产品或服务的信息,实现网上购物。这种网上的"直通方式"使企业能迅速、准确、全面地了解需求信息,实现基于顾客订货的生产模式(Build To Order, BTO)和物流服务。

传统的利用 EDI 的物流管理方法存在建立 EDI 系统投资大、维护成本高、用户数量少等局限性,而互联网则具有使用方便、成本低廉的优点。美国 Dell 电脑公司 1996 年开始利用 WWW,顾客通过浏览 Dell 公司的网页在线订货,公司根据订货要求组织生产并委托第三方物流运输企业,把产品送到顾客手中。此外,电子物流可以在线追踪发出的货物,在线规划投递路线,在线进行物流调度,在线进行货运检查。可以说电子物流是 21 世纪物流和物流业发展的大趋势。

(2) 物流企业的集约化与协同化。

21 世纪是一个全球化物流的时代,对物流企业来说既是机遇又是挑战,企业之间的竞争将十分激烈。要满足全球化或区域化的物流服务,企业规模必须扩大,形成规模效益。规模的扩大可以是企业合并,也可以是企业间的合作与联盟,因此近年来国外物流业出现了集约化与协同化的发展趋势,主要表现在两个方面。

① 物流园区(Distribution Park)的建设。

物流园区一般是多家物流(配送)中心的空间上集中布局的场所,是具有一定规模和综合服务功能的物流集结点。物流园区也称物流团地,是政府从城市整体利益出发,为解决城市功能紊乱,缓解城市交通拥挤,减轻环境压力,顺应物流业发展趋势,实现"货畅其流",在郊区或城乡边缘带主要交通干道附近专辟用地,通过逐步配套完善各项基础设施、服务设施,提供各种优惠政策吸引大型物流(配送)中心在此聚集。将多个物流企业集中在一起,可以发挥整体优势和规模优势,实现物流企业的专业化和互补性,同时,这些企业还可共享一些基础设施和配套服务设施,降低运营成本和费用支出,获得规模效益。

物流园区的建设能满足仓库建设的大型化发展趋势的要求。由于城市中心地区,大面积可用于大型仓库建设的用地越来越少,而建在郊区的物流园区,可以提供较充分的发展空间。物流园区一般以仓储、运输、加工等用地为主,同时还包括一定的与之配套的信息、咨询、维修、综合服务等设施用地。日本是最早建立物流园区的国家,至今已建成 20 个大规模的物流园区,平均占地约 74 万平方米;韩国于 1995—1996 年分别在富谷和梁山建立了两个物流园区,占地规模都是 33 万平方米;荷兰统计的 14 个物流园区,平均占地 44.8 万平方米;比利时的 Cargovil 物流园区占地 75 万平方米;德国不来梅的货运中心占地在 100 万平方米以上。一般来说,国外物流园区用地多在 7 万平方米以上,最大不超过 1 平方公里。

各国在发展物流园区时,情况不同,主要目的不同,政府所采取的对策和措施也有所不同。

日本东京的物流园区建设是以缓解城市交通压力为主要目的,在建设过程中,采取的具体措施如下:

在政府的指导下确定市政规划,在城市的市郊边缘带、内环线外或城市之间的主要干道附近,规划有利于未来交通设施配套建设的地块作为物流园区基地。将基地内的地块分别以生地的价格出售给偿同类型的物流行业协会,这些协会再以股份制的形式在其内部会员中招募资金,用来购买土地和建造物流设施,若资金不足政府可提供长期低息贷款。

政府对已确定的物流园区积极加快交通设施的配套建设,在促进物流企业发展的同时,促使物流园区的地价和房产升值,使投资者得到回报。

德国的物流园区是为了提高货物运输的经济性和合理性,以发展综合交通运输体系为主要目的。德国物流园区的建设遵循联邦政府统筹规划、州政府扶持建设、企业自主经营的发展模式,具体内容如下:

联邦政府统筹规划。联邦政府在统筹考虑交通干线、主枢规划建设基础上,通过广泛调查生产力布局、物流现状,根据各种运输方式衔接的可能,在全国范围内规划物流园区的空间布局、用地规模与未来发展。为引导各州按统一规划建设物流园区,德国交通主管部门还对规划建设的物流园区给予资助,未按规划建设的则不予资助。

州政府扶持建设。州政府提供建设所需土地,建设相应的公路、铁路、通信等设施,把物流园区场地出租给物流企业,与其按股份制形式共同出资,由企业自己选举产生的咨询管理委员会,代表企业与政府打交道,协调园地内各企业和其他园区的关系,但不具有行政职能,同时还负责兴建综合服务中心、维修厂、加油站等公共服务设施,为成员企业提供信息、咨询、维修等服务。

企业自主经营。入驻企业自主经营、照章纳税,根据自身经营需要建设相应的库房、堆场、车间,配备相关的设备。

此外,物流园区在空间布局时还需考虑物流市场需求、地价、交通设施、劳动力成本、环境等经济、社会、自然等多方面因素。例如,德国在全国范围内布置货运中心时主要考虑了以下三个方面因素:一是至少有两种以上运输方式连接,特别是公路、铁路;二是选择交通枢纽中心地带,使物流园区网络与运输枢纽网络相适应;三是经济合理性,包括运输方式的选择与利用、环境保护与生态平衡、在物流园区经营的成员利益的实现等。

② 物流企业兼并与合作。

随着国际贸易的物流向全球化发展,美国和欧洲的大型物流企业跨越国境,展开连横合纵式的并购,大力拓展国际物流市场,以争取更大的市场份额。

之前,德国国营邮政出资 11.4 亿美元收购了美国大型的陆上运输企业 AEI,AEI 公司曾是美国国内排列前 10 位的大型物流运输公司。德国邮政公司这一举动,目的是把自己的航空运输网与 AEI 在美国的运输物流网合并统一,增强竞争力,以与美国 UPS 和联邦快递相抗衡。

美国的 UPS 则并购了总部设在迈阿密的航空货运公司挑战航空公司,该公司与南美18 个国家签订了领空自由通航协议,它与这 18 个国家的空运物流流量在美国同行中居第一。UPS 计划将自己在美国的最大物流运输网与挑战航空公司在南美洲的物流网相结合,从而实现南北美洲两个大陆一体化的整体物流网络。

(3) 物流服务的优质化与全球化。

21 世纪将是一个消费多样化、生产小量化、流通高效化的时代,对物流服务的要求越来越高,客户对物流的个性化要求也越来越多,因此物流服务的优质化是今后发展的重要趋势。5 个"Right"的服务,即把好的产品(The Right Product),在规定的时间(At the Right Time),规定的地点(In the Right Place),以适当的数量(In the Right Quantity),合适的价格(At the Right Price)提供给客户将成为物流企业优质服务的共同标准。据调查,物流成本已不再是客户选择物流服务的唯一标准,人们更多的是注重物流服务的质量。为此,国外物流企业都在服务质量上向客户做出了承诺。例如,美国联邦快递公司 FedEx 提出"让客户 100%的满意",24~48 小时之间提供"户到户"的准时的清关服务;AEI 环球捷运有限公司提出为客户设计最经济、耗时最短的物流运输方案,负责从原料到成品的全套服务;日本7 - 11 连锁便利店集团提出不允许出现顾客光顾商店时不能买到本应有的商品;等等。

物流服务的全球化是今后发展的又一重要趋势。荷兰国际售销委员会(HIDC)曾在一篇题为"全球物流业供应连锁服务业的前景"的报告中指出,国际供应连锁服务正在发生着飞速的变化,而其变化常常是根本性的,这使得大多数物流业服务商无力充分满足客户的需求。具体说来,是这些服务机构没能完全通过信息技术(IT)把各个供应服务站点统一起来,或者按照客户不断高涨的要求提供覆盖全球各地的服务。

事实上,许多运输服务机构还处于"原始状态"。它们没有认识到当今全球市场的飞速变化会对它们未来的业务产生怎样的影响，因而无法满足跨国制造商日新月异的全球化物流服务要求。

目前许多大型制造部门正在朝着"扩展企业"的方向发展。这种所谓的"扩展企业"基本上包括了把全球供应链条上所有的服务商统一起来，并利用最新的 IT 体系加以控制。同时，报告认为，制造业已经实行"定做"服务理论，并不断加速其活动的全球化，对全球供应连锁服务业提出了一次性销售（即"一票到底"的直销）的需求。这种服务要求极其灵活机动的供应链，迫使物流服务商几乎采取了一种"一切为客户服务"的解决办法。

（4）21 世纪的新要求——绿色物流。

物流既是经济发展和消费生活多样化的支柱，同时物流的发展又会对城市环境带来不利影响，如运输和配送工具的噪声、排放污染、对交通阻塞的不利影响等。另一方面生产产品的厂商在生产过程中的废料以及社会生活废料如不处理也会对环境造成污染。为此 21 世纪对物流提出新的要求，即绿色物流。

绿色物流包括两个方面，一是对物流系统污染进行控制。在物流系统和物流活动的规划与决策中尽量采用对环境污染小的方案，如采用排污量小的货车车型，近距离配送，夜间运货（减小交通阻塞，节省燃料和减小排放）等。发达国家政府倡导绿色物流的决策是在污染发生源、交通量、交通流等三个方面制定了相关政策。例如，1989 年日本中央公害对策协议会提出了 10 年内三项绿色物流推进目标，1992 年日本政府公布了汽车二氧化氮限制法。绿色物流的另一方面就是建立工业和生活废料处理的物流系统。德国 Stuttgar 大学的 Wehking 等在 1991 年、1993 年、1995 年连续发表了 3 本专著《废料处理物流I，II，III》（*Entsorgungs Logistik*），对废料处理物流系统的新概念、新原理、系统规划、实现技术和运行经济性做了详细深入的论述，在新思路中，专著提出生产厂家应该把目前的"线性开放式的生产物流"改变成能回收旧产品和废料的"闭环式的生产——回收物流"。该书能全面、系统、深入论述废料处理物流系统，对废料处理物流业的发展具有重要的指导作用。

4. 国外物流企业技术装备的发展趋势

国外物流企业的技术装备目前已达到相当高的水平，已经形成以系统技术为核心，以信息技术、运输技术、配送技术、装卸搬运技术、自动化仓储技术、库存控制技术、包装技术等专业技术为支撑的现代化物流装备技术格局。今后进一步的发展方向主要是以下几个方面。

（1）信息化。采用无线 Internet 技术、卫星定位技术 GPS、地理信息系统 GIS、射频标识技术 RF 等。

（2）自动化。自动导引小车（AGV）技术、搬运机器人（Robot System）技术等。

（3）智能化。电子识别和电子跟踪技术、智能运输系统（ITS）。

（4）集成化。信息化、机械化、自动化、智能化于一体。

 **思考与讨论**

1. 简述第三方物流的含义与特点。
2. 思考我国第三方物流发展存在的主要问题。
3. 思考我国第三方物流未来的发展趋势

案例分析

本章要点

● 物流企业为至少从事运输(含运输代理、货物快递)或仓储一种经营业务,并能够按照客户物流需求对运输、储存、装卸、包装、流通加工、配送等基本功能进行组织管理,具有与自身业务相适应的信息管理系统,实行独立核算、独立承担民事责任的经济组织。

● 第三方物流指生产经营企业为集中精力搞好主业,把原来属于自己处理的物流活动,以合同方式委托给专业物流服务企业,同时通过信息系统与物流服务企业保持密切联系,以达到对物流全程的管理和控制的物流运作与管理方式。

关键概念

物流企业、第三方物流

综合练习题

1. 简述物流企业的含义与经营目标。
2. 简述我国物流企业的发展趋势。
3. 简述第三方物流的特征。

微信扫码查看

第6章　物流信息管理

学习目标

● 了解物流信息管理的重要性和作用
● 了解物流信息标准化的标准及相关的关键标准
● 了解公共物流信息平台的概念及平台的构建和作用
● 了解物流信息系统的规划和设计

 案例导入

杜邦公司的物流信息系统

杜邦公司有6个 SBU(部门)将货物委托给华润物流进行物流服务。华润物流有限公司为杜邦服务的仓库面积约为5 000平方米,分 A、B、C、D 四个库区,约400个库位。杜邦的产品没有特殊的存储条件要求,各类产品可以在一起存放,平均每天的业务量为3~4个集装箱。

华润物流公司在为杜邦公司提供物流服务时,由于自身物流信息化的工作还需要进一步完善,在实施信息化之前存在下面的问题:

① 现存数据不准确,准确率只能达到90%左右。② 货物经过严密包装,不同的货物从外观上很难区分,经常出现发错货物的情况;业务人员的工作强度大,人工操作易出现人为错误,经常出现货物和批次号不对应的错误。③ 库存数据的提供不及时,每次出库或入库后,人工修改报表,速度慢,错误率高,且不能实现报表的 Web 查询。④ 没有应用条码技术,对于入库的货物还没有有效的检验核对的手段,不能及时发现到达的货物的准确性。⑤ 在文件报告和配送管理方面也还存在着缺陷。

一、华润物流公司信息化实施前后的效益指标对比

实施 ES/1 系统后,库存账物的准确性明显提高;提升仓库管理水平,减轻劳动量,减少错误率;实现网上客户对货物库存的查询;提高对在途货物的跟踪管理;规范化的业务操作流程;建立集团整体专业物流形象;实时的库存账,随时方便地自行查询库存量;提供 e 化服务,转型为专业国际物流服务体系;提高对客户的服务水平。

二、信息化实施对提高企业竞争力的作用

① 保证库存账物的准确性;建立实时库存账,可依各货主账号,随时自行查询库存量。

② 应用条码扫描,提升仓库管理技术的科技含量,减轻劳动量,减少错误率。③ 实现网上客户对货物库存的查询。④ 提高对在途货物的跟踪管理。⑤ 规范化业务操作的流程,提高对客户的服务水平。⑥ 建立集团整体专业物流形象;提供 e 化服务,转型为专业国际物流服务体系。

分析: 物流管理信息系统的成功移植需要两个基本条件:一是管理信息系统本身具有良好的技术结构和强壮而又易组合的功能模块;二是应用企业具备规范的业务流程与之对应。本系统的条码技术使用,大大方便了业务操作,减轻了工作强度和出错的风险。在精细化管理方面,本系统提供了各类库存的查询,有力地支持了杜邦公司按单生产的经营策略,还有可视化的库存管理手段,方便了客户的应用。

相关知识

现代物流和传统物流最明显的区别是物流信息化。即运用现代信息技术手段,通过过物流信息适时传递和准确处理,为企业物流管理提供可靠的决策依据,达到整合物流资源、降低物流成本、提升物流动作效率的目的。因此如何规划物流信息系统,信息系统应达到什么样的要求才能满足企业物流管理的目标要求,是物流信息系统开发者必须要解决的问题。

6.1　物流信息管理概述

6.1.1　信息与物流信息

案例 6-1

1. 信息

(1) 信息(Information)的定义。

至今为止信息也没有一个明确的定义,比较有代表性的说法有以下几种:

① 信息是确定性的增加,即肯定性的确认。

② 信息就是信息,信息是物质、能量、信息及其属性的标志。

③ 信息是事物属性标志。

通俗地说,信息是加工后的数据,是一种经过选择分析综合处理后的数据,它使用户了解、认识事物。

(2) 信息的特性。

① 真伪性:信息有真伪之分,客观反映现实世界事物的程度是信息的准确性。

② 层次性:信息是分等级的。

③ 可传输性:信息需要依附于某种载体进行传输。

④ 可变换性:可变换性是指信息可以转换成不同的形态,也可以由不同的载体来存储。

⑤ 可识别性:信息能够以一定的方式予以识别。

⑥ 可处理性：信息可以通过一定的手段进行处理。

⑦ 扩散性和共享性：同一信源可以供给多个信宿，因此信息是可以共享的。

⑧ 时效性和时滞性：信息在一定的时间内是有效的信息，在此时间之外就是无效信息。而且任何信息从信源传播到信宿都需要经过一定的时间，都有其时滞性。

⑨ 存储性：信息可以用不同的方式存储在不同的介质上。

⑩ 信息是有价值的：信息是一种资源，因而是有价值的。

2. 物流信息

国家标准《GBT 18354—2015 物流术语》将物流信息定义为：物流信息（Logistics Information）是物流活动中各个环节生成的信息，一般随着从生产到消费的物流活动的产生而产生，与物流过程中的运输、储存、装卸、包装等各种职能有机结合在一起，是整个物流活动顺利进行所不可缺少的。与其他信息相比，物流信息除了具有准确性、完整性、实用性、共享性、增值性等信息的一般特点外还有以下三个特点：

（1）信息量大、分布广。物流信息随着物流活动以及商品交易活动展开而大量发生。多品种少量生产、多频度小数量配送使库存、运输等物流活动的信息处理大量增加。

（2）更新快、时效性强。物流信息的更新速度快。多品种少量生产、多频度小数量配送，以及利用 POS 系统的即时销售使得各种作业活动频繁发生，从而要求物流信息不断更新，而且更新的速度越来越快。

（3）信息来源广、种类多。物流信息不仅包括企业内部的物流信息（如生产信息、库存信息等），而且包括企业间的物流信息和与物流活动有关的基础设施的信息，这就使信息的分类、研究、筛选等难度增加。

物流信息可以按不同的分类标准进行分类：按信息领域分可分为物流活动所产生的信息和提供物流使用而由其他信息源产生的信息；按信息的作用分可分为计划信息、控制及作业信息、统计信息、支持信息；按信息加工程度分为原始信息、加工信息；按活动领域分可分为运输信息、库存量信息、汽车运输信息等。

3. 物流信息管理

物流信息管理（Logistics Information Management）是指通过对与物流相关信息的加工处理来达到对物流、资金流的有效控制和管理，并为企业提供信息分析和决策支持的人机管理系统。这个人机管理系统是以人为主体的系统，它对企业的各种数据和信息进行收集、传递、加工、保存，并将有用的信息传递给使用者以辅助企业的全面管理。

随着社会经济的发展和科技的进步，物流信息系统要具有实时化、网络化、系统化、规模化、专业化、集成化、智能化等特点。

物流信息管理的主体一般是与物流信息系统相关的管理人员，也可能是一般的物流信息操作控制人员。其中，涉及"物流信息管理师"这一概念。物流信息管理师是一种资格认证，其职业定义为从事物流业务操作、管理，承担物流信息技术应用和物流信息系统开发、建设、维护、管理，以及物流信息资源开发利用工作的相关人员。根据现代物流行业对从业人员的岗位技能要求，物流信息操作及管理技能是物流职业技能中的核心技能。物流信息管理师必须具备物流系统的操作、管理以及规划和设计等能力。

与信息管理的对象一样,物流信息管理的对象包括物流信息资源和物流信息活动。物流信息资源主要直接产生于物流活动(如运输、保管、包装、装卸、流通、加工等)的信息和其他流通活动有关的信息(如商品交易信息、市场信息等)。而物流信息活动是指物流信息管理主体进行物流信息收集、传递、存储、加工、维护和使用的过程。

信息管理离不开现代信息技术,同时利用管理科学、运筹学、统计学、模型论和各种最优化技术来实现对信息的管理以辅助决策。物流信息管理除具有一般信息管理的要求外,一般通过物流信息系统的查询、统计、数据的实时跟踪和控制来管理、协同物流管理工作。

人们开发和利用物流信息资源,以现代信息技术为手段,对物流信息资源进行计划、组织、领导和控制,最终为物流相关管理提供计划、控制、评估等辅助决策服务。

6.1.2　信息流对物流的影响

1. 物流活动中信息流的基本环节

物流活动中的信息流是指供给方与需求方进行信息交换和交流而产生的信息流动。它表示了品种、数量、时间、空间等各种需求信息在同一个物流系统内,在不同的物流环节中所处的具体位置。物流系统中的信息种类多、跨地域、涉及面广、动态性强,尤其是运作过程中受自然的、社会的影响很大。

物流活动中信息管理的基本环节可以概括为以下几个方面:

(1) 物流信息的获取。信息的获取是整个物流信息系统的基础,因此,在衡量一个信息系统的性能时,下列内容十分重要:

① 获取数据的手段是否完善,准确程度和及时性如何;

② 具有哪些校验功能,且对工作人员的失误或其他各种破坏因素的预防及抵抗能力如何;

③ 录入手段是否方便使用,对数据的收集人员和录入人员的技术水平要求如何;

④ 整个数据收集和录入的组织是否严密、完善等。

(2) 物流信息的传输。物流信息的传输是指用数据通信的方式在终端上的用户与中央计算机或局部网络的用户之间交换数据,分享中央数据库及网络内部各种数据库的信息资源。在信息传输过程中,可以是单向的,也可以是多向的。传输过程也会影响信息的质量。

现代化的通信技术是以计算机为中心,通过通信线路与进程终端或远程终端相连,形成联机系统,或者通过通信线路将中、小、微型计算机联网,形成分布式系统。衡量数据传输的指标是传输速度和误码率。在信息系统中存在着人工数据传输过程。这些数据是以各种单据、报表、计划等形式进行传递的。此外,还有一种介于计算机传输与人工传输之间的过渡形式——盘片传输。当各子系统之间的计算机网络未联成而又需要数据传送时,可采用移动存储介质传送取代书面表达传送。实践表明,这种方法是行之有效的,是人工传输过渡到网络传输的应变手段,广泛应用于计算机管理中,能节省人力、物力,提高效率。

（3）物流信息的存储。信息的存储是将录入的信息存储在系统中，以供长期使用。它需要确定信息存储的介质（硬盘、软盘等）、存储方式（数据文件方式、数据库方式）、存储时间、存储内容、存储地方。实际工作中应特别注意数据存储的安全性和可靠性。

物流信息系统必须具有某种存储信息的功能，否则它无法突破时间与空间的限制，发挥提供信息、支持决策的作用。即使以报告与输出为主要功能的通信系统，也要有一定的记忆装置。简单地说，物流信息系统存储功能就是保证已得到的物流信息不丢失、不走样、不外泄，整理得当、随时可用。

（4）物流信息的处理与分析。将输入的数据加工成物流信息是信息系统最基本的目标。信息处理与分析可以是简单的查询、排序，也可以是复杂的模型求解和预测。信息处理的强弱是衡量物流信息系统能力的一个重要方面。

收集到的物流信息大都是零散的、相互孤立的、形式各异的信息，对于这些不规范的信息，要进行存储和检索，必须经过一定的整理加工程序。只有采用科学方法对收集到的信息进行筛选、分类、比较、计算、存储，使之条理化、有序化、系统化、规范化，才能成为能综合反映某一现象特征的真实、可靠、适用而有较高实用价值的信息。

（5）物理信息的系统管理。随着数据库技术和网络技术的发展产生并成熟起来的一种企业计算机应用系统——管理信息系统，能系统地组织、存储、处理企业的信息，以达到辅助企业管理的目的。从技术角度来看，管理信息系统的外在标志是引用了数据库管理系统及计算机网络技术，使系统本身具备了分布式数据处理能力，从而实现真正意义上的信息管理的系统化。

总之，就物流系统本身的信息而言，包括交通运输信息、仓储信息、装卸搬运信息、包装信息、流通加工信息和配送信息等。物流是一个系统工程，强调系统的协调性和整合性。因此，运输、保管、装卸搬运及包装等各环节的协调运转，除了管理因素外，就是信息传递的及时性和顺畅程度。各个物流环节中，信息的整合和系统化筛选是十分重要的，每个环节的信息都不能间断，否则物流系统的整体优势就会受到影响，甚至失去物流本身存在的意义。

2. 物流信息在物流活动中的地位

和物质、能源一样，信息也是人类一种可利用的极其宝贵的资源。信息反映了物质和能源的运动。社会正是借助信息流来管理物质和能源的流动，对其进行科学的分配，实施有效的控制，使其发挥最大效力。

（1）物流信息是物流的重要功能。

在物流活动中，信息是重要的因素。物流信息对于物流活动来讲，犹如灵魂和生命。可以说，物流活动中没有信息的支撑，就如同没有物流系统。这是因为信息提高了物流各个功能环节的效率。在运输环节中，由于使用了全球卫星定位系统（GPS），对地面运输车辆和水运船只进行精确的跟踪定位，同时还提供交通气象信息、异常情况报警信息和指挥信息，不仅确保了车辆船只的运营质量和安全，而且也能进行各种运输工具的优化组合、运输网络的合理编织，大幅度提高了运输效率；在货物保管环节中，由于使用了条形码信息技术，使商品的出入库、库存保管、商品统计查询、托盘利用等所有保管作业实现了自动检测、自动操作和自动管理,大幅度降低了保管成本,提高了仓储效率;在装卸搬运和包装环节中,由于使用了电子数据信息和条形码信息技术,实现了自动化装卸搬运、模块化单元包装、机械化分类分拣和电子化显示作业,大幅度提高了装卸搬运和包装作业效率,加强了为用户的服务。

(2) 物流信息提升物流系统的整体效益。

由于使用了电子数据交换系统(EDI),使运输、保管、装卸搬运、包装等各功能环节之间实现了数据的快速、批量传送,特别是各部门、各种运输工具、各种类型单位之间的横向数据交换。这就把物流的各个环节功能有效地衔接和整合起来,发挥物流系统整体和综合优势。

(3) 物流信息提升物流、商流、资金流的整体效益。

由于有了互联网,充分利用事务处理系统(TPS)、管理信息系统(MIS)、决策支持系统(DSS)、销售时点信息系统(POS)等信息系统,把生产企业、批发零售企业、供应商、分销商、物流企业、金融信贷企业等通过现代信息技术联系在一起,及时、准确、批量地交换有关数据,并使商流、物流和资金流有机地连接起来,提升了整体效益。同时,使生产、流通和消费能动地协调起来,克服了横向阻隔,实现了良性循环,避免了大量无谓的浪费,提高了经济和社会效益。

物流系统和其他企业系统一样,为了使本系统协调、高效运转,必须有效采用现代化管理方法,合理调度人力、物力、财力和设备以实现预期的目的。其间物流信息发挥着巨大的作用。随着物流活动的进行,不断有反映物流活动的信息产生,如计划、价格、库存量等。同时物流系统还和外界不断进行信息交换,以随时对本系统进行调整。

此外,物流具有单向性,只有和具有双向性的信息流结合起来,整个物流系统才是反馈的可控制系统。

3. 物流信息对物流活动产生的作用

现代物理信息在物流活动中起着神经系统的作用,"牵一发而动全身"。它的作用体现在许多不同方面,从系统的角度来看主要表现在如下几点:

(1) 物流信息是物流活动的组织基础。

物流活动是一个多环节的复杂系统,由许多子系统构成。各子系统之间通过物资实体的运动相互联系在一起,相互沟通则要通过物流信息来实现,其基本的资源调度也是通过信息的传递来实现的。因此,组织物流活动必须有信息作为基础。只有保证物流信息的畅通,才能使物流活动正常而有规律地进行。

(2) 物流信息是物流系统计划决策的依据。

计划是任何一个企业最基本的职能。计划决策是为了确定经营管理活动的目标。编制计划是预先决策需要做什么,以及如何去实现目标,一个重要依据就是各类可靠的信息。物流系统的计划决策信息一般包括市场信息、环境信息和内部信息。这些是编制物流系统计划的重要依据,对物流活动有着全局性的影响。

(3) 物流信息是进行物流控制的手段。

在物流系统的控制过程中必须掌握反映标准和执行情况的信息,以期对物流活动进行控制。控制的方法有两种：一是利用指挥调度，使物流活动按照预定的计划以及各项标准顺利进行；另一种是利用信息的反馈作用。利用在物流活动中产生的信息反馈，了解物流活动状态，并与标准信息相比较，找出偏差，及时对物流活动进行调节或是修正计划，从而实现对物流过程的控制。

6.1.3 企业物流信息管理

1. 企业物流信息管理系统的构建

（1）物流信息管理系统的战略地位。

现代物流是涉及社会经济生活各个方面的错综复杂的社会大系统。具体地看，现代物流涉及原材料供应商、生产制造商、批发商、零售商以及最终消费者，即市场流通的全过程。现代物流必须完成几个使命：一是商品的流动，即商流；二是信息的流动，即信息流；三是资金的流动，即资金流。商品的流动要达到准确、快速地满足消费者需求，离不开前期的信息流动，资金的及时回笼也离不开相关信息的及时反馈。在现代物流中信息起着非常重要的作用，信息系统构建了现代物流的中枢神经，通过信息在物流系统中快速、准确和实时的流动，可使企业能动地对市场做出经济的反应，从而实现商流、信息流、资金流的良性循环。

（2）构建物流信息管理系统应遵循的基本原则。

物流的信息管理就是对物流信息的收集、整理、存储传播和利用的过程，也就是将物流信息从分散到集中，从无序到有序，从产生、传播到利用的过程。同时对涉及物流信息活动的各种要素（包括人员、技术、工具等）进行管理，实现资源的合理配置。信息的有效管理就是强调信息的准确性、有效性、及时性、集成性、共享性。所以在信息的收集、整理过程中要避免信息的缺失、失真和失效，要强化物流信息活动过程的组织和控制，建立有效的管理机制。同时要加强交流，信息只有经过传递交流才会产生价值，所以要有信息交流、共享机制，以便形成信息积累和优势转化。

在设计物流管理信息系统时必须遵循以下原则：

① 完整性原则。物流的不同层次通过信息流紧密地结合起来，在物流系统中，存在对物流信息进行采集、传输、存储、处理、显示和分析的信息系统，其基本功能包括数据的收集和录入、信息的存储、信息的传播、信息的处理、信息的输出等。因此，物流信息管理系统应该具有功能的完整性，就是根据企业物流管理的实际需要，制定的系统能全面、完整覆盖物流管理的信息化要求。建立信息系统，不是单项数据处理的简单组合，必须要有系统规划，这是范围广、协调性强、人机结合紧密的系统工程。它是系统开发的最重要的环节，有了好的规划，就可以按照数据处理系统的分析和设计，持续到实现系统。

② 可靠性原则。系统在正常情况下是可靠运行的，实际就是要求系统的准确性和稳定性。系统的准确性依赖于物流信息的精确性和及时性，物流信息必须精确地、及时地反映企业当前的状况和定期活动，以衡量顾客订货和存货水平。信息精确性的含义既包含了信息本身由书面信息转化为电子信息时的准确性，同时也包含了信息系统上所显示的存量信息与实际存货的一致性。信息的及时性要求一种活动发生时与该活动在信息系统内可见时的

时间耽搁尽可能的少,并要求及时更新系统内的信息。系统稳定性除了依赖于系统的准确性,还依赖于系统所存储信息的必须具有容易而持之以恒的可得性。因此,物流信息系统必须以处理异常情况为基础,依托系统来突出问题和机会,管理者通过信息系统能够集中精力关注最重要的情况,以便及时做出相应的危机公关决策。

③ 经济性原则。企业是趋利性组织,追逐经济利益是其活动的最终目的,每一次投入它都会考虑产出,所以在系统的投入中也要做到最小投入、最大效益。软件的开发费用也必须保证质量的情况下尽量地压缩。一个经济实用的物流信息管理系统必须层次结构分明,不同层次上的部门和人员,要的可能是不同类型的信息。

(3) 构建物流信息管理系统需要借助最先进的科学技术。

目前已在物流领域得到了广泛的应用的技术主要包括电子数据交换(EDI)、个人电脑、人工智能和专家系统、互联网、现代通信技术、条形码和扫描仪、物联网技术以及云计算技术等。

① 电子数据交换(EDI),是指按照同一规定的一套通用标准格式,将标准的经济信息,通过通信网络传输,在贸易伙伴的电子计算机系统之间进行数据交换和自动处理。电子数据交换技术(EDI)将传统的通过邮件、快递或传真的方法来进行两个组织之间的信息交流,转化为用电子数据来实现两个组织之间的信息交换。通过电子数据交换,使信息传递速度大大高于传统的方法,实现了不同企业之间信息的实时传递。

② 个人电脑的广泛普及和大量应用,加之建立局域网(LAN)和广域网(RAN),借助服务器和通信网络,实现数据的一体化和共享,使任何一个人都可以在办公室、仓库,甚至在路上实现信息的交换,极大地提高了物流运作决策的有效性和灵活性。

③ 互联网技术使得人电脑实现了最大的功效,由原来互不相关、单个作业的电脑变成相互联系的一体化系统,并广泛地应用到了其他终端,例如手机、电视等,使信息的传送完全破除了时空的障碍。物流过程的时空运动,管理者每时每刻都能对其进行掌握,包括实体移动的位置和各种各样的信息,使物流企业能够在生产运作过程中最大限度地消除决策的不确定性,相应地提高物流的效率和效益。

④ 现在通信技术在物流领域的最重要的应用,应该是全球卫星定位系统(GPS)、地理信息系统(GIS)和射频技术(RF)。这些技术能够对物流实体在时空上的位置进行准确定位和进行各种单证的图像及数据传输,从而更快和更广泛地提高了物流的功能。

⑤ 条码技术为我们提供了一种对物流中的物品进行标识和描述的方法,它能将物流对象的有关信息通过条形码(可以是一维或多维)的方式记录下来,形成各种货物有别的"身份证",再利用扫描仪对条形码的扫描,可准确识别物流对象的信息。物流过程不论是在储存、搬运、销售或是配送,通过条形码技术都将能够快速提高物流效率和物流的准确性。条码是实现 POS 系统、EDI、电子商务、供应链管理的技术基础,是物流管理现代化、提高企业管理水平和竞争能力的重要技术手段。

⑥ 物联网(Internet of Things)是事物与事物之间相连的互联网。在物流领域应用中,物联网技术提高了物流设施设备的信息化与自动化,促进物流管理过程的智能化。在物联网时代,将 RFID 电子标签嵌入物流设施设备,比如运输配送车辆、装卸搬运设备、物流中心的门禁系统、托盘、货架等,嵌入的标签中记录的信息可以实时地掌控各项物流活动,为管理

者进行决策提供依据。因此,物联网技术使物流管理高度信息化、智能化,这将有助于物流企业提高物流效率,降低物流成本。

⑦ 云计算充分利用高速互联网的传输能力,把数据的处理过程从个人系统转移到互联网上的超级计算机集群当中。这个计算机群是由大量的工业标准服务器构成的,具有管理大型的数据处理的能力。人们通过使用云计算,不需要再建设自己的服务器中心以及信息处理中心等,只需要通过云服务商,使用他们所具有的软硬件资源、操作服务以及基础架构等,不仅可以有效降低信息系统建设的成本,还可以满足人们进行信息处理的需求。

(4)构建物流信息管理系统需要良好的咨询服务。

物流信息系统的规划离不开咨询服务。物流信息系统建设初期的总体规划、流程优化、需求定义以及项目实施中的需求控制是保证信息系统顺利实施、取得良好效果的关键。因此在项目初期的需求定义和规划中,需要有相关经验的咨询顾问参与进来,根据他们在类似项目中的经验以及在 IT 技术、IT 应用方面的专业知识预见可能发生的需求膨胀,与客户充分沟通,在规划中就能全面地规划、分析和预测需求。物流信息系统的建设也需要咨询服务。由于引入了新的技术手段,业务处理流程必然也要做相应的变化,才能够保证真正发挥出信息系统的作用。建设信息系统是一种创新,为达到最佳效果,企业需要聘请资深的管理咨询顾问指导和参与实施的全过程,使其在业务流程重组、建模、实施技术路线、实施计划等多方面发挥积极的作用。专业的咨询顾问能紧紧跟上管理、技术发展的脚步,为企业的信息化建设提供持续的、领先的服务。

(5)构建物流信息管理系统需要公共物流信息平台。

物流信息平台是通过对公用数据的采集,为物流企业的信息系统提供基础支撑信息,满足企业信息系统对公用信息的需求,支撑企业信息系统各种功能的实现;同时,通过共享信息支撑政府部门之间行业管理与市场规范化管理方面协同工作机制的建立。物流信息平台需要采取第三方实施的原则,确保平台具有独立性,从而实现其在公平、公开、公正的基础上,提供有序竞争的环境,满足广大客户对物流信息平台服务功能的需求。物流信息平台的经营要实行市场化的运作。为了调动主要经营者的积极性,可以采用主要经营者持股方式,并实行风险抵押,使经营业绩和经营者的利益挂钩,增加实体运行活力。物流信息平台建设还要求物流信息标准化,物流信息平台要对不同物流信息系统之间的数据进行交换,就特别需要标准化的物流信息,以实现不同物流信息系统数据的顺利交换。

2. 企业管理信息化的三个步骤

随着现代管理理念与电子信息技术的发展,物流信息系统在企业中得到广泛应用。对于企业来说,准确了解物流信息管理和物流信息系统的概念有重要指导意义。企业管理信息化主要分为三个步骤,如图 6-1 所示。

图 6-1 企业管理信息化步骤

（1）管理咨询及业务流程优化的必要性。

① 管理咨询业和业务流程优化的环境因素。

② 管理创新审视的视角。

③ 管理持续创新的原则。

（2）企业动态建模是信息化的重要过程。

管理咨询及业务流程优化后，将形成企业管理的各项规章制度，如何执行这些规章制度，尤其在计算机网络中执行，就需要将这些制度数字化，或称之为"企业建模"。企业建模包括三个步骤：业务建模、组织机构建模和管理建模。

第一步是企业的业务建模。首先进行管理分类，可以把企业管理分为销售管理、计划管理、采购管理、库存管理、产品管理、工艺管理等；其次对每一个管理分类可以进一步按业务性质进行分类，如采购管理中可分为供应商管理、采购价格管理、采购作业管理等；再次对每一项业务分类再分为具体的业务流程，如一般物品采购流程、招标采购流程、危险品采购流程等。

第二步是企业的组织机构建模。组织建模是根据管理咨询及业务流程优化后的企业组织机构输入到计算机系统中，包括集团、企业、部门、科室、岗位、定员编制、员工及各种数据，包括联系方式等。

第三步是管理建模。企业管理模型的建立要根据规章制度，落实七个要点（5 个 W 和 2 个 H）：

① 为什么要做（Why）；

② 谁来做（Who）；

③ 做什么（What）；

④ 什么时间做（When）；

⑤ 在哪做（Where）；

⑥ 怎么做（How to Do）；

⑦ 做多少（How Many）。

（3）ERP 系统成功实施。

ERP 系统成功实施主要看 ERP 软件产品在应用中的增值过程。ERP 产品从设计阶段就应该按图 6-2 所示的价值链的顺序来考虑设计原则。

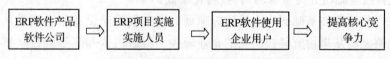

图 6-2　ERP 产品价值链实施顺序

设计原则主要有三个方面：易实施性、易使用性、先进的管理技术和计算机技术。

3. 现代信息技术在我国物流行业的应用及创新

（1）现代信息技术在我国物流行业中的应用。

① 物流装备中的信息技术。

物流仓储环节中的货物出入库、配送环节中的货物自动分拣等作业对象具有移动速度快、频率高、数量大等特征,单一的条形码技术无法完成日益复杂的作业流程。整合条形码技术、RFID技术、Web技术,可以实现对作业对象的过程控制。RFID通过无线电讯号识别特定目标并读写相关数据,无须识别系统与特定目标之间建立机械或光学接触,射频标签可以内嵌入作业对象,识别距离被延伸,标签从识别器发出的电磁场中获得能量,甚至有的标签本身拥有电源可以主动发出无线电波。

② 物流追踪中的信息技术。

物流追踪指对物流过程中各种物流载体工具的具体位置进行追踪。RFID技术可以用于小范围内的阶段性追踪,大范围内使用的追踪技术多为GPS和北斗卫星导航系统(BDS),特别是我国自主研制和开发的BDS由位于地面的主控站与其运控段每天至少一次对每颗卫星注入校正数据,校正数据主要是对移动载体工具的地理位置进行追踪,在处理终端进行数据处理和识别,利用差分定位技术,定位精度已经控制在米级,强调信息技术的交互性。

③ 物流服务中的信息技术。

国内物流服务囿于半径大、不合理作业多、第三方物流等先进理念接受慢等弊端,导致物流成本居高不下。GIS技术在物流服务的跨区域实时信息通信、数据访问、数据集中处理等环节中得到广泛使用,具体业务包括配送路线模拟、物流网点布局、配送区域分层、配送中心选址、GIS图层设计。此外,以计算机应用、通信网络和数据标准化为基础的EDI技术在国际物流的订单处理、进出口许可、报关、商检、资金结算、保险处理等业务中广泛使用,大大降低了物流成本,响应速度明显提升。

(2) 现代信息技术在我国物流行业中存在的问题。

① 物流科技意识薄弱。

目前很多物流企业对现代物流的概念及内涵理解不深,认为现代物流只是简单的运输和仓储,忽略了现代物流管理的重要目标,即最大限度地满足客户要求,提高企业经济效益。市场环境瞬息万变和客户需求个性化,使得客户越来越追求个性化与专业化的服务。现代物流业的一个重要特征就是物流科技化。但是现代物流业的市场发展还不够完善,物流科技在物流行业内未得到广泛应用,物流企业引进物流科学技术的意识较弱,这也是造成目前国内物流业发展水平比较低的原因。

② 物流科技基础研究力量薄弱,科技转化率低。

目前,我国物流科技基础研究力量比较薄弱。大多数物流设备制造商是从别的产业转型过来的,始终坚持从事物流科技研发的企业较少。科研机构和高等院校从事物流科研任务较多且技术性强,但是由于科研机构和高等院校的科研人员与企业实践脱节严重,容易导致科研成果的产出与市场实际需求不符,即物流科研成果得不到应用,从而浪费资金。另外,物流企业属于粗放式经营,物流科技意识差,所以,更不愿将资金投入到物流科技研发及应用方面。

③ 专业化物流人才缺乏。

加快物流业转型升级,专业化物流人才是根本。目前物流人才培养达不到现代物流业的发展要求。从事物流业的人员对物流的概念缺乏深入了解,对物流业的岗位需求认识不清。比如很多大型物流中心缺乏大量物流专业人才,但是大部分毕业生对物流仓储岗位存在歧视,只是觉得这个岗位比较低级,没有科技含量。现代物流业要得到长久发展,需要从事物流管理和作业的从业人员具备较扎实的物流专业知识和较丰富的管理经验。

④ 物流信息平台建设落后,标准不统一。

目前,全国和行业物流信息公共平台建设还比较落后。虽然各省市及一些行业物流公共信息平台已经启动使用,但利用率相对较低。而有些地区的物流公共信息平台建设则更落后,有些地区市的物流公共信息平台没有规划建设。造成目前这种情况的原因主要有:一是信息平台建设主体不清。目前国内物流公共信息平台建设主体有政府部门、行业协会及第三方物流平台,造成对物流信息公共平台的定位不清晰;二是物流信息公共平台建设涉及各种信息技术,以及平台的管理。目前各地政府或行业协会在物流信息平台建设过程中采用的信息技术不统一、接口标准不统一、业务和操作流程不统一,因此造成资源浪费,信息得不到共享。

(3) 现代物流技术下我国物流行业的发展对策。

① 提高物流科技意识,推进物流科技的应用。

政府部门必须能够把握物流行业的科技需求,确定物流科技创新的重点方向和重点领域,指明高等院校和科研机构物流科技研发方向;行业协会鼓励物流企业利用物流科技,宣传物流科技在现代物流业转型升级中的重要意义;物流企业提高物流科技意识,理清物流科技投入和效益产出的关系,应该不断提高物流科技意识,加快物流科学技术的进步,做到科学、合理的物流产业科技投入,使得物流科技更好地发挥积极作用。

② 加强物流科技成果的转化。

物流科技创新的最终目的是将物流科技成果转化成实际生产力,为现代物流业发展做出贡献。加强物流科技成果转化,需要充分重视物流基础技术研究,充分发挥高等院校、科研机构及相关企业的作用,有效组织物流科技攻关项目。加强对物流科技成果的推广和应用,只有物流科技成果得到广泛的应用,才能更好地发挥作用。完善企业主导物流产业科学技术研发创新的机制。由于企业对物流设施设备和高新技术等方面的科技创新比较敏感,这也使得企业主导的科技创新能够真正实现成果产业化。

③ 注重物流人才培养,完善人才培养体系。

完善物流人才培养体系需要多方努力才能实现,包括政府相关部门、高等院校、企业等,逐步形成政府、院校和企业密切相连的人才培训和教育机制。政府相关部门制订鼓励政策,组织高等院校到企业进行调研,引导高等院校与企业进行科研合作,进一步提高物流教育师资力量;高等院校根据企业需求设置物流管理和物流工程等相关专业,培养既懂得物流业务、物流技术,又掌握物流信息系统的综合性物流人才;企业可以根据自己的经营发展战略和资源,对企业的组织机构和人员结构进行规划,制订定期培训制度,使得物流相关从业人员掌握理论及业务等方面的专业知识。

④ 完善物流公共信息平台建设。

目前,国内的物流公共信息平台建设还不完善,覆盖面还不够广,服务功能在国内发展不平衡,信息更新速度不够及时,常有信息沟通不畅、堵塞等的问题出现,影响了物流信息的共享。因此,应进一步发展完善物流信息平台,提高物流作业的运作效率,实现物流信息的共享。首先,建立全国诸如公路货运、航空货运等行业性较强的公共信息平台,以及其他区域性的公共信息平台;其次,建设物流公共信息平台。由物流行业协会牵头,统一建设标准,逐步向相关企业推广现代信息管理技术,全面提升企业的信息管理水平,并在此基础上推广 GPS、GIS 等技术的应用,以此为基础建立物流公共信息平台,运用现代的技术手段实现物流企业联网;此外,还要将商业、交通运输、工业、邮政通讯等相关单位逐步纳入,建设物流配送信息网络中心。同时,还可以以公共信息平台为媒介,提供信息共享、物流信息服务、在线咨询和物流业务合作,推动物流企业合作、信息交流,实现资源共享。

(4) 现代信息技术在我国物流行业中的创新。

现代物流中信息技术的广泛使用已成为物流业降低成本、提升市场竞争力的重要手段,并逐步形成了以物流为基础、信息技术为保障的物联网。要想打破物流支出占 GDP"中等比例陷阱",面对国际国内经济下行压力,必须结合物流运作实际情况,实施新一代信息技术新兴战略性产业创新。

云计算技术依靠动态的计算服务体系,能为物流企业提供强大的数据计算、数据处理、数据存储、监控查询扫描服务,实现动态资源调配,最大程度的降低数据维护和消耗成本。云计算技术可以嵌入供应链管理模式,破解信息不对称带来的弊端,根据云层的不同,平台层用于提供服务的开发环境和相关硬件资源,物流企业通过平台层接受相关服务,如通过 Internet 链接信息网络平台获取运输价格、库存信息、公告等,通过 Call Center 站点获取追踪信息等;虚拟化层包括服务器集群,主要提供硬件的检测和管理服务,保障信息安全,处理信息壁垒;应用层主要提供物流企业的相关服务,属于第三方物流,企业根据自身需要注册会员享受个性化服务并支付云计算的服务提供商具体的费用。需要持续加大云计算技术在物流信息网络构建中的支持力度,特别是支持物流龙头企业开展现代信息技术在物流领域的创新,支持物流基地综合管理系统、智能集装箱管理系统、物流信息管理系统等的开发。

物流过程对环境的影响是显而易见的,实现物流资源的充分利用和抑制对环境的破坏博弈是今后相当长一段时间内现代物流发展需要处理的常态问题。从信息技术着手,快速提高物流环节中信息传递和处理效率,可以有效降低物流的资源消耗和污染物排放量,推动绿色物流的健康发展。构建可视化的绿色物流信息平台,包括企业信息模块、查询模块、物品回收模块、交易模块、互动模块,物品的需求最大程度做到良性预测,解决库存过多或过少引起的资源浪费。与物联网技术相结合,将绿色配送融入智能交通系统,系统涵盖客户端管理平台、物流静态信息采集、物流动态信息采集、物流信息实时查询模块,车辆的调度、路径安排、运输不合理现象均得到优化。通过智能包装,实现物品信息的自动录入,出入库更为便捷,不符合要求的自动进行退货操作,最终完成客户需求的快速匹配与交易。

保证食品安全、实现及时追溯功能也是一个迫切需要解决的全球性课题,利用物流信息技术构建的封闭食品供应链体系不啻为一个创新探讨。该封闭供应链体系要同时实现对食品的全过程可视化监控管理和及时追溯功能,既能有效提升食品品牌的市场竞争力,又能全方位保证消费者的安全并尽可能减少因逆向物流导致的资源浪费。在食品生产环节,加强准入制度管理,将 RFID 智能标签植入原材料,不仅仅是对生产过程的监控,更能建立生产数据库,方便选育、繁殖、种植的科学化管理,源头数据也便于后续环节的管理和查询;在食品流通环节,采用信息采集数据、GPS、BDS、GIS 以及数据管理技术经传感灵敏元件对流通环境的温度、湿度、车速等因素进行实时监控,配送前期可以从数据管理系统和信息采集标签中读取食品允许的运输条件信息来完成食品的运输方式、运输设备、运输条件、仓储方式及仓储时间等决策;在食品销售环节,零售商根据信息采集标签实行质量管理,完善标签信息,并及时发出补货、退货指令。

　　具体到物流企业,信息技术的创新与应用能力将成为残酷市场竞争的重要砝码。当前信息技术应用有几种不好的趋势,一是盲目照搬先进的物流信息技术,没有考虑企业自身的适应性和经济性,致使信息技术或无处发力,或形成不了有效助推;另一是信息技术适用面有限,仅仅在某一部门或作业环节使用,更不要说信息的挖掘、加工、共享。基于物流企业能力提升概念模型,充分发挥信息技术创新与应用能力的能效。云计算、大数据、数据挖掘等智能决策系统能为物流企业判断、把握市场变化,分析归类不同的客户群体,制定战略规划和客户服务标准。利用 ERP、MRP 系统对企业资源进行动态配置,依托网络通信技术完成物流资源信息的搜集和加工,结合物流企业战略与客户需求,通过商业智能、运筹技术与算法,有效快速进行企业内外部资源的分析和归类,并实现服务内容、业务流程的优化。

 **思考与讨论**

　　1. 简述数据与信息的区别与联系。

　　2. 信息的主要特征是什么?

　　3. 什么是物流信息? 它的特点有哪些? 分类又如何?

　　4. 简述物流信息管理的概念及其作用。

　　5. 根据物流信息系统的发展历程,结合我国物流信息化实际情况,谈谈未来企业物流信息系统的发展趋势。

案例分析

6.2　物流信息标准化

案例 6-2

6.2.1　物流信息标准化概述

　　标准化是社会分工的必然结果,只要有分工就有标准化的需求。在经济全球化的形势下,标准化是企业实现跨国战略、纵横全球的基本门槛和必然选择。根据 IDC 调查报告，70％以上的 IT 经理提出会采用标准化的产品，因为这样会大幅度降低总体成本。世界品牌戴尔(Dell)计算机公司，将机器的零部件进行标准化生产，根据客户的网络订单组装相应的 IT 产品，降低了库存成本，提高了产品的柔性，在全球获得发展商机。中国的许多企业虽然在拓展全球市场中不遗余力，但由于缺乏与国际接轨的标准化产品、标准化操作方式、标准化组织管理，结果在国际市场上始终处于徘徊、观望的地位。2001 年肯德基在中国要停止销售土豆泥，原因就是在全球范围内肯德基的土豆供应跟不上，而作为传统土豆生产大国的中国土豆又不适应西方标准，没有通过国际标准认证，其结果使中国失去了 3 亿元的商业机会。

作为连接生产、库存、运输、批发、分销、零售的现代物流产业，要实现供应链上下游企业之间物流活动的协调，根治上下游企业之间物流活动中的重复操作、准确性差、可靠性低等问题，提高整个物流供应链的运作效率，削减物流资源占用和成本开支，提升上下游企业乃至供应链整体竞争能力，关键在于解决单一企业或系统的信息孤岛问题，在上下游企业之间建立起快速、及时和透明的信息传递和共享机制，实现 3 000 多不同产业的信息互联互通。而其基础就是物流信息标准化，即必须制定出不同物流系统之间信息交流与处理的标准协议或规则，作为跨系统、跨行业和跨地区的物流运作桥梁，以顺利实现企业间的物流信息数据的交流、不同地区间物流信息的交流、供应链系统间信息的交流、不同物流软件系统的信息交流等，最终实现物流系统集成和资源整合的目的。

6.2.2 物流信息标准

标准是物流信息化的基础。我国物流信息标准体系分为三个门类。

第一门类为基础标准，这些标准是制定标准时所必须遵循的、全国统一的标准，是全国所有标准的技术基础和方法指南，具有较长时期的稳定性和指导性。

第二门类为业务标准，它是针对物流活动(装卸、搬运、仓储、运输、包装和流通加工)的技术标准，对物流信息系统建设具有指导意义。

第三门类为相关标准，它是伴随人类社会技术进步(特别是通信和信息处理技术进步)而产生的专门领域标准，其中 EDI(电子数据交换)应用于商业贸易和政府审批(如报关等)；它与物流活动密切相关，而 GPS(全球定位系统)则是提供对运输工具(含运输物品)的动态实时跟踪和导航的工具系统，也与物流活动密切相关。

国家物流信息标准体系表，如图 6-3 所示。

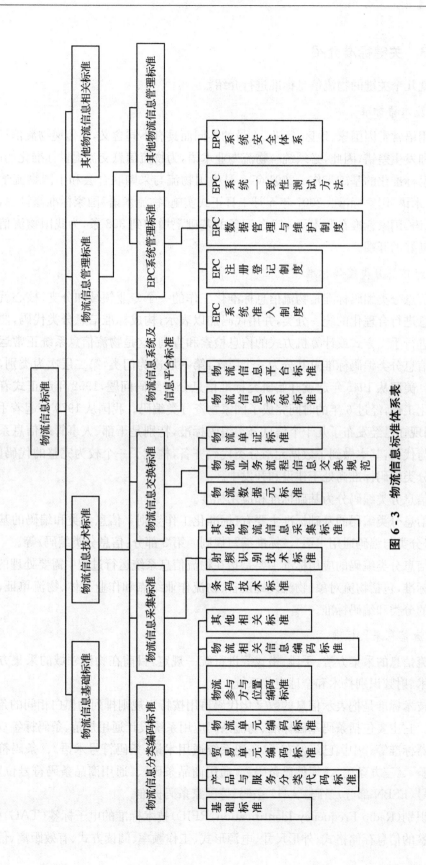

图 6 - 3 物流信息标准体系表

6.2.3　关键标准介绍

下面就几个关键的物流信息标准进行介绍。

1. 物流术语标准

物流用语常常因国家、地区、行业、人员的不同而具有不同含义,在传递物流信息时可能引起误解和发生差错,因此,必须统一物流专业术语,为物流信息交流提供标准化的语言,这是物流信息标准化的基础工作。2001年8月中国物流与采购联合会和中国物流学会颁布施行《物流术语》国家标准。2007年5月1日正式实施《物流术语》国家标准修订版,新实施的《物流术语》国家标准在原术语147条词条的基础上增加到328条,为我国物流信息标准化创造了良好的开端。

2. 物流信息分类编码标准

物流信息分类编码标准是物流信息标准化工作的一个专业领域和分支,核心就是将大量物流信息进行合理化的统一分类,并用代码加以表示,构成标准信息分类代码,便于人们借助代码进行手工方式或计算机方式的信息检索和查询,这是物流信息系统正常运转的前提。物流信息分类编码标准总共分为三个层次:第一层次为门类,第二层次为类别,第三层次为项目。美国从1945年起就开始研究标准信息分类编码问题,1952年起正式着手物资编码标准化工作,经过6年的时间完成了国家物资分类编码。我国从1979年起着手制定有关标准,到现在已经发布了几十个信息分类编码标准,特别是干部、人事管理信息系统指标体系分类与代码,基本做到了数据元与分类代码齐备,构筑了一个较为完整的代码体系,而物流信息分类编码标准尚处于建设和开发中。

物流信息分类编码分为基础标准和应用标准。

物流信息分类编码的基础标准主要有《标准化工作导则　信息分类和编码的基本原则与方法》、《分类与编码通用术语》、《标准编写规则　第3部分:信息分类编码》等。

物流信息分类编码的应用标准主要是指在物流信息系统运行过程中需要处理的各类信息的编码标准,包括物流对象、物流设施设备、物流作业结点和作业主体、物流单证、物流信息属性等的分类和编码标准。

3. 物流信息采集标准

对物流信息的采集方法、手段、格式等进行统一规定,目前在物流领域的采集方法主要有条码技术、射频识别技术和全球定位系统。

条码技术标准是把表示信息的数字化代码再用按特定规则排列的黑白相间的条形符号表示出来。它主要包括条码基础标准、物流条码应用系统设计通用规范、条码标签规范以及条码识读器标准等。中国已经发布了《条码系统通用术语、条码符号术语》、《条码符号印刷质量的检验》、《三九条码》、《库德巴条码》、《通用商品条码》、《通用商品条码符号位置》、《中国标准书号(ESBN部分)条码》、《417条码》等国家条码标准。

射频识别(Radio Frequency Identification,RFID)技术标准的电子标签(TAG)标准中,对电子标签的信息存储格式、外形尺寸、电源形式、工作频率、阅读方式、有效距离、信号调制方式等进行统一规定；我国关于条码识别技术已经制定了相应的国家标准，但在 RFID 技术标准上，仍然空缺。为了加快我国现代物流信息标准化的建设进程，必须加快 RFID 相关标准的制定。

全球定位系统(Navigation Timing and Ranging Global Position System，GPS)技术标准中，对覆盖范围、可靠性、数据内容、准确性以及多用性等指标进行规定。

4. 物流信息传输与交换标准

对物流信息的通信协议、传输方式、传送速度、数据格式、安全保密、交换程序等进行统一规定。例如，在电子数据交换(Electronic Data Interchange，EDI)标准中，国际物品编码协会(EAN)对数据格式和报文标准进行了制定，在联合国的 UN/EDIFACT 标准基础上制定了流通领域的 EANCOM 标准；通信标准在 ISO - OSI 国际标准化组织开放系统互连参考模型的基础上，针对不同的对象采取不同的标准，如对于食品杂货采用 UCS 标准(Uniform Communication Standards，即统一通信标准)，对于大多数商人采用 VICS 标准(Voluntary Inter-Industry Standards Committee，即自发的行业内通信标准委员会)，对仓库采用 WINS 标准(Warehouse Information Network Standards，即仓库信息网标准)，对运输经营者采用 TDCC 标准(Transportation Data Coordinating Committee，即运输数据协调委员会)，对汽车行业采用 AIAG 标准(Automotive Industry Active Group，即汽车行业行动小组)；通信方式采用点对点(PTP)、增值网络(VAN)和报文处理系统(MHS)三种方式等。

我国在 EDI 方面应用较多的有《贸易数据元交换贸易数据元目录数据元》GB/T 15191—2010、《行政、商业和运输业的电子数据交换代码表》(GB/T 16833—2011)、《用于行政、商业和运输业的电子数据交换的语法实施指南》GB/T 16703—1996 等标准。

5. 物流信息记录与存储标准

对物流信息的记录、存储和检索模式等进行规定。例如，对存储介质、存储形式、存储过程、数据库类型、数据库结构、索引方法、压缩方式、查询处理、数据定义语言、数据查询语言、数据操纵语言、完整性约束等制定统一标准。目前有关的标准有 ISO 8571—2：1988(国际标准化组织公布，现已成为我国国家标准 GB/T 16505.2—1996)的《信息处理系统——开放系统互连文卷传送、访问和管理第 2 部分：虚拟卷存储器定义》、ISO 3788：1976(国际标准化组织公布，现已成为我国国家标准 GB/T 6550—1986)《信息处理交换用 9 磁道 12.7 毫米宽 63 行/毫米调相制记录磁带》等。

6. 物流信息系统开发标准

对物流信息系统的需求分析、设计、实现、测试、制造、安装检验、运行和维护直到软件引退(为新的软件所代替)等建立起标准或规范，如过程标准(方法、技术、度量等)、产品标准(需求、设计、部件、描述、计划、报告等)、专业标准(职别、道德准则、认证、特许、课程等)以及记法标准(术语、表示法、语言等)。目前有关的标准有 ISO 5807(国际标准化组织公布，现已成为我国国家标准 GB/T 1526—1989)的《信息处理——数据流程图、程序流程图、系统流程图、程序 网络图和系统资源图的文件编制符号及约定》、ISO 8631：1986(国际标准化组织公布，现已成为我国国家标准 GB/T 13502—1992)《信息处理——程序构造及其表示的约定》、ISO/IEC 10165—1:1993(国际标准化组织公布,现已成为我国国家标准 GB/T 17175.1—1997)《信息基础开放技术互连——管理信息构造第 1 部分:管理信息模型》等。

7. 物流信息安全标准

为防止或杜绝对物流信息系统(包括设备、软件、信息和数据等)的非法访问(包括非法用户的访问和合法用户的非法访问)而制定的一系列技术标准,如物流信息系统中的用户验证、加密解密、防火墙技术、数据备份、端口设置、日志记录、病毒防范等,当前我国的有关标准有 GB/T 18019—2009《产品几何技术规范(GPS)极限与配合 公差带和配合的选择》、GB/T 18020—1999《信息技术——应用级防火墙安全技术要求》、GB/T 15277—1994《信息处理——64bit 分组密码算法的工作方式》、GB/T 15278—1994《信息处理——数据加密物理层互操作性要求》、GB 17859—1999《计算机信息系统——安全保护等级划分准则》、GB 15851—1995《信息技术安全技术——带消息恢复的数字签名方案》等。

8. 物流信息设备标准

对交换机、集线器、路由器、服务器、计算机、不间断电源、条码打印机、条码扫描器、存储器、数据终端等一系列物流信息设备所制定的通用标准和技术规范,现有的标准如 GB/T 15533—1995《信息处理系统——小型计算机系统接口》、GB/T 14715—1993《信息技术——设备用不间断电源技术条件》、GB 9254—2008《信息技术设备的无线电骚扰限值和测量方法》等。

9. 物流信息系统评价标准

对物流信息系统产品进行测试、评价的统一规定和要求,现有的标准如 GB/T 17544—1998《信息技术——软件包质量要求和测试》、GB/T 17917—2008《零售企业管理信息系统基本功能要求》、GB 15532—2008《计算机软件测试规范》、GB 13423—1992《工业控制用软件评定准则》、GB/T 16260—2006《软件工程产品质量》等。

10. 物流信息系统开发管理标准

对物流信息系统开发的质量控制、过程管理、文档管理、软件维护等一系列管理工作所制定的统一标准,现有的如 GB/T 16680—2015《系统与软件工程 用户文档的管理者要求》、GB/T 12505—1990《计算机软件配置管理计划规范》、GB/T 14394—2008《计算机软件可靠性和可维护性管理》、GB /T 8567—2006《计算机软件文档编制规范》等。

 **思考与讨论**

1. 简述物流信息标准化的含义。
2. 简述物流信息的几种关键标准。

案例分析

6.3 公共物流信息平台

案例 6 - 3

6.3.1 物流信息平台

1. 信息平台的概念

所谓信息平台概念是在现代软件工程的概念上建立的,实施最大限度的软件和系统资源的重用,启动数据共享工程,把真正与领域业务需求有关的部分提取出来,把信息基础设施与公共应用支持开发成平台。其外部环境包括通信网络传输系统、数据交换网络的传输系统和用户设备。

2. 物流信息平台的概念

物流信息平台是通过对共用数据的采集,为物流企业的信息系统提供基础支撑信息,满足企业信息系统对公用信息的需求,支撑企业信息系统各种功能的实现;同时通过共享信息支撑政府部门间行业管理与市场规范化管理方面协同工作机制的建立。

3. 物流信息平台的意义

(1) 整合物流信息资源。物流信息平台最重要的作用就是能够整合各物流信息系统的信息资源,完成各系统之间的数据交换,实现共享。物流信息平台可以担负信息系统中公用信息的中转功能,各个承担数据采集的子系统按一定规则将公用数据发送给信息平台,由信息平台进行规范化处理后加以储存,根据需求规划或各物流信息系统的请求,采用规范格式将数据发送出去。

(2) 整合社会物流资源。通过物流信息平台,可以加强物流企业与上下游企业之间的合作,形成并优化供应链。当合作企业提出物流请求时,物流企业可以通过物流信息平台迅速建立供应链接,提出相关物流服务。这有利于提高社会大量闲置物流资源的利用率,起到调整、配合社会物流资源、优化社会供应链、理顺经济链的重要作用,不但会产生很好的经济效益,还会产生很好的社会效益。

(3) 有利于物流系统的优化。通过区域物流信息平台,可以减少物流信息传递层次和流程、提高物流信息利用程度和利用率,以最短的流程、最快的速度、最小的费用完善物流系统的正常运行,实现全社会物流系统运行的优化,有效降低物流成本。

(4) 推动电子商务的发展。物流信息平台的建设,有利于实现电子商务 B to C (Business to Customer)或 B to B(Business to Business)系统的对接。任何一种交易,都是以物的转移或服务的提供为最终目的,电子商务作为一种交易模式,当然也不例外。随着电子商务交易系统建设的深入,如何为其配置电子化的物流系统已成为关键问题,而物流信息平台是解决这一问题的较佳方案。通过物流信息平台的建设,可以为电子商务提供很好的物流服务,从而促进电子商务的发展。

6.3.2 公共物流信息平台

1. 公共物流信息平台的概念及内涵

公共物流信息平台的定义：公共物流信息平台是为了支持物流服务价值链中各组织间的协调和协作的公共需求，而建立的从 IT 基础结构到通用的 IT 应用服务的一系列硬件、软件、网络、数据和应用的结合。

这个定义包括以下几层含义：

(1) 公共物流信息平台必须面向供应链物流过程，物流是供应链流程的一部分。公共物流信息平台是供应链成员共同使用的公共品，只有真正融入它们的管理和协调体系才能发挥价值。类似的应用环境有虚拟物流中心/虚拟配送中心等。

(2) 公共物流信息平台是基于 IT 的协调构架。公共物流信息平台的"协调"作用是平台建立的首要目的，供应链上下游成员通过平台实现信息共享和紧密集成，共同为客户传递价值。

(3) 公共物流信息平台以提供服务为生存条件。公共物流信息平台作为一种公共的、开放性的新型的信息技术应用形态，其价值取决于为用户创造价值的模式和平台所拥有用户的数量。公共物流信息平台的服务模型，即它的用户价值创造模式，直接影响到用户加入平台所能获得的收益，提供有特色的、优质的、多样的服务是公共物流信息平台生存的必要条件。

(4) 公共物流信息平台以物流信息系统的广泛应用为基础。公共物流信息平台是物流服务价值链中各组织间的信息交换和集成媒介，通过跨组织的信息系统连接供应链上的企业物流信息系统，使它们紧密集成和协调运行。

(5) 公共物流信息平台具有开放性和中立性。公共物流信息平台连接了行业物流服务价值链的各种角色，组织间关系是集聚依赖性、顺序依赖性和交互依赖性的集合，从而呈现出共生网络形态。

2. 公共物流信息平台的形态和类型

公共物流信息平台的主要形态有两种：一是封闭式平台系统；二是公共物流信息门户。

根据不同的需求，公共物流信息平台包含了不同的类型。

(1) 按公共物流信息平台覆盖区域划分：国家级公共物流信息平台、省级公共物流信息平台、区域级公共物流信息平台；

(2) 按公共物流信息平台的功能划分：用于政府对物流监管的物流电子政务平台、用于各类网上物流商务活动的物流电子商务平台、用于对特定货物的运输流转过程进行实时跟踪监控的物流电子监控平台；

(3) 按公共物流信息平台的运作模式划分：政府监管型公共物流信息平台、物流行业公共物流信息平台、贸易服务型物流信息平台。

3. 公共物流信息平台的功能和主要框架

(1) 公共物流信息平台的功能需求。

公共物流信息平台的建设目的主要在于满足物流系统中各个环节不同层次的信息需求

和功能需求,这就要求信息平台不仅要满足货主、物流企业等对物流过程的查询、设计监控等直接需求,还要满足他们对来自于政府管理部门、政府职能部门、工商企业等与自身物流过程直接相关的信息需求。

公共物流信息平台在通过对公共物流数据的采集、处理和公共信息交换为企业物流信息系统完成各类功能提供支持的同时,还为政府相关职能部门的信息沟通起到枢纽作用,从而为政府的宏观规划与决策提供信息支持。一个有效的公共物流信息平台,应该能够为物流服务提供商、货主/制造商、交通、银行、海关、税务等政府相关部门提供一个统一高效的沟通界面,为客户提供完整、综合的供应链解决方案。因此,有必要建立一个区域性甚至全国性的公共物流信息平台,并且该平台应该具有综合信息服务、数据交换、物流业务交易支持、货物跟踪、行业应用托管服务等相关功能,如图 6-4 所示。

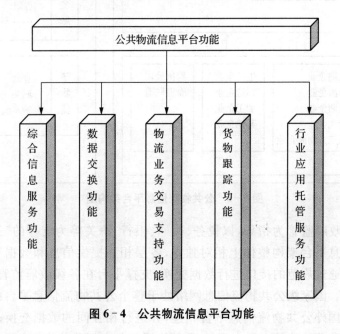

图 6-4　公共物流信息平台功能

(2) 公共物流信息平台框架构建原则。

① 易管理。

公共物流信息平台涉及现有社会结构中的通信、交通、税务等各个方面,因此平台的架构建设首先要考虑现有机构的管理模式。

② 高效经济。

平台构建时要保证平台在运转时的高效性,使各方易于参与,并且各方参与成本要尽可能小。

③ 协调统一。

各方要能够统一为一个整体。公共信息服务平台的任务之一就是整合目前业已存在的诸多物流信息平台的资源,为他们提供信息传递与转换服务,避免重复工作。

(3) 公共物流信息平台架构。

根据公共物流信息平台的构建原则,构建平台架构如图 6-5 所示。

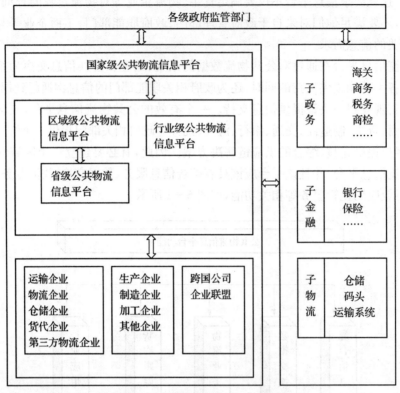

图 6-5 公共物流信息平台架构图

这是一个以政府监管为指导，以税务、交通、银行、海关等为支撑的三层二级体系架构。物流公共信息平台架构整体上相对独立，各层相互提供信息和数据交换服务，平台与支撑平台之间通过规范的接口进行数据交换；支撑平台在各级政府监管下为整个平台提供相应的服务。国家级公共物流信息网络处于整个公共物流信息平台的顶层，通过标准接口或网络与国外公共物流信息平台相连，并进行相互间的数据交换；省级公共物流信息平台和行业公共物流信息平台通过 IP 网络通信与省级公共物流信息平台相连，并进行相互间数据交换；企业物流信息网络通过 IP 网络通信与省级公共物流信息平台和行业公共物流信息平台相连，并进行相互间数据交换。为了确保通信质量和数据安全，各个连接之间通过标准的接口相连，在各个网络边缘加装防火墙，并采用 MPLS、VPN 等 QOS 保障技术和安全技术。

4. 公共物流信息平台的建设和运营

（1）公共物流信息平台的建设。

公共物流信息平台建设属于物流基础设施建设范畴，投资大、回收期长，但社会效益显著，没有哪个单位有能力或意愿单独完成这样具有公益性质的复杂的系统。因此，政府应筹集适当的引导资金作为股份投到公共信息平台的建设中，制定相关政策拉动物流市场需求，引导企业积极参与平台建设。公共物流信息平台建设的开拓性和其本身的复杂性，决定了它需要在政府的宏观指导和统一协调下充分调动各方面积极性，集中社会有效资源共同完成。因此，平台的建设参与者应包括政府、企业、物流相关政府职能部门、相关行业协会、高等院校和科研院所。

公共物流信息平台的建设是一项跨地域、跨部门、跨行业的建设工程，目的是要整合现有物流相关信息资源，改善整个物流系统的运作环境，提高物流系统的运作效率，这必将牵涉到众多物流相关信息资源的资产重组和数据接口的开放等问题。因此，必须要有一个权威的领导小组来沟通和协调建设中遇到的困难。

另一方面，公共物流信息平台建设需要吸收大量资金，需要众多企业的参与。所以，应当在政府的统一规划和协调下，组建企业法人集团来参与公共物流信息平台建设。对参与公共物流信息平台建设企业的资质进行严格的考察至关重要。同时，公共物流信息平台应紧紧围绕对平台的需求进行建设，避免投资浪费。

（2）公共物流信息平台的运营。

公共物流信息平台原则上应坚持谁建设谁运营的策略，采用企业运作模式，并建立相应的运营机制和信息共享机制。公共物流信息平台在建设招标或组建企业法人集团时就应该考虑到运营问题。

在实际运用中，公共物流信息平台应采取政府引导、行业约束、企业自主的市场化运营模式。公共物流信息平台应面向企业通过政府相关政策和行业协会制度的制约，引入行业准入机制和会员管理方式。对于加入平台的企业会员，平台可通过收取会费、用户服务费、租赁费、广告费等方式进行市场运作的自主经营，提供有偿服务。政府主要行使宏观调控职能，负责指导公共物流信息平台共享信息服务价格的制定和市场引导政策的出台等。

 **思考与讨论**

1. 简述公共物流信息平台的定义和内涵。
2. 简述公共物流信息平台的架构。

案例分析

6.4　物流信息系统

案例 6-4

6.4.1　物流信息系统规划

物流信息系统规划是物流系统规划的一部分，也是企业战略规划的一部分。它服务于企业的长期规划，是长期规划的手段和保证。

1. 物流信息系统规划的主要内容

（1）物流信息系统的目标、总体结构和约束条件。

（2）企业现有的物流信息系统情况和评价，包括各个计算机应用项目。

（3）企业的业务流程现状、存在的问题，流程在新信息技术下的重组。

（4）对影响规划的信息技术发展方向的预测。

（5）近期计划。

（6）对以上内容形成系统规划报告。

2. 物流信息系统规划原则

（1）完整性原则。

（2）可靠性原则。

（3）经济性原则。

3. 物流信息系统规划的步骤

（1）确定用户需求。

① 项目的提出。

项目书的内容包括当前系统存在的问题与现状概述；新系统应要实现的目标；可提供的开发资源；开发进度的要求。

② 用户类型。

物流信息系统的用户包括两类：企业内物流信息系统和企业外物流信息系统。

③ 明确用户需求。

系统分析人员明确用户需求确定以下内容：系统的用户；现有系统的问题；严重程度；系统的现状；各类用户的需要；明确要达到的目标；识别用户需求的正确性和合理性。

（2）初步调查。

① 系统调查的类型。

初步调查—详细调查—补充调查。

② 初步调查的目的。

调查的目的依企业不同而各异。

③ 初步调查的内容。

a. 整个企业的概况。企业经营目标、企业的规模、职工人数、产品结构、企业结构以及目前的经营管理水平等。

b. 现行信息系统的概况。已有的计算机应用项目，功能如何等。

c. 企业与外部的关系。企业的环境因素，和哪些外部单位之间物质、资金或信息的来往关系。

d. 本企业的领导者、管理部门对物流信息系统的态度、支持的程度（包括人力、资料与数据），对新、老信息系统的看法以及对信息的需求。

e. 开发物流信息系统的资源。人力、资金以及开发周期等资源情况。

④ 调研方法。

调研方法主要包括查阅资料法、开调查座谈会、调查表法、实地调查、取样调查法、重点调查。

（3）项目可行性分析。

① 可行性分析的内容。

a. 技术上的可行性。

b. 经济上的可行性。

c. 社会环境方面的可行性。

② 可行性报告。

可行性文档主要包括：目标名称；系统现状分析；初步方案；方案的可行性论证；方案当前存在的问题及其解决的建议、结论；项目开发初步计划大致进度；建议；汇报文件；附加材料。

4. 物流信息系统规划的方法

物流信息系统规划的主要方法有关键成功因素法（Critical Success Factors，CFS）、战略目标集转移法（Strategy Set Transformation，SST）和企业系统规划法（Business System Planning，BSP）。其他方法有企业信息分析与集成技术（BIAIT）、产出/方法分析（E/MA）、投资回收法（ROI）、征费法、零线预算法、阶石法等。

（1）关键成功因素法。

在现行系统中，总存在着多个变量影响系统目标的实现，其中若干个因素是关键的和主要的（即关键成功因素）。通过对关键成功因素的识别，找出实现目标所需的关键信息集合，从而确定系统开发的优先次序。

关键成功因素来自于组织的目标，通过组织的目标分解和识别、关键成功因素识别、性能指标识别，一直到产生数据字典。其步骤可用因果图 6 - 6 表示出来。

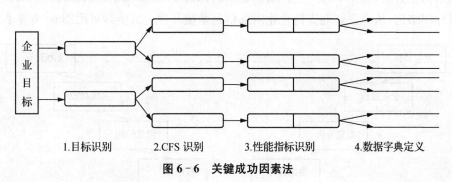

图 6 - 6　关键成功因素法

关键成果因素法的一般步骤：

第一步，了解企业战略目标。

第二步，识别所有成功因素。主要是分析影响战略目标的各种因素和因素的子因素。

第三步，确定关键成功因素。

第四步，明确关键成功因素的性能指标和评估标准。

关键成功因素法能够使所开发的系统具有强烈的针对性，能够较快地取得收益。应用关键成功因素法需要注意的是，当关键成功因素解决后，又会出现新的关键成功因素，就必须重新开发系统。

（2）战略目标集转移法。

把整个战略目标看成是一个由使命、目标、战略等组成"信息集合"，战略集合转移法的过程就是把组织的战略目标转变成为信息系统的战略目标的过程。其步骤可用图 6 - 7 表示。

战略目标集转移法的一般步骤：

第一步,识别组织的战略集合。包括描绘组织各类实体结构,识别每类实体的目标,识别每类实体的使命及其战略。

第二步,将组织战略集合转化成信息系统的战略集合,包括:

① 对组织战略目标结合加以分析;

② 划分组织的利害关系集团结构;

③ 确定②中各集团的要求;

④ 确定组织对各集团的任务和战略;

⑤ 完成组织的战略集合到管理信息系统战略结合的转移。

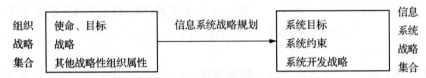

图 6-7 战略目标集转移法过程

(3) 企业系统规划法。

企业系统规划法是由 IBM 公司于 20 世纪 70 年代提出的对企业信息系统进行规划和设计的结构化方法,应用十分广泛。从企业的目标入手,逐步将企业目标转化为管理信息系统的目标和结构,从而更好地支持企业内部信息系统开发。其步骤可用图 6-8 来表示。

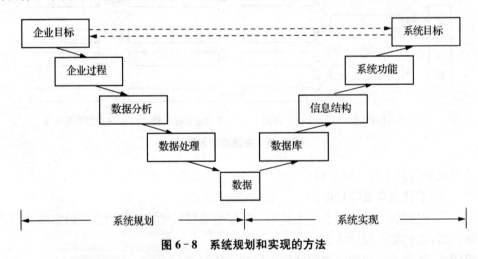

图 6-8 系统规划和实现的方法

企业系统规划法的一般步骤:

第一步,设定企业目标,即识别企业的战略。

第二步,明确企业过程。通过对企业的计划与控制资源、产品服务资源和支持性资源的分析,得出相应的企业过程。

第三步,进行数据分析。

第四步,确定信息系统的总体结构。

企业系统规划法的优点在于能够确定出未来信息系统的总体结构,明确系统的子系统组成和开发子系统的先后顺序。对数据进行统一规划、管理和控制,明确各子系统之间的数据交换关系,保证信息的一致性。同时,企业系统规划法能保证管理信息系统独立于企业的组织机构,也就是能够使信息系统具有对环境变更的适应性。

6.4.2　物流信息系统分析

物流信息系统分析主要对现行系统和管理方法以及信息流程等有关情况进行现场调查,给出有关的调研图表,提出信息系统设计的目标以及达到此目标的可能性。

1. 物流管理业务状况分析

物流管理业务状况分析包括以下几个方面:

(1) 系统环境及实现新系统条件的分析,包括现有系统的物流管理水平、业务信息的精确程度、领导的认识、硬件和软件以及网络环境的可靠性与支持作用。

(2) 系统结构和用户结构调查分析,要求清楚与完成系统任务有关的部门、人员及相互层次关系,画出用户结构图。用户结构分析的依据是任务关系,分层的标准也是对任务的关系,而不是组织结构图。

(3) 物流信息流程的调查,就是了解物流信息载体的种类、格式、用途和流程,各个主要环节需要的信息、来源、去向、处理方法、计算方法,以及信息的提供时间和形态。

2. 物流信息管理系统目标分析

(1) 依据系统分析结果,列出问题表。

(2) 根据问题表,建造一个倒置的目标树。

(3) 确定解决目标冲突的方法,指出各项具体措施的考核指标。

3. 系统的需求分析

(1) 分析事务处理能力需求的合理性。

(2) 分析决策功能需求的合理性。

(3) 找出关键需求,做出解决问题的初步计划,为功能分析打下基础。

4. 系统的功能分析

整理以往资料,结合现行系统分析,进行功能分析,包括两个内容:功能层次分析和层次之间关联分析,其中先要把功能逐层分解为多个子功能。

5. 系统的数据流程分析

要从实物流中抽象出信息流,绘制出数据流程图并对各种数据的属性和各项处理功能进行详尽的数据分析。弄清这些流动数据的属性、数据的存储情况和对数据的查询的要求并给予定量的描述和分析。

(1) 绘制数据流程图。分析阶段所提供的重要的技术文件之一,反映了系统内部的数据传递关系,是对系统的一种抽象和概念化,但它只表示数据、功能之间的关系,并不涉及如何实现。

(2) 数据分析。其目的是弄清数据流程图中出现的各种数据的属性、存储情况和查询的要求,对数据予以定量的描述和分析。数据分类是指对数据项予以定义,并根据总的属性将数据项归纳到其应有的类目中去。

（3）数据属性分析，根据其属性可以正确地确定数据与文件的关系，通常是具有固定属性的数据存放在主文件中，把具有变动属性的数据存放在周转文件或处理文件中。

6.4.3 物流信息系统设计

物流信息系统设计，是通过分析系统的逻辑功能要求，结合考虑技术、经济、环境等因素，确定系统的总体结构和各部分的技术方案，提出系统的实施计划，是从物理层面上实现管理系统的一个重要基础。

1. 系统设计的原则

系统设计的原则，即设计时要从整个系统的角度来考虑，系统代码要统一，设计标准要规范，传递语言要一致，实现数据或信息全局共享，提高数据重用性。

系统设计时应遵循如下原则：

（1）灵活适应性。为了维持较长的系统生命周期，要求系统具有很好的灵活性和环境适应性。为此，系统应具有较好的开放性和结构的可变性。因此，在系统设计过程中，应尽量采用模块化结构，提高数据、程序模块的独立性。

（2）可靠性。一个成功的管理信息系统应有较高的可靠性，即抵抗干扰的能力和受外界干扰时的恢复能力。

（3）经济性。指在满足系统需求的前提下，尽量减小系统成本。

2. 系统设计任务

系统功能结构设计是要根据系统分析的要求和组织的实际情况来对新系统的总体结构可利用的资源进行大致设计，它是一种宏观、总体上的设计和规划。系统的功能分解的过程就是一个从抽象到具体的、由复杂到简单的过程。

系统功能结构设计一个重要任务是划分功能模块，按照自顶向下把整个系统划分为若干个大小适当、功能明确、具有相对独立性并容易实现的子系统，再进行子系统的设计。一般来说，一个独立的业务管理部门都有一个相应的管理子系统。某企业制造成本管理子系统划分如图6-9所示。

（1）系统功能模块划分的方法。

系统功能模块的划分方法主要有以下六种：

① 按功能划分。目前最常用的一种划分方法，其特点是紧凑性非常好。

② 按业务处理顺序划分。这种划分方法在一些时间和处理过程顺序特别强的系统中常常采用。

③ 按数据拟合程度划分。指按相关数据的集中程度来划分，这种划分方式的功能模块内部集合力强，外部通信压力小。

④ 按业务处理过程划分。

⑤ 按业务处理时间划分。

⑥ 按环境划分。指按实际环境和网络分布划分。

在实际应用中，一般采用混合划分法，即以功能和数据分析结果为主，兼顾组织环境和实际情况。

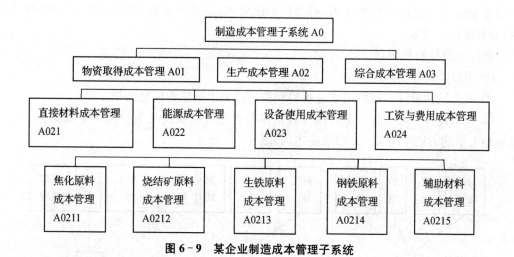

图 6－9 某企业制造成本管理子系统

（2）系统功能模块划分的原则。

系统功能模块划分时应遵循如下原则：

① 子系统要具有相对独立性。

② 要使子系统之间数据的依赖性尽量小。

③ 子系统划分的结果应使数据冗余最小。

④ 子系统的设置应考虑今后管理发展的需要。

⑤ 子系统的划分应便于系统分阶段实现。

（3）系统设计中比较重要的是代码设计。

代码，是指用数字、字母和特殊符号，表示事物的名称、属性和状态等特征。设计出一个好的代码方案对于系统的开发工作是一件非常有利的事情，它可以方便机器处理问题，将复杂的工作简单化。

① 代码设计的步骤。

a. 明确代码目的。

b. 确定代码对象。

c. 确定代码使用范围和期限。

d. 分析代码对象特征，包括代码使用频率、追加及删除情况等。

e. 确定代码种类、结构及内容。

f. 编写代码设计书。

② 代码设计原则。

a. 唯一性。一个对象只能相对唯一的代码，一个代码只能表示一个编码对象。

b. 标准性。代码设计时应采用标准通用代码。

c. 合理性。代码的结构必须与编码对象的分类体系相对应。

d. 简单性。代码的结构要简单，尽可能的短，以减少其所占的存储空间。

（4）数据库设计。

数据库设计是信息系统的核心和基础，它的主要目标是确定一个合适的数据模型，这个数据模型应该满足以下三个要求:符合用户的要求;能被某个现有的数据库管理系统所接受;具有较高的质量。

数据库设计的步骤:

① 用户需求分析。

② 概念结构设计。即将需求分析得到的用户需求抽象为信息结构。

③ 逻辑设计。将概念模型转换成数据库管理系统所支持的等价的关系数据模型。概念模型表示的方法常用 E‐R 图来描述,如图 6‐10 所示。

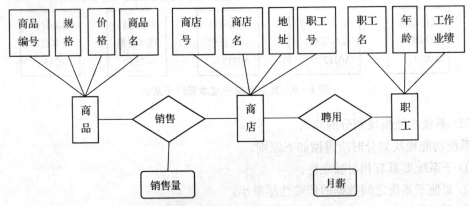

图 6‐10　某商业集团的物流业务 E‐R 图

④ 物理设计。即在具体的数据库管理系统上实现逻辑设计。由于数据库管理系统功能不断丰富与完善,因此,数据库设计一般不需要过多地考虑物理细节,而是由数据库管理系统自行去处理。

系统设计过程要求先确定想要得到的信息,再考虑为了得到这些信息需要准备的原始资料,再将原始资料输入。因此系统设计过程是一个由输出设计到输入设计的过程。

输出设计的内容包括以下几点:

有关输出信息使用方面的内容,如信息的使用者、使用目的、报告量、使用周期、有效期、保管方法和复写人数等。

输出信息的内容,包括输出项目、位数、数据形式(文字、数字)。

输出格式,如表格、图形或文件。

输出设备,如打印机、显示器、绘图仪等。

输出设计完成以后,就可以进行输入设计。输出高质量的信息的前提是输入高质量的数据,因此输入设计是输出设计的关键前提。

输入设计的内容包括确定输入数据内容,包括确定输入数据项名称、数据内容、精度、数值范围等;确定数据输入的方式;确定输入数据的记录格式;输入数据的正确性校验;确定输入设备。

系统设计(又称系统物理设计说明书)是系统设计阶段的主要成果,是新系统的物理模型,也是系统实施的重要依据。

系统设计报告主要包括系统概述、总体结构方案(包括总体结构图、子系统结构图等)、计算机系统配置方案、代码设计方案、文件、数据库设计方案、输入输出设计方案、系统详细设计方案、接口及通信环境设计、安全、保密设计、数据准备、系统实施计划、人员培训计划等。

思考与讨论

1. 简述物流信息系统规划的步骤。
2. 简述物流信息系统分析的内容。
3. 简述物流信息系统设计的原则。

案例分析

本章要点

● 物流信息管理是指通过对与物流相关信息的加工处理来达到对物流、资金流的有效控制和管理,并为企业提供信息分析和决策支持的人机管理系统。这个人机管理系统是以人为主体的系统,它对企业的各种数据和信息进行收集、传递、加工、保存并将有用的信息传递给使用者以辅助企业的全面管理。

● 企业物流信息管理的内涵。

● 物流信息标准化即制定出不同物流系统之间信息交流与处理的标准协议或规则,作为跨系统、跨行业和跨地区的物流运作桥梁,以顺利实现企业间的物流信息数据的交流、不同地区间物流信息的交流、供应链系统间信息的交流、不同物流软件系统的信息交流等,最终完成物流系统集成和资源整合的目的。

● 物流信息标准的分类及关键物流信息标准的介绍。

● 物流信息平台是通过对共用数据的采集,为物流企业的信息系统提供基础支撑信息,满足企业信息系统对公用信息的需求,支撑企业信息系统各种功能的实现;同时通过共享信息支撑政府部门间行业管理与市场规范化管理方面协同工作机制的建立。

● 公共物流信息平台的类型及构建。

● 物流信息系统的规划方法与步骤。

● 物流信息系统的分析步骤。

● 物流信息系统的设计步骤。

关键概念

物流信息、物流信息管理、物流平台、物流信息标准、关键成功因素法、战略目标集转移法、企业系统规划法

综合练习题

1. 简述物流信息管理的概念、特点及目的。
2. 简述信息流对物流活动的作用。
3. 简述我国物流信息标准体系的分类。
4. 试辨析信息平台、物流信息平台、公共物流信息平台的概念。
5. 简述公共物流信息平台的形态和类型。
6. 试述公共物流信息平台的运营模式。
7. 简述物流信息系统规划的方法。
8. 试述物流信息系统设计的任务。

微信扫码查看

第7章 现代物流发展热点与趋势

学习目标

● 了解现代物流发展的几大热点问题
● 了解现代物流发展趋势
● 了解电子商务和现代物流关系
● 了解绿色物流的内涵
● 了解低碳物流的内涵
● 了解物联网发展趋势

案例导入

日本地下物流技术

地下物流技术在相对人口集中、国土狭小的日本得到了广泛的关注。2000年,日本将地下物流技术列为未来10年政府重点研发的高新技术领域之一,主要致力于研究开通物流专用隧道并实现网络化,建立集散中心,形成地下物流系统。

日本建设厅的公共设施研究院对东京的地下物流系统进行了20多年的研究,研究内容涉及了东京地区地下物流系统的交通模拟、经济环境因素的作用分析以及地下物流系统的构建方式等诸多方面。拟建系统地下通道总长度达到201 km,设有106个仓储设施,通过这些设施可以将地下物流系统与地上物流系统连接起来。系统建成之后能承担整个东京地区将近36%的货运,地面车辆运行速度提高30%左右;运输网络分析结果显示每天将会有超过32万辆的车辆使用该系统,成本效益分析预计系统每年的总收益能达到7亿日元,其中包括降低车辆运行成本、行驶时间和事故发生率以及减少二氧化碳和氮化物的排放量带来的综合效益。该系统规模大、涵盖范围广,它的优点在于综合运用各学科知识,并与地理信息系统(GIS)紧密结合,前期研究深入、透彻,保证了地下物流系统的高效率、高质量、高经济效益以及高社会效益。

分析:现代物流的发展,结合了计算机、信息等多种手段,融入了电子商务、可持续发展等多种理念,其内涵已经远远超出了原有范围。对于新时期学习物流管理人来说,了解这些新的发展理念显得十分必要。

**相关知识**

现代物流在社会经济活动中的位置和作用越来越重要,而我们了解现代物流发展的热点和趋势等内容,对于我们从事物流管理和决策具有很重要的意义。

7.1 电子商务与现代物流

案例 7-1

7.1.1 电子商务下的物流系统

1. 电子商务

电子商务是 20 世纪信息化和网络化发展的产物,并随着信息化进程的发展而逐步发展。但目前在国内很多人对电子商务的认识还仅仅局限在信息流、商流、资金流的电算化处理上面,认为建一个网站就是建立电子商务了。其实这是远远不够的,电子商务的最终成功还要依赖一个重要方面:现代物流。只有电子商务的实物送到顾客手中,整个过程才算结束,甚至此时还没有结束,会有退货等后续问题。所以没有现代物流的支撑,电子商务就难以发挥其应有的效果,这也是国内相当多的电子商务效果不理想的症结所在。

电子商务业务种类繁多,从电子商务业务是否涉及支付可将业务分为支付型电子商务业务和非支付型电子商务业务两大类;从业务涉及的交易实体性质,可以将其分为 B2B (Business To Business,企业对企业)、B2C(Business To Customer,企业对消费者)。而又可以将 B2B 分为 B2BP(Business To Business Procurement,企业对企业采购)和 B2BS (Business To Business Sale,企业对企业销售)。

2. 电子商务与现代物流的关系

(1) 物流是电子商务的重要组成部分。

电子商务的最终目的是要完成交易,要完成交易就离不开物的转移。如果电子商务脱离了物流的有效支撑,最终将会演化为一个网站,而不是完整意义上的电子商务。

(2) 物流对电子商务的推进。

电子商务的任何一笔交易都包含基本的信息流、资金流、商流和物流。其中前 3 种流可以通过计算机网络来实现。对于物流,包括客户下订单后的一系列物的流动,根据客户订单通过 MRP 运算,组织原材料的采购、存储、配送到生产工位以及产成品的存储、配送到最终客户的手中,都需要及时而有效地完成,才能保证交易的顺畅进行。如果中间有任何的差错必然出现延迟交货、交货错误等现象 就会降低客户的满意度,并最终影响电子商务活动的进行。

(3) 物流保障生产的顺利进行。

电子商务的优势是可以提供客户所定制的产品以及降低产品库存及周转成本。因此,企业需要根据电子商务的订单组织生产,而生产过程是一个比较复杂的过程,若要保证生产的高效,采购物流、工位配送物流、废弃物回收物流等必须高效运作。

(4) 物流服务于商流。

交易的完成是商品到达最终客户手中,而不是客户在网上完成订购就算完成。因此商品的转移及交接是否准确、快捷,也将最终影响交易的进行。在整个电子商务中,物流实际上是以商流的后续者和服务者的姿态出现的。

(5) 物流提高客户满意度及忠诚度。

没有现代物流的支撑,电子商务交易中的交货期将很难计算并得到保证,客户也不能随时查询订单的执行情况、配送情况。通过现代物流技术的支撑,这一切都将变为现实。客户订货结束就可以知道货物的交货期,并能够随时查询自己订单的执行情况,真正实现电子商务的作用。

3. 电子商务下的物流系统

电子商务物流系统是指在实现电子商务特定过程的时间和空间范围内,由所需位移的商品(或物资)、包装设备、装卸搬运机械、运输工具、仓储设施、人员和通信联系设施等若干相互制约的动态要素所构成的具有特定功能的有机整体。电子商务物流系统的目的是实现电子商务过程中商品(或物资)的空间效益和时间效益,在保证商品满足供给需求的前提下,实现各种物流环节的合理衔接,并取得最佳经济效益。电子商务物流系统既是电子商务系统中的一个子系统或组成部分,也是社会经济大系统的一个子系统。

电子商务物流系统与一般系统一样,具有输入、转换和输出三大功能。通过输入和输出使物流系统与电子商务系统及社会环境进行交换,并相互依存。输入包括人、财、物和信息;输出可以包括效益、服务、环境的影响及信息等;而实现输入到输出转换的则是电子商务物流的各项管理活动、技术措施、设备设施和信息处理等。

7.1.2　电子商务下的物流配送

在电子商务的早期,网络基础设施、支付手段、CA 认证、物流配送制约着电子商务的发展,但随着电子信息技术的发展、金融网络体系的完善、信用卡标准的统一及信息安全保密体制的改进,使得上述前三个问题得到有效缓解,因此目前制约电子商务发展的是物流配送问题。

1. 电子商务条件下物流配送的作用

(1) 改善物流的运行质量和运行效率。

对于虚拟商品和服务来说,可以直接通过网络传输的方式进行,如各种电子出版物、信息咨询服务等;而对于实体商品来说,物流仍要经由物理方式传输。电子商务下的物流配送,将分散在各地分属不同所有者的仓库通过网络连接起来,进行统一管理和调配,辐射性地放大了服务半径,不仅实现实时监控和实时决策,而且增强了物流作业能力,减少了物流作业差错。

(2) 简化物流环节,减少物流成本。

网络系统的介入简化了传统物流配送的过程。传统物流配送过程极为烦琐,网络上的营业推广可使用户购物和交易过程变得更有效率、费用更低。电子商务下物流配送的核心是将物流的各项要素进行有效的整合,达到"物畅其流"的目的,从而加快资金的周转。

2. 基于电子商务下物流配送存在的问题

(1)物流配送的基础发展设施不足。

对于我国电子商务在物流环节的发展中出现的首先问题就是基础设施不足。从电子商务的物流配送整体上来讲,其中存在着较多的条块,并且这些条块被分割成数个,而现今环境中配流配送部分企业还是在采取多头管理的方式,同时对于整个物流配送的系统也没有进行系统的、完整的规划,加之相关的政府机构并没有此给予较多的关注,缺乏紧密的协同合作。

(2)物流配送系统不完善。

就目前来讲,我国的各个企业由于各自经营环境的不同以及经营资金的限制,在物流配送环节也会展现出不同的状况,大部分的企业依然是存在物流配送系统不完善的问题,很多消费者在网上购买成功商品之后,完成支付之后,就等待着接收产品,但是久等不到,进而出现了消费者与企业之间的纠纷。究其原因自在于企业在进行网络营销的过程中没有将物流配送的环节足够的重视,同时也没有建立起完善的物流配送系统,因而在物流环节总是出现拖拖拉拉的配送速度,使得消费者大为不满。

(3)物流配送网络效率低。

现今电子商务在物流配送环节除了上述两种问题之外,还存在物流配送的网络效率低的问题,在电子商务的运用过程中很多企业在物流配送环节中一是会采用建立自己的配送网络,还有就是雇佣第三方物流进行物流配送,而这种雇佣方式也成为大部分企业最常使用的配送方法,但是由于企业和第三方物流公司并没有在经营理念上达成一致,同时在信息的管理上也不同,进而在进行物流配送中交接工作出现差错。

3. 电子商务下物流配送问题解决策略

随着网络技术的发展和普及,电子商务将成为 21 世纪商务发展的主流,而作为保证电子商务运作的物流配送将迎来新的商机与挑战。因此针对我国电子商务下物流配送的现状,提出几项解决措施:

(1)完善物流配送基础设施。

对于电子商务的物流配送环节首要的发展对策就是完善物流配送基础设施,要不断重视对物流配送环节的长远规划以及整体性的规划,使企业在物流环节中能够既具备相关的硬件设施,同时又具备一定的软件设施,并且将两者有效地结合起来。除此之外在一些公路以及铁路等等基础运输的设施建设中还要充分的考虑其具有的公益特征,不仅是要企业进行投资建设还需要政府给予一定的大力支持,这样才能企业的保证物流配送基础设施的良好建设。

(2)完善物流配送系统。

在发展电子商务的过程中加强物流配送环节还需要企业建立属于自身的物流业务系统,使自身的物流业务扮演起简单的售后服务的职能,通过对产品的简单维护甚至是相关产品的退订货,可以增加企业专业化的形象。而更为重要的一点则在于,通过建立属于自身企业的物流业务,还可以节省大量的成本投入,把这部分投入让给消费者,则能大大提高自身的竞争能力。

（3）加强物流配送网络。

对于电子商务企业来讲一定要和第三方物流公司建立起良好的信息沟通桥梁，或者也可以说是建立良好的信息网络，在配送的经营理念上要加强和第三方物流公司的有效沟通，争取达成一致的理念，同时还要在具体的配送环节中，及时的和第三方物流公司进行信息交接，对于一些有问题的订单一定要进行必要的沟通，这样才能真正有效地加强物流配送网络，同时也才能发展电子商务物流配送。

（4）注重多层次人才培养。

目前，物流人才的培养问题容易被物流企业所忽视。随着信息技术在物流领域的广泛应用，物流企业的信息密集度越来越高，对物流人才知识水平和技能水平的要求也相应提高，对加强物流信息技术人才和物流从业人员知识与技能的培训要求亦更加严格。政府应加大对物流人才的教育和培训支持力度，鼓励物流企业和各大院校开展各方面、多层次的培训工作，加快培育该领域的信息技术人才，着重培养既懂电子商务理论和实务，也懂 IT 技术，又懂现代物流的复合型人才。

综上所述，网络营销模式决定了必须采用现代物流配送方式。电子商务中的现代物流配送企业作为以网络营销为主要利润来源的企业，要始终以"顾客就是上帝"为指导思想，将如何通过更低的成本、更高效率的配送方式为网上购物的顾客带来高品质的服务放在首位。目前，我国的物流企业在软件和硬件上的基础建设都有待加强，不论是作为企业或者是高校，都应重视现代物流相关专业和人才的培养。随着行业和政府对物流业重视程度的不断加强，这种良好的氛围对我国电子商务的发展将产生深远、积极的影响。电子商务这种新兴的营销模式必将推动我国经济的持续、快速发展。

7.1.3　电子商务下的物流模式

1. 物流一体化模式

随着市场竞争的不断深化和加剧，企业建立竞争优势的关键，已由节约原材料的第一利润源泉、提高劳动生产率的第二利润源泉转向建立高效的物流系统的第三利润源泉。物流一体化就是以物流系统为核心的由生产企业，经由物流企业销售企业，直至消费者供应链的整体化和系统化。它是指物流业发展的高级和成熟的阶段。物流业高度发达，物流系统完善，物流业成为社会生产链条的领导者和协调者，能够为社会提供全方位的物流服务。

物流一体化的发展可进一步分为三个层次：物流自身一体化、微观物流一体化和宏观物流一体化。物流自身一体化是指物流系统的观念逐渐确立，运输仓储和其他物流要素趋向完备，子系统协调运作，系统化发展。微观物流一体化是指市场主体企业将物流提高到企业战略的地位，并且出现了以物流战略作为纽带的企业联盟。宏观物流一体化是指物流业发展到这样的水平：物流业占国家国民总产总值的一定比例，处于经济社会生活的主导地位，它使跨国公司从内部职能专业化和国际分工程度的提高中获得规模经济效益。

2. 第三方物流模式

电子商务改变了传统的物资流通模式，买卖双方可以在网上借助于各类中介服务机构完成物资交易的主要过程,实现了贸易方式的革命。电子商务所支撑的新的物资流通方式有着与传统模式完全不同的内容和形式,物流过程借助电子商务平台表现为网状,信息流在物流网中呈现双向流动态势。第三方物流是适合电子商务物流的。

第三方物流是指由物流劳务的供方需方之外的第三方去完成物流服务的物流运作方式,第三方就是指提供物流交易双方的一项或多项物流功能的外部服务提供者。最为典型的外包物流功能包括到达货物、关务与货运统包、公共仓储、合同仓储、订单执行、配送及外运货物管理等。

第三方物流是建立在现代电子信息技术基础上的。信息技术的发展是第三方物流出现的必要条件。信息技术实现了数据的快速、准确传递,提高了仓库管理、装卸运输、采购、订货、配送发运、订单处理的自动化水平,使订货保管运输流通加工实现一体化;企业可以更方便地使用信息技术与物流企业进行交流和协作,企业间的协调和合作有可能在短时间内迅速完成。

第三方物流是合同导向的一系列服务。第三方物流有别于传统的外协,外协只限于一项或数项独立的物流功能,如运输公司提供运输服务、仓储公司提供仓储服务等。第三方物流则根据合同条款规定的要求,而不是临时需要,提供多功能,甚至全方位的物流服务。

第三方物流是个性化物流服务。第三方物流服务的对象一般都较少,只有一家或数家,服务时间却较长,这是因为需求方的业务流程各不同,而物流信息流是随价值流流动的,因而第三方物流服务应按照客户的业务流程来定的,这也表明物流服务从"产品推销"发展到了"市销"阶段。

3. B2B 电子商务物流模式

B2B(也有写成 BTB,是 Business to Business 的缩写)是指企业与企业之间通过专用网络或 Internet,进行数据信息的交换、传递,开展交易活动的商业模式。它将企业内部网和企业的产品及服务,通过 B2B 网站或移动客户端与客户紧密结合起来,通过网络的快速反应,为客户提供更好的服务,从而促进企业的业务发展。

从具体运作模式上来讲,B2B 是以客户,交易为中心的电子商务可以分成四个主要的运作模式:

(1)面向制造业商业的垂直 B2B,它联系了产业的上游和下游。生产商或商业零售商可以与上游的供应商之间形成供货关系;生产商与下游的经销商可以形成销货关系。比如戴尔电脑公司与它的供应商之间的运作模式,又比如思科与其分销商之间的交易。这种模式多是某一个行业内的从业者,客户相对比较集中有限。

(2)面向中间交易市场的 B2B。这种模式是水平的,它是将各个行业中相近的交易过程集中到一个场所,为企业的采购方和供应方提供了一个交易的机会,这一类网站自己既不是拥有产品的企业,也不是经营商品的商家,它只提供一个平台,在网上将销售商和采购商汇集一起,采购商可以在其网上查到销售商的有关信息和销售商品的有关信息,比如阿里巴巴、慧聪网等等也称为第三方交易平台。

(3)行业龙头企业自建 B2B 模式是大型行业龙头企业基于自身的信息化建设程度,搭建以自身产品供应链为核心的行业化电子商务平台。行业龙头企业通过自身的电子商务平台,串联起行业整条产业链,供应链上下游企业通过该平台实现资讯、沟通、交易。但此类电子商务平台过于封闭,缺少产业链的深度整合。

(4) 关联 B2B 模式。行业为了提升电子商务交易平台信息的广泛程度和准确性,整合综合 B2B 模式和垂直 B2B 模式而建立起来的跨行业电子商务平台。

4. B2C 电子商务物流模式

(1) 采用邮政特快专递(EMS)服务的物流模式,实现电子商务的企业或商家从网站或虚拟网站上获得消费者的购物清单和家庭地址等信息,然后到附近的邮局办理特快专递手续将商品寄出,消费者收到邮局的取货通知,到所在地邮局将商品取回或由邮递员直接将商品送到顾客家中采用 EMS 方式具有方便快捷的特点。

(2) 网站自建配送的物流模式,企业或网站在各地的网民密集地区设置自己的配送点,在获得消费者的购物信息后,由配送点的人员将商品为消费者送货上门这种物流模式可以满足消费者即购即得购物心理需求。

(3) 借助第三方物流企业的模式。采用这种物流管理方式,送达消费者的时间比前述两种方式都要快,而且服务是专业化的多功能的和全方位的但是如果送货量太小,送货费用一般比 EMS 服务高。这种管理模式要求专业物流公司要在基础设施人员素质信息系统等方面加强建设。

(4) 与传统商业结合的模式。传统商业特别是连锁经营商业具有得天独厚的资源优势丰富合理的商品种类高附加值的服务高效的配送体系等,这些正是电子商务主体所欠缺的电子商务与传统连锁经营的结合能够充分发挥二者的优势,实现资源共享优势互补。

5. O2O 电子商务物流模式

O2O(Online To Offline)模式是电子商务的一种新兴模式。O2O 电子商务以电子为技术基础,以商务为理论基础,即线下商务的与互联网结合,互联网成为线下交易前台,这样线下服务可以用线上来揽客,消费者在线上筛选服务,成交可以在线结算。只要产业链中既可涉及线上又可涉及线下,就可通称为 O2O 模式。

(1) O2O 模式具便利信息性。相比较于过去的 B2B 模式在线支付,O2O 模式将线上与线下紧密结合,已经不单单止步于守在互联网上的电脑终端,目前的 O2O 模式可以通过智能手机、平板电脑等智能终端设备,随时随地扫描二维码完成支付,微信、二维码和条形码将商品和客户以数据形式连接,尤其是智能手机的普及,将 O2O 模式渗透到大众消费者周边,无须发放会员卡、打折卡和 DM 单等。

(2) O2O 模式具互动体验性在 O2O 模式中,更为注重消费者在线上虚拟和线下实体享受消费商品的过程,将愉快的消费体验分享促使下次再来购买,反复刺激消费者的购买需求,打造过硬的商品品牌和信用。微信平台和 IM 工具的使用,将商品营销的宣传和引导展示给消费者,让消费者在线上和线下很好的互动,线上的宣传促使线下使用商品和服务,线下实体的分享感受更好地促进线上虚拟的商品选择购买。

(3) O2O 模式改变商家运营方式 O2O 模式可以让商家将自身及其产品快速推销出去,是一个效果超值的广告平台。预约对商家来说意味着收入和利润,预约越多,商家收入也就越多,商家还可以根据预约情况安排消费秩序,降低线下商家对店铺地理位置的依赖,减少租金方面的支出。O2O 模式还能帮助商家掌握用户的相关数据,更好地维护好客户并拓展新客户,持续深入进行"客情维护",进而实现精准营销。O2O 模式的订单越多,商家的影响力就越大,无形之中形成广告效应,随之而来的是更多的消费者。

(4) O2O 模式改变消费者购物方式 O2O 模式传达的信息包括商家的具体信息,可以让消费者快速地获取周围生活服务的信息,消费方式是线上预约、线下消费,消费者可以避免实体店面人满为患的排队等候,提高消费满意度。各类消费者依据自身消费水平和档次,通过 O2O 模式平台各商家的对比,获取最有用的信息,使他们对商品的选择性增大。

7.1.4 电子商务下的物流管理

1. 电子商务时代的来临使物流又具备了新的特点

(1) 信息化。电子商务时代,物流信息化是电子商务的必然要求。物流信息化表现为物流信息的商品化、物流信息收集的数据库化和代码化、物流信息处理的电子化和计算机化、物流信息传递的标准化和实时化、物流信息存储的数字化等。

(2) 自动化。自动化的基础是信息化,自动化的核心是机电一体化,自动化的外在表现是无人化,自动化的效果是省力化,另外还可以扩大物流作业能力、提高劳动生产力、减少物流作业的差错等。

(3) 网络化。物流领域网络化的基础也是信息化,这里指的网络化有两层含义:一是物流配送系统的计算机通信网络,包括物流配送中心与供应商或制造商的联系要通过计算机网络,另外与下游顾客之间的联系也要通过计算机网络通信,比如物流配送中心向供应商提出订单这个过程,就可以使用计算机通信方式,借助于增值网来自动实现,物流配送中心通过计算机网络收集下游客户的定货的过程也可以自动完成;二是组织的网络化,即所谓的组织内部网。物流的网络化是物流信息化的必然,是电子商务下物流活动的主要特征之一。

(4) 智能化。这是物流自动化、信息化的一种高层次应用,物流作业过程中大量的运筹和决策都需要借助于大量的知识才能解决。

(5) 柔性化。柔性化本来是为实现"以顾客为中心"理念而在生产领域提出的,但需要真正做到柔性化,即真正地能根据消费者需求的变化来灵活调节生产工艺,没有配套的柔性化的物流系统是不可能达到目的的。

2. 电子商务环境下的物流管理

在电子商务环境下,对物流过程进行科学管理,主要体现在以下几个方面:

(1) 目标的管理。明确电子商务的销售目标,确定物流、配送服务目标和成本目标。

(2) 配送路线管理。通过对可用的物流和配送资源进行正确评估及市场的预测与定位,确定最佳的物流和配送运作流程,并在实践中不断调整和优化流程。

(3) 物流模式管理。一方面是对物流、配送系统形态的选择,如第三方物流、自己承担或与其他物流企业合作;另一方面是对物流合作伙伴的评估、管理与控制。

(4) 物流成本的管理。一方面为物流配送系统的成本控制管理;另一方面为系统的信息跟踪查询及收集客户反馈信息的成本。在保证物流质量、物流效率的条件下,要使得这个物流过程的总成本最低。

思考与讨论

1. 简述电子商务条件下物流配送的作用。
2. 简述电子商务下存在的物流模式。

案例分析

7.2　应急物流

案例 7-2

7.2.1　应急物流产生的背景

尽管当今世界科技高度发达,但突发性自然灾害、公共卫生事件等"天灾",决策失误、恐怖主义、地区性军事冲突等"人祸"仍时有发生,这些事件有的难以预测和预报,有的即使可以预报,但由于预报时间与发生时间相隔太短,应对的物资、人员、资金难以实现其时间效应和空间效应。

我国属于自然灾害高发国家,突发性自然灾害对我国的国民经济与社会发展造成巨大的破坏。我国每年因各类突发公共事件造成的非正常死亡超过 20 万人,伤残超过 300 万人,经济损失计 6 500 亿元人民币,约占 GDP 的 6%。

从宏观层面上看,从我国唐山大地震到美国"9·11"事件,从到 SARS、"禽流感"到近年频发的矿难,人们在突发事件目前表现出的被动局面均暴露出现有应急机制、法律法规、物资准备等多方面的不足。而我国属于自然灾害高发国家,公共卫生设施、国家处突的经验等方面均存在诸多亟待改进的地方,急需对应急物流的内涵、规律、机制、实现途径等进行研究。

从微观层面来看,一方面企业决策所需的信息不完备以及决策者的素质限制等原因,任何决策者都无法确保所有决策均正确无误;另一方面,因道路建设断路等使货物在途时间延长、交货期延长,因信息传递错误而导致货到而不能及时提取等也会产生应急需求,企业迫切需要制定预案,对不可抗拒的和人为造成的紧急状况进行有效防范,将应对成本降到最低。

7.2.2　应急物流的内涵与特点

1. 应急物流的内涵

应急物流,就是指以提供突发性自然灾害、突发性公共卫生事件等突发性事件所需应急物资为目的,以追求时间效益最大化和灾害损失最小化为目标的特种物流活动。现实生活中,无论是 SARS 和"禽流感"这样的公共卫生事件,还是突发性的重大自然灾害,都会造成具体的人员伤亡和财产损失,必然需要大量的应急物资。而应急物资的运送迫切需要社会的物流体系发挥其应急功能。应急物流与普通物流一样,由流体、载体、流量、流程、流速等要素构成,具有空间效用和时间效用。但应急物流又与普通物流不同,普通物流既强调物流的效率,又强调物流的效益;而应急物流在许多情况下是通过物流效率的实现来完成其物流效益的实现,在某些情况下,甚至会变为纯消费行为,只考虑物流效率的实现。应急物流可以简单地分为军事应急物流和非军事应急物流两种。非军事应急物流还可以细分为灾害应急物流和疫情应急物流;灾害(含险情)应急物流又可分为自然灾害应急物流和人为灾害应急物流。应急物流的"应急"二字本身带有一定的军事色彩,但应急物流并不等同于军事物流。军事物流的指令性比较强,尤其在战争爆发的时候,始终把军事利益放在首位。而应急物流系统则应该以社会利益为牵引,服务的对象是受灾地区的人民,这两者的目标、服务对象是不同的。应急物流一般具有突发性、弱经济性、不确定性和非常规性等特点。

2. 应急物流的特点

应急物流是一般物流活动的一个特例。目前我国的应急物流有自己的特点,表现为政府高度重视,企业积极参与;军民携手合作,军队突击力强;平时预有准备、预案演练到位等。它具有区别于一般物流活动的特点:

(1) 突发性和不可预知性。

这是应急物流区别于一般物流的一个最明显的特征。一般情况下很难预测会出现什么情况。但是非预见性是相对的,随着科学的进步,原先不可预测或难以预测的东西,如自然灾害,变得可以预测,而一些安全性事故则可以用安全防范来降低其发生的概率。由于应急物流的时效性要求非常高,必须在最短的时间内,以最快的流程和最安全的方式来进行应急物流保障。这就使得运用平时的那套物流运行机制已经不能满足应急情况下的物流需求,必须有一套应急的物流机制来组织和实现物流活动。

(2) 应急物流需求的随机性。

应急物流是针对突发事件的物流需求,应急物流需求的随机性主要是由于突发事件的不确定性。人们无法准确估计突发事件的持续时间、影响范围、强度大小等各种不可预期的因素,使应急物流的内容随之变得具有不确定性。

(3) 时间约束的紧迫性。

在突发事件发生的时候,短时间内需要大量的物资,从救灾专用设备、医疗设备、通信设备到生活用品无所不包。这就要求具有高效、快速反应的采购系统。同时,突发事件发生时,往往会伴随着运输系统的恶化,这对物流的配送系统是个严峻的考验。

(4) 峰值性。

由于突发事件的不确定性,在整个应急物流过程中,在事故发生的短时间内需要大量生活用品和救灾设备。而一旦事故处理结束,对应急物流的需求也会变为零。从整个时间轴上看,事故发生会大量需求,事故结束之后则没有需求,这就是应急物流的峰值性。

(5) 弱经济性。

普通物流既强调物流的效率,又强调物流的效益,而应急物流在许多情况下是通过物流效率的实现来完成其物流效益的实现。在一些重大险情或事故中,平时物流的经济效益将不再作为一个物流活动的核心目标加以考虑。这是由于局部突发性的需求矛盾,带来部分商品价格的上涨,必然会增加应急物资的采购成本及运输成本。其次,从供应手段上讲,为了确保快速反应,往往采用成本较高但速度较快的运输工具,或者牺牲其他物品的运送能力来保障特殊物品的需求,从而增加了运输费用和机会成本。

(6) 非常规性。

应急物流部同于一般物流,许多平时物流的中间环节将被省略,整个物流流程将表现得更加紧凑,物流机构更加精干,物流行为表现出很浓厚的非常规色彩。必然要有一个组织精干、权责集中的机构进行统一组织指挥物流行动,以确保物流活动的协调一致和准确及时。

(7) 政府与市场的共同参与性。

应急物流来源可以由多种方式提供,主要包括政府提供的公共物品的方式、公益捐助的方式、企业和个人自主采购满足自身需求等方式。因此对于重大灾害处理应遵循政府、企业、个人相结合的方法。

此外,应急物流同一般物流相比较而言,其物流量大得多。由于物理量是伴随着消费需求的变化而增减的,为满足日益高涨的消费数量,应急物流量较平时也大幅度增加。

7.2.3　应急物流的类型与要求

1. 应急物流的类型

应急物流作为一种特殊的物流活动,其内容相当广泛,可以简单归纳为以下几种分类。

(1) 按照应急物流的等级,可分为企业级应急物流、区域级应急物流、国家级应急物流、国际级应急物流四个层次。

(2) 按照引起灾害的原因,可分为自然灾害应急物流、技术灾害应急物流和人为灾害应急物流。自然灾害包括地震、洪水、气象、地质、海洋等灾害;技术灾害包括重大工业事故、重大火灾事故、重大公共卫生事件、重大有毒化学品泄漏等灾害;人为灾害包括重大恐怖袭击事件等灾害。

(3) 按照应急物流的层次,可分为微观应急物流、中观应急物流、宏观应急物流。

(4) 按照突发事件发生的可能性和对应急物资的可预测程度对应急物流进行分类,可分为相对可预测的应急物流和较难预测的应急物流。突发自然灾害导致的应急物流具有相对的可预测性,而突发社会危害导致的应急物流则很难预测。

2. 应急物流的要求

应急物流是在特殊条件下发生的物流活动,应急物流的最根本的目标就是实现对突发事件的应急保障,但由于应急物流的突发性、不确定性等特点,决定了应急物流必须着眼于平时的准备,加强应急事件的预警,加强应变机制的演练,才能做到应急物流实施时有条不紊,快速反应。

(1) 加强政府在应急物流组织保障工作中的作用。

应急物流的组织指挥工作,在很大程度上取决于政府职能的发挥,务实、高效的政府部门是应急物流组织指挥成功的关键。应急物流的成功实施的关键在于政府对各种国际资源、国家资源、地区资源、地区周边资源的有效协调、动员和调用。及时提出解决应急事件的处理方案、措施、意见;组织筹划、调拨应急物资、应急救灾款项;根据需要,紧急动员相关生产单位生产应急抢险救灾物资;采取一切措施和办法协调、疏导或消除不利于应急事件处理的人为因素和非人为障碍。

（2）建立应急物流预警机制。

在赢得各式各样的应急物流战斗中，应急事件的物流预警机制就变得非常重要。一个运行良好的预警机制，可以很大程度上减少应急物流的突然性和盲目性，使应急物流变得"应而不急"，从而提高应急物流的保障效益和效率。

（3）搞好应急物流预案的编制与演习。

为确保应急物流能安全实施，必须编制应急物流预案，并对预案进行演练。编制应急物流预案，完善应急机制、体制和法制，可以提高预防和处置突发事件能力，最大限度地预防和减少突发事件及其造成的损害，保障公众的生命、财产安全，维护国家安全和社会稳定，对于构建社会主义和谐社会具有十分重要的意义。

（4）建立、健全应急物流的法制机制。

从世界范围来看，在应对突发性灾难的时候，国家立法起着很重要的作用。一方面，相关法律可以保障在特殊时期、特殊地点、特殊人群的秩序和公正；另一方面，相关法律可以规范普通民众和特殊人群在特殊时期、特殊地点的权利和义务，可为与不可为。应急物流中的法律机制实际上是一种强制性的动员机制，也是一种强制性保障机制。因此，要求国家尽快做好对应急物流的立法工作，使应急物流有法可依。

7.2.4 应急物流管理机制

应急物流保障机制包括监测预警与应急预案机制、全民动员机制、政府协调机制、法律保障机制、"绿色通道"机制、应急报告与信息公布机制、应急基金储备机制。

1. 监测预警及应急预案机制

监测与预警是一切应急事件救援、处置、处理的基础，各级职能部门应根据国家有关法律法规认真搜集、归纳、整理、分析相关信息，并将有关信息上请下达，形成联动。应急物流的最根本的目标就是实现对突发事件的应急保障，但由于应急物流的诸多特点，决定了应急物流必须着眼于平时的准备与演练，提高对应急事件的预警及情况处置的快速反应，做到"有备无患，有患不乱""来之能战，战之能胜"。

2. 全民动员机制

应急物流中的全民动员机制可通过传媒和通信告知民众受灾时间、地点，受灾种类、范围，赈灾困难情况，工作进展，民众参与赈灾的方式、途径等，这样可以：① 达到全民参与、关心赈灾事宜，有效调动民众的主观能动性和创造性，群策群力为赈灾献计献策；② 根据需要可以以有偿或无偿方式筹集应急物资或用于采购应急物资的应急款项；③ 为实现快速反应应急物流提供各种方便，为赈灾提供必要的人力资源；④ 最大限度地创造有利的工作环境，掌握救灾工作的主动性。动员工作要在一定程度上针对人们可能出现的心理和行为反应进行教育，达到最大限度地消除不利影响，为灾害发生时自救和他救创造有利条件。

3. 政府协调机制

紧急状态下处理突发性事件的关键在于政府职能的有效发挥，主要包括对各种国际资源、国内资源的有效协调、组织和调用；及时地提出解决应急事件的处理意见、措施或预案；组织筹措、调拨应急物资、应急救灾款项；根据需要紧急动员相关单位生产应急抢险救灾物资；采取一切措施和办法协调、疏导或消除不利于应急物资保障的人为因素和非人为障碍。

政府协调机制可通过"突发性事件协调处理机构"来实施，国家可以通过法律、法规形式给这些机构特定的权利和资源，并建立从中央政府到地方政府相应的专门机构、人员和运作系统。

4. 法律保障机制

法律保障对应对处理重大自然灾害、突发性公共卫生事件及安全事件有着至关重要的作用，它可以规范个人、社团和政府部门在非常时期法律赋予的权利、职责和应尽的义务。各国在此方面都做了大量的立法工作，如美国的《国家紧急状态法》，俄罗斯的《联邦公民卫生流行病防疫法》，韩国的《传染病预防法》等。应急物流物资保障中涉及的法律机制实际上是一种强制性的保障机制，如在发生突发性事件时，政府有权有偿或无偿征用民用或军用建筑、工厂、交通运输线、车辆、物资等，以解抗灾、救灾和赈灾及时之需。

5. "绿色通道"机制

为了保障应急物资的顺利到达，可在重大灾害发生及救灾赈灾时期，建立地区间的、国家间的"绿色通道"机制，即建立并开通一条或者多条应急保障专用通道或程序，在必要的时候可以给予应急物资优先通过权，这样可以有效简化作业周期和提高速度，以方便快捷的方式通过海关、机场、边防检查站、地区间检查站等，让应急物资、抢险救灾人员及时、准确到达受灾地区，从而提高应急物流效率，缩短应急物流作业时间，最大限度地减少生命财产损失。"绿色通道"机制可通过国际组织，如国际红十字会，也可通过相关政府或地区政府协议实现，还可以通过与此相关的国家法、国家或地区制定的法律法规对"绿色通道"的实施办法、实施步骤、实施时间、实施范围进行法律约束。该机制要求铁路、交通、民航等部门保证及时、优先运送应急物资，根据突发事件应急处理的需要，指挥部门有权紧急调集人员、储备物资、交通工具以及相关设施设备。必要时，对人员进行疏散或者隔离，并可依法对重大危害区实行封锁。

6. 应急报告与信息公布机制

突发事件的应急报告是决策机关掌握突发事件发生、发展信息的重要渠道，而以实事求是、科学的态度公布突发事件的信息，是政府对社会、公众负责任的体现，有利于缓解社会的紧张氛围。信息的及时搜集和传递是应急物流保障，也是有效救灾的重要手段。

7. 应急基金储备机制

应急物流活动中的资金流是不可忽视的管理环节，对于我国目前的经济建设发展需求来说，突发事件的侵袭会对地区甚至是全国造成各方面不利影响。尽管国家每年都从财政预算中预留部分资金用于重大突发事件和自然灾害的应对与处理，但这无疑是杯水车薪。因此，我们应该动员全社会力量，以各种方式，从各条途径建立应对和处理处置用于重大自然灾害、突发性公共卫生事件及安全事件的应急基金，最大限度地减低灾害损失和对社会经济造成的负面影响。应急基金的筹措和管理物流方式无论如何，法制化、规范化和经常化是十分重要的。

7.2.5 应急物资管理

为满足应急状态下应急物资的保障需要,应加强对应急物资筹措、储备、运输、配送等物流全过程的管理。应急物资管理作为应急物流系统的重要组成部分,对于提高应急物流系统快速反应能力,具有非常重要的作用。

1. 应急物资的分类

按照应急物资的用途可分为 10 类,即防护用品、生命救助与生命支持、救援运载、临时食宿、污染清理、动力燃料、工程设备、通信广播、交通运输、工程材料。每一类又包含许多具体内容。

(1) 防护用品。

卫生防疫:防护服(衣、帽、鞋、手套、眼镜),测温计(仪);

化学放射污染:防毒面具;

消防:防火服,头盔,手套,面具,消防靴;

海难:潜水服(衣)、水下呼吸器;

爆炸:防爆服;

防暴:盾牌、盔甲;

通用:安全帽(头盔)、安全鞋、水靴、呼吸面具。

(2) 生命救助与生命支持。

外伤:止血绷带,骨折固定托架(板);

海难:救捞船,救生圈,救生衣,救生艇(筏),救生缆索,减压舱;

高空坠落:保护气垫,防护网,充气滑梯,云梯;

掩埋:红外探测器,生物传感器;

通用:担架(车),保温毯,氧气机(瓶、袋),直升机救生吊具(索具、网),生命探测仪;

窒息:便携呼吸机;

呼吸中毒:高压氧舱;

食物中毒:洗胃设备;

通用:输液设备、输氧设备、急救药品、防疫药品。

(3) 救援运载。

防疫:隔离救护车,隔离担架;

海难:医疗救生船(艇);

空投:降落伞,缓冲底盘;

通用:救护车,救生飞机(直升、水上、雪地、短距起降、土地草地跑道起降)。

(4) 临时食宿。

饮食:炊事车(轮式、轨式),炊具,餐具;

饮用水:供水车,水箱,瓶装水,过滤净化机(器),海水淡化机;

食品:压缩食品,罐头,真空包装食品;

住宿:帐篷(普通、保温),宿营车(轮式、轨式),移动房屋(组装、集装箱式、轨道式、轮式),棉衣,棉被;

卫生:简易厕所(移动、固定),简易淋浴设备(车)。

(5) 污染清理。

防疫:消毒车(船、飞机),喷雾器,垃圾焚烧炉;

垃圾清理:垃圾箱(车、船),垃圾袋;

核辐射:消毒车;

通用:杀菌灯,消毒杀菌药品,凝油剂、吸油毡、隔油浮漂。

(6) 动力燃料。

发电:发电车(轮式、轨式),燃油发电机组;

配电:防爆防水电缆、配电箱(开关),电线杆;

气源:移动式空气压缩机,乙炔发生器,工业氧气瓶;

燃料:煤油,柴油,汽油,液化气;

通用:干电池、蓄电池(配充电设备)。

(7) 工程设备。

岩土:推土机,挖掘机,铲运机,压路机,破碎机,打桩机,工程钻机,凿岩机,平整机,翻土机;

水工:抽水机,潜水泵,深水泵,吹雪机,铲雪机;

通风:通风机,强力风扇,鼓风机;

起重:吊车(轮式、轨式),叉车;

机械:电焊机,切割机;

气象:灭雹高射炮,气象雷达;

牵引:牵引车(轮式、轨式)、拖船、拖车、拖拉机;

消防:消防车(普通、高空),消防船,灭火飞机。

起重:葫芦,索具,浮桶,绞盘,撬棍,滚杠,千斤顶;

破碎紧固:手锤,钢钎,电钻,电锯,油锯,断线钳,张紧器,液压剪;

消防:灭火器、灭火弹、风力灭火机;

声光报警:警报器(电动、手动),照明弹,信号弹,烟幕弹,警报灯,发光(反光)标记;

观察:防水望远镜,工业内窥镜,潜水镜;

通用:普通五金工具,绳索。

工作照明:手电,矿灯,风灯,潜水灯;

场地照明:探照灯,应急灯,防水灯。

(8) 通信广播。

无线通信:海事卫星电话,电台(移动、便携、车载),移动电话,对讲机;

广播:有线广播器材,广播车,扩音器(喇叭),电视转发台(车)。

(9) 交通运输。

桥梁:舟桥、吊桥、钢梁桥、吊索桥;

陆地:越野车,沙漠车,摩托雪橇;

水上:气垫船,沼泽水橇,汽车轮渡,登陆艇;

空中:货运、空投飞机或直升机,临时跑道。

（10）工程材料。

防水防雨抢修：帆布，苫布，防水卷材，快凝快硬水泥；

临时建筑构筑物：型钢，薄钢板，厚钢板，钢丝，钢丝绳（钢绞线）桩（钢管桩、钢板桩、混凝土桩、木桩），上下水管道，混凝土建筑构件，纸面石膏板，纤维水泥板，硅酸钙板，水泥，砂石料；

防洪：麻袋（编织袋），防渗布料涂料，土工布，铁丝网，铁丝，钉子，铁锹，排水管件，抽水机组。

2. 应急物资的储备原则

（1）统筹规划，分级负责。

应急物资储备要统筹规划，分级实施，统一调配，资源共享。发展改革、经贸等部门负责储备重要物资及基本生活物资；专业应急部门负责储备本部门处置突发事件所需的专业应急物资和应急处置装备。

（2）结合实际，突出重点。

应急物资储备要结合实际，针对常发的、影响大的灾种确定物资储备的种类，先急后缓。应急物资储备数量要与当地实际人口、经济发展规模和社会发展状况等相适应。

（3）形式多样，节约实效。

要充分发挥社会力量，利用市场资源，开拓社会代储渠道，探索多样化应急物资储备方式。积极探索建立实物储备与商业储备相结合、生产能力储备与技术储备相结合、政府采购与政府补贴相结合的应急物资储备方式。重要物资储备以委托企业储备为主，有关单位实物储备及要求相关企业保持一定量的商业储备为辅；应急处置装备以有关单位实物储备为主，委托企业储备及要求相关企业保持一定量的商业储备为辅；基本生活物资以政府补贴、委托企业储备为主，要求相关企业保持一定量的商业储备为辅。充分发挥投入资金的放大效应，提高资金的使用效能。

3. 应急物资管理的要求

应急物资的管理是对应急物资的需求分析、筹措、储存、保障运输、配送和使用直至消耗全过程的管理。对应急物资进行妥善的管理能够最大限度地减少自然因素和人为因素对物资理化性质的影响，保证其价值的充分发挥，保证在应急情况下各种物资的合理配发和使用，是实现应急物流快速保障的重要物质基础，也是衡量应急物流保障水平的显著标志。

应急物资在管理过程中的具体要求是："注重质量，确保安全，合理存放，优化流程，准确无误，全程监控。"

（1）注重质量是应急物资管理的首要环节。应当视质量为生命，没有可靠的质量保证就不会有高水平的应急物流。这就要求根据应急物资所处的具体自然环境，保持其自身的理化特性，为物资储备运输、搬运等创造良好的外部环境。

（2）确保安全是应急物流和应急物资管理的根本要求。安全工作是应急物流管理工作的基础。由于应急物流追求高速度，因此在应急物资的运输、配送、发放等过程中必须保证安全，做到安全稳妥，无事故发生，确保万无一失。

（3）合理存放要求对应急物资存放的空间位置合理化，便于快速搬运、配送和管理，节约时间，提高效率。

（4）优化流程是应急物资管理的内在要求。优化物资管理流程可以最大限度地减少物流环节，节约物流时间，符合应急物流追求时空效益最大化的特点。

（5）准确无误是体现应急物资管理水平的重要标志。应急物流的高速高效运转并不是以牺牲准确率为代价的。反之，要求对应急物资的数量、规格、品种、型号等信息准确掌握，对应急物资的储存、配货、发放等过程做到绝对准确，严防各类差错事故的发生，严肃认真，做到不错、不乱、不差。

（6）全程监控是指对应急物资在需求、筹措、储存、运输、配送到消耗整个过程动态和静态监督控制，收集应急物资的实时信息，为指挥机构判断情况、做出决策提供可靠依据。

 **思考与讨论**

1. 简述应急物流的概念。
2. 简述应急物流管理的类型和特点。

案例分析

7.3　低碳物流与绿色物流

案例 7 - 3

7.3.1　低碳经济与低碳物流

1. 低碳经济概述

所谓低碳经济，是指在可持续发展理念指导下，通过技术创新、制度创新、产业转型、新能源开发等多种手段，尽可能地减少煤炭、石油等高碳能源消耗，减少温室气体排放，达到经济社会发展与生态环境保护双赢的一种经济发展形态。发展低碳经济，一方面是积极承担环境保护责任，完成国家节能降耗指标的要求；另一方面是调整经济结构，提高能源利用效益，发展新兴工业，建设生态文明。这是摒弃以往先污染后治理、先低端后高端、先粗放后集约的发展模式的现实途径，是实现经济发展与资源环境保护双赢的必然选择。

低碳经济是以低能耗、低污染、低排放为基础的经济模式，是人类社会继农业文明、工业文明之后的又一次重大进步；是国际社会应对人类大量消耗化学能源、大量排放二氧化碳（CO_2）和二氧化硫（SO_2）引起全球气候灾害性变化而提出的能源品种转换，实质是解决提高能源利用效率和清洁能源结构问题，核心是能源技术创新和人类生存发展观念的根本性转变。低碳经济定义的延伸还含有降低重化工业比重，提高现代服务业权重的产业结构调整升级的内容；其宗旨是发展以低能耗、低污染、低排放为基本特征的经济，降低经济发展对生态系统中碳循环的影响，实现经济活动中人为排放二氧化碳与自然界吸收二氧化碳的动态平衡，维持地球生物圈的碳元素平衡，减缓气候变暖的进程，保护臭氧层不致蚀缺。广义的低碳技术除包括对核、水、风、太阳能的开发利用之外，还涵盖生物质能、煤的清洁高效利用、油气资源和煤层气的勘探开发、二氧化碳捕获与埋存等领域开发的有效控制温室气体排放的新技术,涉及电力、交通、建筑、冶金、化工、石化、汽车等多个产业部门。"低碳经济"提出的大背景,是全球气候变暖对人类生存和发展的严峻挑战。随着全球人口和经济规模的不断增长,能源使用带来的环境问题及其诱因不断地为人们所认识,不只是烟雾、光化学烟雾和酸雨等的危害,大气中二氧化碳浓度升高带来的全球气候变化也已被确认为不争的事实。

在此背景下,"碳足迹"、"低碳经济"、"低碳技术"、"低碳发展"、"低碳生活方式"、"低碳社会"、"低碳城市"、"低碳世界"等一系列新概念、新政策应运而生。而能源与经济乃至价值观实行大变革的结果,可能将为逐步迈向生态文明走出一条新路,即摈弃 20 世纪的传统增长模式,直接应用新世纪的创新技术与创新机制,通过低碳经济模式与低碳生活方式,实现社会可持续发展。

作为具有广泛社会性的前沿经济理念,低碳经济其实没有约定俗成的定义。低碳经济也涉及广泛的产业领域和管理领域。

"低碳经济"的理想形态是充分发展"阳光经济"、"风能经济"、"氢能经济"、"生态经济"、"生物质能经济"。但现阶段太阳能发电的成本是煤电、水电的 5～10 倍,一些地区风能发电价格高于煤电、水电;作为二次能源的氢能,目前离利用风能、太阳能等清洁能源提取的商业化目标还很远;以大量消耗粮食和油料作物为代价的生物燃料开发,一定程度上引发了粮食、肉类、食用油价格的上涨。从世界范围看,预计到 2030 年太阳能发电也只达到世界电力供应的 10%,而全球已探明的石油、天然气和煤炭储量将分别在今后 40 年、60 年和 100 年左右耗尽。因此,在"碳素燃料文明时代"向"太阳能文明时代"(风能、生物质能都是太阳能的转换形态)过渡的未来几十年里,"低碳经济"、"低碳生活"的重要含义之一,就是节约化石能源的消耗,为新能源的普及利用提供时间保障。特别从中国能源结构看,低碳意味节能,低碳经济就是以低能耗低污染为基础的经济。

"戒除嗜好! 面向低碳经济"的环境日主题提示人们,"低碳经济"不仅意味着制造业要加快淘汰高能耗、高污染的落后生产能力,推进节能减排的科技创新,而且意味着引导公众反思哪些习以为常的消费模式和生活方式是浪费能源、增排污染的不良嗜好,从而充分发掘服务业和消费生活领域节能减排的巨大潜力。

转向低碳经济、低碳生活方式的重要途径之一,是戒除以高耗能源为代价的"便利消费"嗜好。"便利"是现代商业营销和消费生活中流行的价值观。不少便利消费方式在人们不经意中浪费着巨大的能源。比如,据制冷技术专家估算,超市电耗 70% 用于冷柜,而敞开式冷柜电耗比玻璃门冰柜高出 20%。由此推算,一家中型超市敞开式冷柜一年多耗约 4.8 万度电,相当于多耗约 19 吨标煤,多排放约 48 吨二氧化碳,多耗约 19 万升净水。上海市约有大中型超市近 800 家,超市便利店 6 000 家。如果大中型超市普遍采用玻璃门冰柜,顾客购物时只需举手之劳,一年可节电约 4 521 万度,相当于节省约 1.8 万吨标煤,减排约 4.5 万吨二氧化碳。

转向低碳经济、低碳生活方式的重要途径之二,是以"关联型节能环保意识"戒除使用"一次性"用品的消费嗜好。2008 年 6 月全国开始实施"限塑令"。无节制地使用塑料袋,是多年来人们盛行便利消费最典型的嗜好之一。要使戒除这一嗜好成为人们的自觉行为,单让公众理解"限塑"意义在于遏制白色污染，这只是"单维型"环保科普意识。其实"限塑"的意义还在于节约塑料的来源——石油资源——减排二氧化碳。这是一种"关联型"节能环保意识。据中国科技部《全民节能减排手册》计算，全国减少 10％的塑料袋，可节省生产塑料袋的能耗约 1.2 万吨标煤，减排 31 万吨二氧化碳。"关联型"环保意识不仅能引导公众明白"限塑就是节油节能"，也引导公众觉悟到"节水也是节能"（即节约城市制水、供水的电能耗），觉悟到改变使用"一次性"用品的消费嗜好与节能、减少碳排放、应对气候变化的关系。

　　转向低碳经济、低碳生活方式的重要途径之三，是戒除以大量消耗能源、大量排放温室气体为代价的"面子消费"、"奢侈消费"的嗜好。2009 年第一季度全国车市销量增长最快的是豪华车，其中高档大排量的宝马进口车同比增长 82％以上，大排量的多功能运动车 SUV 同比增长 48.8％。与此相对照，不少发达国家都愿意使用小型汽车、小排量汽车。提倡低碳生活方式，并不一概反对小汽车进入家庭，而是提倡有节制地使用私家车。日本私家车普及率达 80％，但出行并不完全依赖私家车。在东京地区私家车一般年行使 3 000 至 5 000 公里，而上海私家车一般年行使 1.8 万公里。国内人们无节制地使用私家车成了炫耀型消费生活的嗜好。有些城市的重点学校门口，接送孩子的一两百辆私家车将周围道路堵得水泄不通。由于人们将"现代化生活方式"含义片面理解为"更多地享受电气化、自动化提供的便利"，导致了日常生活越来越依赖于高能耗的动力技术系统，往往几百米的短程或几层楼的阶梯，都要靠机动车和电梯代步。另一方面，人们的膳食越来越多地消费以多耗能源、多排温室气体为代价生产的畜禽肉类、油脂等高热量食物，肥胖发病率也随之升高。而城市中一些减肥群体又嗜好在耗费电力的人工环境，如空调健身房、电动跑步机等进行瘦身消费，其环境代价是增排温室气体。

　　转向低碳经济、低碳生活方式的重要途径之四，是全面加强以低碳饮食为主导的科学膳食平衡。低碳饮食，就是低碳水化合物，主要注重限制碳水化合物的消耗量，增加蛋白质和脂肪的摄入量。目前我国国民的日常饮食，是以大米、小麦等粮食作物为主的生产形式和"南米北面"的饮食结构。而低碳饮食可以控制人体血糖的剧烈变化，从而提高人体的抗氧化能力，抑制自由基的产生，长期还会有保持体型、强健体魄、预防疾病、减缓衰老等益处。但由于目前国民的认识能力和接受程度有限，不能立即转变。因此，低碳饮食将会是一个长期的、艰巨的工作。不过相信随着人民大众普遍认识水平的提高，低碳饮食将会改变中国人的饮食习惯和生活方式。

　　人们要实现宏大的节能降耗战略，或许要取决于很多细微之处。人们应看到，这"细微之处"不只是制造业、建筑业中许多节能技术改进的细节，也包括日常生活习惯中许多节能细节。对于世界第一人口大国来说，每个人生活习惯中浪费能源和碳排放的数量看似微小，一旦以众多人口乘数计算，就是巨大的数量。科技工作者和社会科学工作者都有责任从日常生活的方方面面向公众开展低碳经济、低碳生活的创意活动和普及工作，使党的十七大提出的"节能减排"，"建设资源节约型、环境友好型社会"，"加强应对气候变化能力建设，为保护全球气候做出新贡献"的科学发展决策，变为全民的实际行动。发展低碳经济，是中国的"世界公民"责任担当，也是中国可持续发展、转变经济发展模式的难得机遇。推行低碳经济，需要政府主导，包括制定指导长远战略，出台鼓励科技创新、节能减排、可再生能源使用的政策，减免税收、财政补贴、政府采购、绿色信贷等措施，来引领和助推低碳经济发展；但也需要企业认清方向自觉跟进,促进低碳经济发展的"集体行动"。只有更多企业改变目前的被动状态,自觉跟进低碳经济的发展步伐时,中国向低碳经济转换才有现实的基础和未来的希望。

2. 低碳物流

低碳物流的兴起,归功于低碳革命和哥本哈根环境大会对绿色环保官方倡导,随着气候问题日益严重,全球化的"低碳革命"正在兴起,人类也将因此进入低碳新纪元,即以"低能耗、低污染、低排放"为基础的全新时代。而物流作为高端服务业的发展,也必须走低碳化道路,着力发展绿色物流服务、低碳物流和智能信息化。

绿色物流服务,是有利于保护生态环境,节约资源和能源的、无污无害无毒的、有益于人类健康的服务。绿色服务要求企业在经营管理中根据可持续发展战略的要求,充分考虑自然环境的保护和人类的身心健康,从服务流程的服务设计、服务耗材、服务产品、服务营销、服务消费等各个环节着手节约资源和能源、防污、减排和减污,以达到企业的经济效益和环保效益的有机统一。

物流业是现代服务业的重要组成部分,同时也是碳排放的大户。低碳物流要实现物流业与低碳经济的互动支持,通过整合资源、优化流程、施行标准化等实现节能减排,先进的物流方式可以支持低碳经济下的生产方式,低碳经济需要现代物流的支撑。

7.3.2 低碳物流的内涵与特征

1. 低碳物流的内涵

低碳物流是一个怎么样处理资源流和物流统一的话题,是物流生态系统理念的重要组成部分,也是物流发展的重要坐标。这是人类发展低碳生态系统所必须要有的过程,也是未来物流产业全球化的立根之本。物流的低碳化主要包括两个方面:一是如何减少物流领域的碳排放;二是怎样通过优化的方式来运作物流系统。

低碳物流的第一个问题是:如何减少物流行业对碳的排放。对于物流企业来说,首先涉及的是车辆动力设备和二氧化碳排放问题,虽然有相关政策也一直在支持开发新能源汽车,但对于大型运输装配车辆,目前并没有特别好的选择,而且还有一个低碳车辆成本的问题。第二个问题是,物流企业怎么样通过优化的方式来运作物流系统。这里谈一个物流资源整合的问题,即物流生态系统的构置的配建,怎样让物流完成企业设计、生产、配送到回收这一整套物流生态系统,并且做到最优化的问题。

低碳物流对于物流从业者来说是一个比较新的理念,在物流企业做指导性策略研究的时候,低碳物流却又是一个很大的问题,然而企业考虑更多的是成本,只有降低成本才能有效益。如果低碳能让成本降低,就不需要国家倡导了,企业自身就会有动力去推动。但问题是,如果实现低碳物流需要企业提高成本,而低碳物流又确实上升成为整个社会的问题,这时就需要有一些国家政策或是媒体来引导企业,让企业了解到:成本的上升换来的低碳到底是一个怎样的效果,这些指标都需要进行量化。因此更需要从整个社会层面去营造一个低碳的环境。

我们国家虽然已经定下了40%～45%的碳减排目标,但是低碳排放如何操作,则是一个比较棘手的问题。政府目前的处理办法是：城市的道路交通全部倾向于乘客，向客流倾斜而不是物流倾斜，物流有被边缘化的倾向。但是，对企业而言应该如何应对呢？很多企业只有采取规避的方法，不让货车进城，那就用面包车送货；不让货车白天进五环，就利用夜间或凌晨送货。然而，这些都只能解决部分问题，并非治本之策，政策应考虑到这些企业的实际需求。归根结底，企业的低碳化之路需要量化，要结合物流企业自身的发展策略，制定低碳行动方案，从物流系统的细节着手，参考政府低碳指导指标，做到量化到质变，最终实现低碳化物流的转变。

2. 低碳物流的特征

（1）低碳物流具有系统性。

系统是指为了实现一定目标而由相互作用和相互影响的若干要素组成的有机整体。而低碳物流是以低能耗、低污染、低排放为目标，由低碳运输、低碳仓储、低碳包装等功能要素所组成的系统。从系统观点来看，物流系统的每个功能环节都实现了低碳，整体实现了资源最充分的利用，才符合低碳物流的内涵。低碳物流系统既是物流系统的一个子系统，其本身也是由多个子系统：如低碳运输子系统、低碳仓储子系统、低碳包装子系统等所构成。这些子系统之间也存在这物流系统固有的效益背反现象，互相之间相互影响。另外，由于低碳物流具有系统性，所以低碳物流系统也受到外部环境的影响，外部环境对低碳物流的实施将起到约束作用或推动作用。

（2）低碳物流具有双向性。

低碳物流具有双向性是指低碳物流包括正向物流与逆向物流两个方向的低碳化。正向物流低碳化是指通过"生产—流通—消费"的路径满足消费者需求的物的流向过程中所有活动的低碳化；逆向物流低碳化是指在正向物流过程中产生了各类衍生物，合理处置这些衍生物所产生的物流活动的低碳化，主要包括回收、分拣、净化、提纯、商业或维修退回、包装等再加工、再利用和废弃物处理等环节的低碳化。由于早期人们对于物流的认识主要局限在正向物流，而忽视了逆向物流的节能减排和资源有效利用。而低碳物流的双向性要求物流低碳化必须从正向物流和逆向物流两个方面实现低碳化。

（3）低碳物流具有多目标性。

低碳物流为了实现可持续发展的最终目标，其主要准则是经济利益、消费者利益、社会利益和生态环境利益四个目标的统一。低碳物流作为社会经济活动的一种，追求经济利益是其根本，但从可持续发展的观点来看，还应注重消费者利益、社会利益和生态环境利益。从系统观点看，这四个目标往往是相互制约，相互冲突的。低碳物流需要在这些多个目标之间进行平衡，其中生态环境效益是其他目标实现的保证，也是低碳物流得以实现的关键。

（4）低碳物流具有标准性。

低碳物流的节能减排在不同的功能环节具体的要求是不一样的。低碳物流要求在不同的物流功能环节制订各类标准，进行统一协调，提高低碳物流系统管理水平。另外，低碳物流所使用的能效技术、可再生能源资源和节能减排技术在国家层面也制订了统一的标准。现在我国主要城市和大部分行业都在研究碳排放限值、审核、评估及验证领域的标准体系建设。标准化是低碳物流发展的基础。低碳物流标准化对降低物流成本、提高物流资源利用、节能减排具有重大的决定性作用。

（5）低碳物流具有技术先进性。

低碳物流是通过应用先进技术实现的。低碳物流以能效技术、可再生能源技术和温室气体减排技术的开发和运用为核心。低碳物流的实现，离不开先进的技术应用。这些技术可以是硬技术，也可以是软技术。硬技术包含物流设备的使用，如叉车、托盘、货架、分拣机、绿色运输车等设备的使用，软技术的使用主要是指先进而又合适的软件、操作方法、作业标准和业务流程等。没有先进的低碳技术的使用，实现低碳物流就是一句空话。

3. 我国发展低碳物流的措施

目前，我国物流存在粗放式经营，空运输率，重复运输、库存积压和废弃物回收利用率低的问题，无论从物流基础设施建设、物流经营管理水平、物流创新制度、物流人才培养、物流理念研究等方面都处于较为落后状态，还未达到低碳物流的"低能耗、低排放、低污染和高效率"的标准要求。与发达国家相比，我国物流成本生产成本较高，分别占据国内生产总值和产品总成本的近16.7%和20%～30%左右；而发达国家物流成本却只占国内生产总值或产品总成本的大约10%。可见，我国物流发展与发达国家差距较大，如果紧抓低碳物流发展机遇，我国物流经济仍然有较大的发展空间。

（1）普及低碳物流全新理念，提高公众参与度。

低碳经济风暴席卷全球，在物流业领域发展低碳物流乃是大势所趋、势在必行。我国应适应低碳物流发展潮流，彻底转变物流发展方式，确立低碳物流发展理念，宣传和推广低碳物流意识，增强社会公众对低碳物流的了解和认识，提升低碳物流意识的社会化程度。从个人、家庭、企业、政府和社会等方面普及低碳物流意识，共同促进低碳物流发展。从个人方面，应身体力行宣传和践行低碳理念，从身边小事做起为低碳物流做出积极贡献。从家庭方面，进行低碳生活方式宣传，践行低碳出行、旅行、家居、消费等，让低碳理念深入人心。从企业方面，从产品设计、生产到销售都贯穿低碳理念，在物流的仓储、包装、流通加工、配送等各环节实现低碳化运营。从政府方面，对在经营活动过程中践行低碳理念的企业给予激励措施，鼓励低碳物流发展。从社会方面，以公众参与的方式促进低碳物流的发展，全社会打造低碳经济。

（2）制定低碳物流法规体系，促进低碳物流发展。

目前，我国在低碳物流领域的立法尚处于空白阶段，有关低碳物流法律规章制度一般体现在规章和其他法规条文内容当中。要顺利推进低碳物流的发展，首先，要严格实施环境保护及应对气候变化涉及碳减排领域的法律法规，在物流活动中全程贯穿低碳环境保护意识，注重物流生产活动中节能减排，提升物流的低碳发展水平。其次，要借鉴国外发达国家低碳物流立法经验，对我国物流企业进行实地调研，结合我国具体国情和物流业发展阶段，制定适宜我国低碳物流法律法规，为我国低碳物流发展提供法律依据。最后，对物流管理体制进行全方位改革，改革过去多部门多头管理弊端，形成物流大部门合力，加强物流企业活动过程中污染源的控制，从源头上对物流企业产生环境污染进行控制和管理，限制高碳交通运输工具，选择合适的低碳运输方式，在流通体系环节减少碳排放和提高物流效率。

（3）注重低碳技术研发，建立低碳物流技术体系。

我国要实现物流经济的可持续发展，必须转变高碳经济发展方式，在经济发展过程中调整我国能源消耗结构，降低能耗、减少碳排放，积极研发低碳清洁新能源和可再生能源，努力建设以低碳特征为核心的产业体系,尤其是现代低碳物流体系。要发展现代低碳物流业,低碳技术和低碳物流是关键。针对我国目前物流行业低碳技术落后状况,我国应成立专门低碳物流技术研发机构,投入巨资加强低碳技术研发,积极引进、吸收、集成和创新低碳物流技术,在低碳物流仓储、流通加工、冷库等环节取得重要技术突破,制定我国低碳物流技术中长期发展规划和物流能效与强度标准,逐步建立物流业节能减排、开发清洁新能源和可再生能源等多元化低碳物流技术体系,为物流业低碳化发展提供强有力的技术保障。

(4) 完善激励政策体系,促进低碳物流的发展。

物流业低碳化发展需要依靠先进的低碳技术作为支撑,单凭企业自身力量是无法得到迅速推进。低碳技术在某种程度上属于准公共产品,企业所研发的技术投入资金巨大且获得的私人收益与社会收益存有较大差距,私人部门企业缺乏低碳物流技术研发动力。为鼓励企业、社会参与低碳技术研发,在低碳物流领域推广和应用低碳技术,需要充分发挥政府强有力的宏观调控作用,制定低碳物流技术激励机制政策,调动社会参与低碳物流技术的积极性。目前,我国物流业低碳化还处于起步发展阶段,仍未成长为物流企业的社会发展主流,更加需要政府采取低碳物流激励政策,改变过去以行政管理为主物流管理体制,实行以法律管理为主,与经济、行政相结合的物流管理体制体系;在激励政策制定方面,坚持以正面激励措施为主,惩罚为辅的基本原则,对积极低碳物流企业参与者给予财政、税收、融资等方面的优惠政策,对存在违法违规物流企业依据情节轻重给予适度的罚金、行政处罚、刑罚,以正反激励机制共同促进低碳物流业的发展。

7.3.3　绿色物流与绿色供应链

1. 绿色物流的内涵

绿色物流(Green Logistics)是 20 世纪 90 年代中期才被提出的一个新概念,目前没有统一的定义。从国外不同学者的定义可以看出,绿色物流实际上是一个内涵丰富、外延广泛的概念,凡是以降低物流过程的生态环境影响为目的的一切手段、方法和过程都属于绿色物流的范畴。

我国 2001 年出版的《物流术语》(GB/T 18354—2001)中对绿色物流的定义是:在物流过程中抑制物流对环境造成危害的同时,实现对物流环境的净化,使物流资源得到充分利用。

这里以可持续发展的原则为指导,再根据现代物流的内涵,给出"绿色物流"的定义:绿色物流是指以降低污染物排放、减少资源消耗为目标,通过先进的物流技术和面向环境管理的理念,进行物流系统的规划、控制、管理和实施的过程。

(1) 绿色物流的最终目标是可持续发展。

该定义认为,绿色物流即是对生态环境友好的物流,亦称生态型的物流。其根本目的是减少资源消耗、降低废物排放;这一目的实质上是经济利益、社会利益和环境利益的统一;这也是可持续发展的目标。因此,绿色物流也可称为可持续的物流(Sustainable Logistics)。

一般的物流活动主要是为了实现企业的盈利、满足顾客需求、扩大市场占有率等,这些目标最终均是为了实现某一主体的经济利益。而绿色物流的目标是在上述经济利益的目标之外,还追求节约资源、保护环境这一既具有经济属性,又具有社会属性的目标。尽管从宏观角度和长远的利益看,节约资源、保护环境与经济利益的目标是一致的,但对某一特定时期、某一特定的经济主体却是矛盾的。按照绿色物流的最终目标,企业无论在战略管理还是战术管理中,都必须从促进经济可持续发展这个原则出发,在创造商品的时间效益和空间效益以满足消费者需求的同时,注重按生态环境的要求,保持自然生态平衡和保护自然资源,为子孙后代留下生存和发展的权利。实际上,绿色物流是可持续发展原则和现代物流理念相结合的一种现代物流观念。

(2)绿色物流的活动范围涵盖产品的全生命周期。

产品从原料获取到使用消费,直至报废的整个生命周期,都会对环境有影响。而绿色物流既包括对从原料的获取、产品生产、包装、运输、分销,直至送达最终用户手中的前向物流过程的绿色化,也包括对退货品和废物回收逆向物流过程的生态管理与规划。因此,其活动范围包括了产品从产生到报废处置的整个生命周期。

生命周期不同阶段的物流活动不同,其绿色化方法也不相同。从生命周期的不同阶段看,绿色物流活动分别表现为绿色供应物流、绿色生产物流、绿色分销物流、废弃物物流和逆向物流;从物流活动的作业环节来看,一般包括绿色运输、绿色包装、绿色流通加工、绿色仓储等。

(3)绿色物流的理论基础包括可持续发展理论、生态经济学理论、生态伦理学和循环经济理论。

首先,物流过程不可避免地要消耗资源和能源,产生环境污染,要实现长期、持续地发展,就必须采取各种措施,形成物流环境之间共生发展模式。其次,物流系统既是经济系统的一个子系统,又通过物流流动、能源流动建立起了与生态系统之间的联系和相互作用,绿色物流正是通过经济目标和环境目标之间的平衡,实现生态与经济的协调发展。另外,生态伦理学告诉我们,不能一味地追求眼前的经济利益而过度消耗地球资源,破坏子孙后代的生存环境,绿色物流及其管理战略将迫使人们对物流中的环境问题进行反思和控制。最后,以物质闭环流动、资源循环利用为特征的循环经济,是按照自然生态系统物质循环和能量流动规律构建的经济系统,其宗旨就是提高环境资源的配置效率,降低最终废物排放量。而绿色物流要实现对前向物流过程和逆向物流过程的环境管理,也必须以物流循环利用、循环流动为手段,提高资源利用效率,减少污染物排放。

(4)绿色物流的行为主体包括公众、政府及供应链上的全体成员。

我们知道,在产品从原料供应、生产过程、产品的包装、运输以及完成使用价值而成为废弃物后,即在产品生命周期的每一阶段,都存在着环境问题。专业物流企业对运输、包装、仓储等物流作业环节的绿色化负有责任和义务。处于供应链上核心地位的制造企业,既要保证产品及其包装的环保性,还应该与供应链的上下游企业、物流企业协同起来,从节约资源、保护环境的目标出发,改变传统的物流体制,制定绿色物流战略和策略;实现绿色产品与绿色消费之间的连接,使企业获得持续的竞争优势。

另外,各级政府和物流行政主管,在推广和实施绿色物流战略中具有不可替代的作用。由于物流的跨地区和跨行业特性,绿色物流的实施不是仅靠某个企业或在某个地区就能完成的,也不是仅靠企业的道德和责任就能主动实现的。它需要政府的法规约束和政策支持。例如,对环境污染指标的限制、对包装废弃物的限制、对物流循环利用率的规定等,都有利于企业主动实施绿色物流战略,零售商和消费者在内的循环物流系统。

公众是环境污染的最终受害者。公众的环保意识能促进绿色物流战略的实施,并对绿色物流的实施起到监督的作用,因而也是绿色物流不可缺少的行为主体。

2. 绿色供应链的内涵

绿色供应链的概念最早由美国密歇根州立大学的制造研究协会在 1996 年进行一项"环境负责制造(ERM)"的研究中首次提出,又称环境意识供应链(Environmentally Conscious Supply Chain,ECSC)或环境供应链(Environmentally Supply Chain,ESC),是一种在整个供应链中综合考虑环境影响和资源效率的现代管理模式。它以绿色制造理论和供应链管理技术为基础,涉及供应商、生产商、销售商和用户,其目的是使得产品从物料获取、加工、包装、仓储、运输、使用到报废处理的整个过程中,对环境的影响(副作用)最小,资源效率最高。

提出这一概念的目的,是从资源优化利用的角度来考虑制造业供应链的发展问题。也就是说,从产品的原材料采购期开始,就进行追踪和控制,使产品在设计研发阶段,就遵循环保规定,从而减少产品在使用期和回收期给环境带来的危害。

今天,强有力的供应链管理具有两个鲜明的特征:一个是数字化,一个是绿化。在不牺牲品质的前提下,数字化供应链关注的是供应链内部管理的紧凑高效与灵活,绿色供应链关注的则是如何最大限度降低供应链内部各环节的环境代价,具体表现为尽可能减少不必要的资源和能源消耗。而实现供应链管理的数字化,则是构建绿色供应链的必要前提。

很多世界一流企业,正在将气候变化当作一个机会,它们开始发现,可以在供应链中有效降低成本和减少碳排放。麦肯锡在 2008 年的一项关于气候变化的调查中发现,全球 2 000多名企业高管中几乎有一半认为,在采购与供应链管理中,气候变化是一个重要或非常重要的考虑因素。

麦肯锡的分析表明,一家企业 40%~60%的碳足迹存在于供应链的上游——从原材料、运输和包装到生产过程中消耗的能源,而对零售商这一比例则是 80%。因此,任何重大的碳减排行动都需要与供应链伙伴进行合作,全面了解与产品有关的排放情况,然后系统地分析减排机会。最令人鼓舞的一个好消息是,许多减排机会并不必然会增加产品生命周期的净成本,通过降低能耗与物耗,前期投资的回报将会超过支出;只有在物流和产品设计环节,才需要在排放与赢利能力之间进行权衡。

美国智库落基山研究所的董事长兼首席科学家埃默里·洛文思认为,在企业可赢利的碳战略中,能源效率是最重要的部分,他举的例子是全球地毯和室内饰品制造商界面公司。界面公司建立了业内对石油依赖最小的成本结构,1/4 的利润来源于系统化地消除浪费,11年内将碳排放降低了 82%。在石油价格飙升后,界面的原料和燃料成本几乎不受影响,而它的竞争对手却受到了很大冲击。

麦肯锡的报告建议,富有远见的企业应该将减碳作为培育供应商的新机会,将自己在生产、采购、研发以及提高能效领域的最佳实践传授给重要的供应商,这不但可以帮助供应商从供应链中减少更多的碳排放,还为企业进一步降低成本、提高运营绩效提供了机会。中远物流总裁叶伟龙认为,十年后,绿色供应链一定是企业竞争力的主要表现手段之一。

案例分析

思考与讨论

1. 简述低碳物流的概念。
2. 简述绿色物流的内涵。

7.4 其他物流热点

案例 7-4

7.4.1 物流服务与物流服务供应链

1. 物流服务

物流服务是指对在供应链中商品要在企业和供应商/顾客之间移动,与每笔交易相关的资金和信息移动相关的业务流程进行管理。物流服务的意义:

(1)物流服务是提高企业竞争力的重要方面,及时准确地为客户提供产品和服务,已成为企业之间除了价格以外的重要竞争因素。

(2)物流服务水平是构建物流系统的前提条件。物流服务水平不同,物流的形式将随之而变化,因此,物流服务水平是构建物流系统的前提条件。企业的物流网络如何规划,物流设施如何设置,物流战略怎样制定,都必须建立在一定的物流服务水平之上。不确定一定的物流服务水平而空谈物流,是"无源之水,无本之木"。

(3)物流服务水平是降低物流成本的依据。物流在降低成本方面起着重要的作用,而物流成本的降低必须首先考虑物流服务水平,在保证一定物流服务水平的前提下尽量降低物流成本。从这个意义上说,物流服务水平是降低物流成本的依据。

(4)物流服务起着连接厂家、批发商和消费者的作用,是国民经济不可缺少的部分。

2. 物流服务供应链

在全球经济一体化、自由化趋势不断加强的今天,企业竞争主要集中于价格、时间、质量、服务四个方面,传统的以产品为核心的供应链管理模式已无法适应现代企业的要求。由此,以服务为核心的供应链管理模式应运而生,已成为现代企业的主导经济。所谓物流服务供应链(Logistics Service Supply Chain,LSSC),指由产品供应链扩展到服务供应链,集成构建物流服务网络,缔结企业与供应商、渠道商、零售商、服务商所形成的低成本、高效率的供应链。近年来,以物流业的高速发展为基础,我国企业纷纷着手构建物流服务供应链,以应对激烈的市场竞争。然而,当前我国物流服务供应链的发展还存在阻碍,如观念陈旧固化、配送环节效率低、信息化与标准化问题、人力资源匮乏等,严重制约了物流服务供应链网络的构建。

物流服务供应链构建主要以工业企业为主,缔结供应商、渠道商、零售商、服务商等,引导仓储、运输、配送企业发挥协同作用,从而形成以服务为核心的低成本、高效率的供应链。

在我国工业品物流业高速发展的基础上,物流服务供应链也蓬勃发展。

近年来,我国电子商务的迅速崛起,促进了物流服务供应链优化的实现。2015 年我国电子商务交易额达到了 18.3 万亿元,同比增长 36.5%。在"互联网+"、"供给侧改革"的推动下,更是为 B2B 电商与物流服务供应链的发展带来了新机遇,尤其是资本涌入、政策鼓励等引领行业转型,许多企业推出"电商+ 物流服务供应链"模式,并取得了不俗成就。

物流服务供应链的构建,除了借助于 Internet 外,首先必须借助于 ID 代码、条码、EDI 等支持技术改善业务流程,通过流程自动化以满足用户对产品个性化的需求、提升优质服务。近年来随着各支持技术的不断成熟,推动了物流服务供应链的发展。

3. 当前我国物流服务供应链存在的问题

(1) 观念陈旧固化,一定程度上阻碍我国物流服务供应链的发展。

物流服务供应链理念是近年来经济社会发展到一定阶段的新兴产物,但在我国还处于发展初期阶段。目前,随着市场经济体制的不断推进,商业连锁企业、配送中心等已广泛被社会所认可,但以服务为核心的物流供应链依旧还面临传统观念的挑战。在我国长期的计划经济体制下,许多企业尤其是国有企业依旧沿用工厂调度、科室的模式,虽然职能部门齐全,但由于各自为政,往往只有到年底结账时才了解企业运作全貌,且由于部门间有从属交叉关系,往往导致成本上升、效率低下。如业务员负责联系客户、票务室负责开票、财务室负责收款,在月中时需要了解一笔业务的明细,往往要跨多部门翻查。随着现代经济社会的不断发展,企业业务量更多更复杂,这就更需要实施物流服务供应链,以满足企业经营的需求。然而,受陈旧固化观念的影响,企业内部更关注本部门的工作效益,导致部门利益与企业物流服务供应链的整体利益发生冲突。如许多企业即便在实行连锁经营后,依旧认为配送中心等建设会增加企业成本,这在一定程度上阻碍了我国物流服务供应链的发展。

(2) 配送环节周期长质量低,客户满意程度较低。

物流服务供应链中的配送服务是直接面对消费者的环节,甚至决定消费者的满意程度及再次购买意愿。从我国物流服务供应链的构建来看,配送环节是"短板",存在周期长、质量低等问题。如配送货物较多导致配送超时、货物短缺,配送人员态度恶劣,甚至拒绝送货等现象。在市场经济体制下,消费者往往希望个性化服务能够得到满足,这也是企业生存与发展的基础。

以较容易获得数据的电子商务物流服务供应链为例,据《中国消费者报》调查数据显示,2015 年我国网民对各大电子商务平台的"配送速度与服务质量"评价较低,原因主要来自以下几个方面:其一,物流服务未形成供应链网络,企业各自开展物流服务,导致物流服务成本高、效率低,也造成物流网络的重复建设、资源浪费。其二,物流服务供应链存在设备资源落后的问题,尤其是订单处理速度慢,导致物流配送周期长。这与我国物流企业发展现状有关,目前我国物流企业以中小型为主,规模制约导致不愿投入先进设备,甚至其中不乏人工处理订单的企业,供应链管理也就无从谈起。其三,物流配送服务环节的从业人员素质偏低,服务理念陈旧。目前我国物流配送环节从业人员门槛低、素质参差不齐,存在态度差、临时改变送货地点等行为,也就更谈不上满足客户个性化需求。

(3) 信息化标准化问题,导致我国物流服务供应链网络不成熟。

在激烈的市场竞争下,企业纷纷着手构建物流服务供应链网络,以培育核心竞争力、获得发展新动力。以当当网为例,自 2013 年起就开始着手物流服务供应链网络构建,面对遍布全国各地的消费群体,选择与多家供应商、物流企业合作,旨在实现近距离配货、配送,覆盖全国,如在成都建立西南片区的配货地,在太原建立中部片区的配货地。然而事与愿违,由于信息化与标准化建设跟不上,导致管理、运营等面临巨大难题。

首先,我国企业信息化程度不高、管理水平较低,制约了物流服务供应链网络的构建。2015 年国务院提出了"互联网+产业"战略,我国企业纷纷着手推进信息化建设。据中国信息化产业中心发布数据显示,截至 2015 年底,已有 42.3% 的企业处于信息化全面集成应用阶段。但整体而言,我国企业信息化程度不高,尤其是中小企业仅有 25% 左右处于信息化全面集成应用阶段,再加上管理理念落后,严重影响经营管理效率与决策水平,进而导致我国物流服务供应链网络构建不全面、不成熟。

其次,我国流通行业缺乏与国际接轨的全国统一标准,阻碍了物流服务供应链的发展。目前,我国流通行业存在多个不同标准,如 POS 标准、条码标准、ID 代码标准等。各行业仅立足于本行业的特点,制定适合于本行业的标准。而在物流服务供应链网络构建中,需要各行业通力协作,否则面对各类不同的标准反而无章可循。

(4) 专业人才匮乏,导致我国物流服务供应链发展缺乏人力支撑。

纵观西方发达国家物流服务供应链的发展,专业人才是关键、是核心。事实上,物流服务供应链是一个跨行业、跨部门的新兴产业,涵盖内容较广,融合了制造业、供应业、零售业、物流业等行业,甚至还涉及诸多高新技术领域,需要复合型专业人才。既要懂运营,又要懂管理,既要懂供应链,又要懂信息技术,要求能够统筹全局,熟谙物流服务供应链。但目前我国物流服务供应链人才队伍建设面临以下几个问题:

其一,物流服务供应链理念刚引入我国,无论是企业还是学者对其认识较浅,更谈不上精通理论与实践,尤其是供应链网络构建还处于摸索阶段。其二,缺乏对物流服务供应链人才的系统教育与培训,导致行业专业性人才匮乏,更谈不上高层次人才队伍建设。其三,管理理念落后,缺乏从业人员资格认证体系,导致部分服务环节人员入职门槛低、素质参差不齐,更谈不上复合型人才构建。

4. 我国物流服务供应链发展对策

第一,更新管理理念,建立面向市场的企业,以供应链为核心提升服务质量。要建立一个真正意义的现代企业,就必须更新陈旧的观念,以为顾客提供高质量的服务为核心,将围绕物流服务供应链的各环节、各策略付诸行动,构建面向市场的企业组织。一是要重视"任务陈述",即打破原有部门间各自为政,将任务作为价值线索贯穿企业各职能部门,将部门利益与企业整体利益有机结合,提升企业竞争力。同时,部门间的划分不宜过多地强调边界,应提倡部门间的协作关系,共同为完成任务而工作。二是要建立密切的顾客关系,从而树立企业良好形象。物流服务供应链以服务为核心,必须与顾客建立密切关系,以"顾客第一"为工作目标,以满足顾客个性化需求为目的,由此通过口碑效应树立企业良好形象。三是要将企业与供应商、渠道商、零售商、顾客等缔结起来进行优化,构建物流服务供应链,提升服务质量。供应链网络是现代商业竞争的关键环节,只有将上下游企业缔结起来才能对市场做出快速反应,实现成本降低、效率提升。四是面向市场的企业组织应是多功能的,即从多方位影响市场。如将顾客需求向制造商快速传递,促进产品质量提升、成本降低,又如形成宽口径、短渠道的流通体系,降低流通成本、提升流通效率。

第二,构建物流服务供应链体系,创建顾客订购系统,提高顾客订购质量。物流服务供应链体系的核心是市场需求计划,即以顾客需求为主导,快速反映市场需求。由此,必须创建顾客订购系统,实现订购质量的提升,具体可从以下两个方面出发:一是删除无价值增加的环节,增加配送服务的一致性及可靠性。顾客订购系统是物流服务供应链体系的要素,其目的在于价值增加、服务提升,使顾客愿意为产品或服务支付相应的价款。通过集成信息平台,以满足顾客需求作为切入点,当顾客实施订购服务后,系统立即做出反应。从产品制造、调配、检验,最后通过配送到达顾客手中,各流程环环相扣,如删除文书传递工作、减少产品作为库存在仓库中消耗的时间。二是建立订购履行小组,通过资金的商业过程与物流服务供应链体系有机结合起来。即以资金流向作为主线,将各环节、相关人员紧密融合在一起,具体包括产品安排、信用控制、会计、物流配送等,由此消除瓶颈、减少订购循环时间。同时,订购履行小组的建立可与删除无价值增加环节有机结合,减少订购过程中的前置时间,提升顾客购物体验、增强企业竞争优势。

第三,引进先进体系,建立国家标准,促进物流服务供应链能力的持续提升。在激烈的市场竞争中,要实现物流服务现代化、供应链能力的提升,就必须引进国际先进体系,构建与国际接轨的统一标准。首先应以快速反映市场为基础,引进先进体系。如现在国际通行的JIT(及时服务)、QR(快速反应)、ECR(快速客户反应)、ERP(企业资源计划)等。同时,需要引进先进的应用技术以确保各体系的安全、可靠运行,如客户端操作系统、售前技术支持等。其次是组建专门机构,结合各行业特点制定统一的国家标准。通过国家引导,建立与国际接轨的统一标准,如条码标准、ID 代码等,促进企业物流服务供应链能力的持续提升。2015年国务院提出了"中国制造 2025"战略,统一的国家标准能够为制造业向国内、国际市场进军奠定第一块基石。如制造业会主动解决条码问题,通过供应链管理实现产品以最低的成本推向国内外市场。最后,应构建优化的物流服务供应链,促进贸易伙伴间的协作。在物流服务供应链体系下建立绩效评估系统,旨在优化供应链流程,实现畅通无阻的高效运行。尤其是对各贸易伙伴间进行合作评估,从而实现利益的合理分配,促进亲密合作,实现物流服务供应链能力的持续提升。

第四,更新观念,培育复合型人才,为物流服务供应链能力的提升创造动力源泉。物流服务供应链在我国方兴未艾,其不仅符合现代物流发展趋势,也是发掘利润的有效方式。面对当前专业人才匮乏的尴尬局面,必须将理论与实践有机结合,着手复合型人才的培育,为物流服务供应链能力的提升创造动力源泉。其一,应创建人才培育中心。以高校、企业为主的联动培养模式,发挥各自优势,重视理论与实践的结合,通过技术、资源共享,培养精通供应链管理的人才。其二,企业应更新观念、重视员工在职培训,提升人员技能与专长。营造良好的文化氛围,构建学习型组织,让员工接触物流、管理、供应链等专业知识,逐步培育复合型人才,同时使物流服务供应链变革能够赢得员工的支持与理解。其三,国家应逐步建立人员资格认证体系,结合灵活多样的培训,提升从业人员素质。

7.4.2　物流供应链能力

在当前市场环境下,在各种类型的行业中,物流供应链被许多企业视为生命线。物流供应链管理在控制成本、降低库存、分散风险方面的作用已经得到越来越多的企业家的认同和重视。物流供应链不仅是一条连接供应商到用户的物流链、信息链、资金链,而且是一条增值链,物料在供应链上因加工、包装、运输等过程而增加其价值,给相关企业带来收益。其能力体现在以下几个方面。

1. 能提高企业管理水平

企业供应链流程的再造与设计,对提高企业管理水平和管理流程,具有不可或缺的作用,同时,随着企业供应链流程的推进和实施、应用,企业管理的系统化和标准化将会有极大的改进,这些都有助于企业管理水平的提高。

2. 节约交易成本

结合电子商务整合供应链将大大降低供应链内各环节的交易成本,缩短交易时间。

3. 降低存货水平

通过扩展组织的边界,供应商能够随时掌握存货信息,组织生产,及时补充,因此企业已无必要维持较高的存货水平。

4. 降低采购成本,促进供应商供应链管理

由于供应商能够方便地取得存货和采购信息,应用于采购管理的人员等都可以从这种低价值的劳动中解脱出来,从事具有更高价值的工作。

5. 减少循环周期

通过供应链的自动化,预测的精确度将大幅度的提高,这将导致企业不仅能生产出需要的产品,而且能减少生产的时间,提高顾客满意度。

6. 收入和利润增加

通过组织边界的延伸,企业能履行他们的合同,增加收入并维持和增加市场份额。

7. 网络的扩张

供应链本身就代表着网络,一个企业建立了自己的供应链系统,本身就已经建立起了业务网络。

7.4.3　物流金融与供应链金融

1. 物流金融

物流金融是指在面向物流业的运营过程,通过应用和开发各种金融产品,有效地组织和调剂物流领域中货币资金的运动。这些资金运动包括发生在物流过程中的各种存款、贷款、投资、信托、租赁、抵押、贴现、保险、有价证券发行与交易,以及金融机构所办理的各类涉及物流业的中间业务等。

物流金融是为物流产业提供资金融通、结算、保险等服务的金融业务,它伴随着物流产业的发展而产生。在物流金融中涉及三个主体:物流企业、客户和金融机构,物流企业与金融机构联合起来为资金需求方企业提供融资,物流金融的开展对这三方都有非常迫切的现实需要。物流和金融的紧密融合能有力支持社会商品的流通,促使流通体制改革顺利进行。

物流金融正成为国内银行一项重要的金融业务，并逐步显现其作用。

物流金融是物流与金融相结合的复合业务概念，它不仅能提升第三方物流企业的业务能力及效益，尚可为企业融资及提升资本运用的效率。对于金融业务来说，物流金融的功能是帮助金融机构扩大贷款规模降低信贷风险，在业务扩展服务上能协助金融机构处置部分不良资产、有效管理 CRM 客户，提升质押物评估、企业理财等顾问服务项目。从企业行为研究出发，可以看到物流金融发展起源于"以物融资"业务活动。物流金融服务是伴随着现代第三方物流企业而生，在金融物流服务中，现代第三方物流企业业务更加复杂，除了要提供现代物流服务外，还要与金融机构合作一起提供部分金融服务。于是，物流金融在实践上已经迈开了步子，这个起因将"物流金融学术理论"远远地甩在了后边。

2. 供应链金融的内涵和优势

供应链金融是指银行向客户（核心企业）提供融资和其他结算、理财服务，同时向这些客户的供应商提供贷款及时收达的便利，或者向其分销商提供预付款代付及存货融资服务。它是商业银行信贷业务的一个专业领域，也是企业尤其是中小企业的一种融资渠道。是银行将核心企业和上下游企业联系在一起提供灵活运用的金融产品和服务的一种融资模式。这样银行可以通过立体获取各类信息，将风险控制在最低。

供应链金融的优势如下：

（1）企业融资新渠道。

供应链金融为中小企业融资的理念和技术瓶颈提供了解决方案，中小企业信贷市场不再可望而不可即。供应链金融作为融资的新渠道，不仅有助于弥补被银行压缩的传统流动资金贷款额度，而且通过上下游企业引入融资便利，自己的流动资金需求水平持续下降。

（2）银行开源新通路。

供应链金融提供了一个切入和稳定高端客户的新渠道，通过面向供应链系统成员的一揽子解决方案，核心企业被"绑定"在提供服务的银行。供应链金融比传统业务的利润更丰厚，而且提供了更多强化客户关系的宝贵机会。通过供应链金融，银行不仅跟单一的企业打交道，还跟整个供应链打交道，掌握的信息比较完整、及时，银行信贷风险也少得多。

（3）经济效益和社会效益显著。

借助"团购"式的开发模式和风险控制手段的创新，中小企业融资的收益—成本比得以改善，并表现出明显的规模经济。

（4）供应链金融实现多流合一。

供应链金融很好地实现了"物流"、"商流"、"资金流"、"信息流"等多流合一。

供应链金融发展迅猛，原因在于其"既能有效解决中小企业融资难题，又能延伸银行的纵深服务"的双赢效果。

3. 我国供应链金融发展的现状

近年来，供应链金融作为一个新的金融业务种类在我国迅速发展，国内各家商业银行出于业务拓展和竞争的需要，逐步开展供应链金融方面的业务。现在供应链金融已成为各商业银行和企业拓展发展空间、增强竞争力的一个重要领域，也为供应链成员中的核心企业与上下游企业提供了新的融资渠道。对于商业银行来说，供应链金融不但可以拓宽产品线，开拓巨大的中小企业市场,降低贷款风险,还可以帮助核心企业降低成本,提高效益。另外,商业银行出于对风险的考量,对中小企业贷款持谨慎态度,而供应链金融通过整合信息链、资金链、物流链等,形成内循环生态系统,成为破解中小企业融资难问题的一个突破口。

当前,我国供应链金融发展很快,每年增长率预计在 20% 左右。当前我国的供应链金融可以总结为银行经营与实体经营两类。一类是以平安银行、中信银行、民生银行、工商银行和中国银行为代表的借助客户资源、资金流等传统信贷优势介入并开展业务的银行供应链金融;一类是以阿里巴巴、京东商城、苏宁易购等电商企业凭借商品流、信息流方面的优势,通过成立小贷公司等帮助其供应商(经销商)融资的实体供应链金融。

2013 年 7 月 24 日,国务院常务会议提出,8 月 1 日起暂免征收部分小微企业增值税和营业税。在此政策背景下,小微企业融资服务成为市场关注的焦点,而供应链金融的服务对象为一条供应链的上下游众多中小企业,这些企业具有信息、风险可控等优势,有助于缓解中小企业融资难问题,必将迎来快速发展。

4. 供应链金融发展中存在的问题

虽然供应链金融发展如火如荼,但其发展中也显现出许多问题,风险问题便是其中一个主要问题。对于大多数商业银行来说,供应链金融是近些年出现的新生事物,都没有建立适应供应链金融业务特性的风险管理理念,也没有相应的规范系统,在实际发放信贷过程中,不能够彻底摆脱传统大授信业务中的抵押担保理念。为了防范金融风险,同时又考虑商业银行的盈利,通常都会选择规模相对较大、发展前景良好的有保障的大型企业进行授信,从而导致银行的调查时间较长,审批程序较繁,审批流程较长,准入门槛较高,阻挡了一部分急需资金的中小企业融资贷款。从而制约了供应链金融效用最大化的有效发挥。

另一方面,供应链中涉及的企业众多,各个企业之间彼此制约,受到诸多内外部因素的影响,较易导致供应链融资中的混乱和不确定性增强。例如受到企业的促销、产品的周期性和再定货数量等因素的影响,供应链内部会产生混乱,从而影响供应链融资的发展。再者,供应链风险还具有扩散效应。在供应链融资过程中,商业银行通常是先寻找一个核心企业,以核心企业的信用为基础,为其上下游企业提供相应的金融支持,在这种融资模式下,商业银行在一定程度上淡化了上下游企业本身的信用评级,为了尽量促成整个产业链条的完整而对核心企业及其上下游企业进行授信。因此,随着融资工具向核心企业的上下游不断延伸,风险则会随着不断扩散,一旦供应链上的某一企业经营状况出现问题,则会造成该节点的融资出现问题,该融资问题也会迅速蔓延至整条供应链,甚至最终引发金融危机。

5. 促进供应链金融发展的对策措施

(1) 应当注重核心企业。

商业银行应该优先选择供应链管理水平较高的核心企业进行沟通,具体来说可以查看"核心企业是否与上下游企业有相关的中长期供销协议"、"核心企业是否通过销售返点等措施对上下游有对应的激励机制"、"核心企业是否建立有电子信息平台与上下游企业以及物流间在原材料供需、产品供需、物流信息等方面有高效的沟通"等,商业银行通过把握核心企业,从而制胜供应链金融融资。应当主动培养和强化核心企业供应链管理意识,鼓励和引导供应链中的核心企业积极开展供应链管理,指导帮助核心企业建立电子信息平台,或者让核心企业共享商业银行自身的电子信息平台,进而加强供应链融资管理,拓展业务范围。

(2) 应当根据上下游企业不同的融资需求设置不同的融资产品。

商业银行在供应链融资过程中,应当根据不同的企业在供应链中的不同位置设置不同种类的融资产品、根据与上下游企业间的不同结算模式和财务特点设置融资产品、根据企业的业务周期性特征设计产品、根据企业资金需求的"短、平、快"特征设计融资产品等。产品的设计要综合考虑客户需求的时间特征,优化不同产品的信贷流程,制定有针对性的风险防范措施。

(3) 应当制定科学的内部风险管理程序。

商业银行应当建立起科学的、公正的信贷决策体系,同时也要建立严格有力的内部控制和稽核制度,加强银行内部控制和监督的权威性和独立性。商业银行需要全面、充分地利用信息来监测中小企业的信用风险,所以应当建立严格的风险预警机制,做到能够第一时间发现问题并及时解决,实现定量监控与定向预防相结合的管理制度,降低信用风险。

7.4.4 物流与物联网

1. 物联网的概念

物联网是通过射频识别(RFID)、红外感应器、全球定位系统、激光扫描器等信息传感设备,按约定的协议,把任何物品与互联网连接起来,进行信息交换和通讯,以实现智能化识别、定位、跟踪、监控和管理的一种网络。

2. 物联网的基本特征

(1) 连通性。

谷歌公司商务发展部的副总裁 Megan Smith 于 2010 年 1 月 28 日提出:"21 世纪的发展中一个最重要的主题就是互联——特别是人和数据之间的互联。这将改变我们看待这个世界的方式、世界如何看待我们以及我们如何协同工作。在我看来,这将给予个人及群体改善自己生活质量并减少我们对于这个星球的影响方面更大的能力。"由此,可见连通性的重要性。而 ITU 则具体提出了三个方面的连通性,即:时间、任意地点和任意物体。同时提供上述特征所必须具备的前提是:强大的网络基础设施、大量物件的传感化以及将所感知到信息的接入网络等。

(2) 全面感知性。

物联网是人们眼睛、耳朵、鼻子、舌头和触觉的延伸。通常人们的感知能力受到人类感官的限制,只能在有限的时间和空间范围内感知外部的世界,但通过物联网则可以使人类具备直接感知所不能获取的观察能力,扩展人类的感知能力。通过射频识别(RFID)、红外感应器、全球定位系统、激光扫描器等信息传感设备,则能感知细微的温度、压力、位置等的变化,产生对红外视觉、X 光视觉、超声听觉,以此扩展和延伸了人类的感知。此外,将传感器和感应设备嵌入物件并实现联通,以此使得物件本身能主动感知外部环境、输出有关信息、接受并积极响应指令,甚至能感知并自动获取所需能源。因而,嵌入 RFID 物件的感知和智能性大幅提高,一定程度上具备了感知性、判断能力并能采取行动。

（3）智能性。

这是由物联网所具备的连通性和感知性的融合带来的，环境信息被智能化处理方式有效关联后，传统的网络服务就能突破以往单纯信息化的模式，实现智能化。由此可最大限度地帮助人们更好地把握和利用各种环境资源以便做出正确的决策。

物联网所涉及的对象从信息世界延伸到物理世界，因此物联网不仅改变了包括信息产生、传播、处理、利用、反馈以及控制等在内的人与人之间的信息活动，还改变了人－物、物－物之间的关系。例如在智能家居应用中，在远程可以通过手机或其他终端来设置诸如家中的吸尘器清洁电、饭煲煮饭、空调启动等工作，此类应用将成为典型的物联网应用。在将来的更高层次的应用中，无须人的主动参与，接入物甚至可以通过感知外界的状态后自行响应，这些都是通过智能性来是实现的。

（4）互动性。

物联网环境下，物与人和物与物之间可以实现双向互动，物不仅可以发送自身状态或检测到信息，也可以接收控制指令或者利用自身的智能性来改变自身状态，比如：人可以远程遥控家里的空调，车库大门可以感知主人汽车的位置变化情况并自动打门等。这不同于仅局限在人人和人机之间较小范围内交互的互联网。

（5）范在性。

也可被描述为无处不在，它源自拉丁语，意为存在于任何场所。物联网不仅在连通的广度上超过了互联网，而且能够以更全面、更深层次地实现个体、群体乃至全世界之间的信息沟通。从理论上说，物联网可以将所有的物和人都接入进来；从时间上看，物联网的接入是实时、持续和动态的，任何时候物及其所在外部环境的与状态信息都可以通过物联网实时获取；从空间上看，物联网的接入物能够分布任何地方，利用日益发达的移动通信，任何地点、移动或固定的状态下都可以被利用。总之，互联网的连通和影响的范围要远小于物联网。

3. 物联网对物流与交通运输的影响

由于供应链管理中各个环节都是处于运动或松散的状态，因此，信息和方向常常随实际活动在空间和时间上转移，结果影响了信息的可得性、共享性、实时性及精确性。基于 EPC 技术的物联网的应用，很好地克服了上述问题。EPC 标签可广泛用于供应链上的仓库管理、运输管理、生产管理、物料跟踪、运载工具和货架识别、商店、特别是超市中商品防盗等场合。同时，在减少库存、有效客户反应（ECR）、提高工作效率和操作的职能化方面取得了很好的效果，并能够大大降低供应链中的存在的牛鞭效应。如在：

（1）生产环节。

在生产制造环节应用 EPC 技术，可以完成自动化生产线运作，实在整个生产线上对原材料、零部件、半成品和产成品的识别与跟，减少人工识别成本和出错率，提高效率和效益。

（2）运输环节。

在运输管理中，在途运输的货物和车辆贴上 EPC 标签，运输线的一些检查点上安装上 RFID 接收转发装置。因此当货物在运输途中，无论是供应商还是经销商都能很好地了解货物目前所处的位置及预计到达时间。

（3）存储环节。

在仓库里，EPC 技术最广泛的使用是存取货物与库存盘点，它能用来实现自动化的存货和取货等操作。

（4）零售环节。

物联网可以改进零售商的库存管理，实现适时补货，有效跟踪运输与库存，提高效率，减少出错。

（5）配送/分销环节。

在配送环节，采用 EPC 技术能大大加快配送的速度和提高拣选与分发过程的效率与准确率，并能减少人工、降低配送成本。

在上海世博会期间，"车务通"将全面运用于上海公共交通系统，以最先进的技术保障世博园区周边大流量交通的顺畅；面向物流企业运输管理的"e 物流"，将为用户提供实时准确的货况信息、车辆跟踪定位、运输路径选择、物流网络设计与优化等服务，大大提升物流企业综合竞争能力。

4. 我国物联网现状分析

随着我国科学技术的不断发展，物联网在我国也取得了巨大的成功，同时被广泛应用在很多行业中，目前我国物联网的现状可以归纳为以下几个部分：

（1）我国物联网发展的优势。物联网在我国得到了巨大的发展，离不开我国为物联网发展提供的重要支持，主要体现在以下几个方面：第一，政府部门的高度重视，物联网在我国的发展，受到了政府部门的高度重视，因此我国政府每年投入巨资用于物联网相关技术的研发；第二，用户的需求量非常大，因此个人对物联网的需求为物联网的发展提供了巨大的市场，有市场就会有需求，有需求就会促进物联网技术的不断发展和进步；第三，我国物联网的研究起步较早，在 20 世纪末期，我国就已经开始了对物联网相关技术的研究，同时在一些重要领域取得了一定的研究成果，为物联网在我国的发展奠定了坚实的基础。

（2）我国物联网发展的劣势。虽然物联网在我国的发展取得了一定的成功，但是我国在物联网发展的过程中，还存在一定的劣势，主要体现在以下几点：第一，我国物联网的发展缺乏整体的规划，目前我国的物联网研究和发展，呈现出比较混乱的情况，没有明确的规划目标，因此也没有具体的发展计划，物联网的发展进程还比较缓慢；第二，缺乏成熟的商业模式，目前一些政府推动的物联网应用正在逐步发展，但是商用的物联网技术的发展还比较缓慢，没有形成一定的商业优势；第三，技术研究比较落后，虽然我国的物联网技术研究比较早，但是很多方面依然依赖于国外的先进技术，在国内很多技术还没有研发和实现，因此无法与国外的物联网发展相比。

5. 促进我国物联网发展相关对策

通过以上的分析和论述可知，我国物联网技术已经在多个领域投入使用，在发展过程中也具有一定的优势，但是我国物联网发展的劣势依然非常严重，成为阻碍我国物联网技术发展的重要原因。因此，为了促进我国物联网的不断发展，需要从以下几个方面做起：

（1）加强政府的引导作用。目前，由于物联网的未来发展还缺乏一定的规划，而物联网的发展也是国家的重要发展内容，因此在推动物联网进一步发展的过程中，需要加强政府的引导作用,为此可以做到以下几个方面:第一,在充分考虑我国基本需求,以及物联网目前发展情况的基础上,制定物联网未来发展的相关计划,进而能够促进物联网的不断发展;第二,为物联网的发展提供一定的资金支持,在物联网相关技术的研发和实现过程中,需要众多的资金和设备,因此政府应该给予一定的财政支持,才能够更好地促进物联网在我国的发展。

(2)探究有效的商业模式。物联网在我国的多个领域中获得了发展,但是主要是为了满足政府部门的需求,物联网在我国还没有形成有效的商业模式,因此为了更好地促进我国物联网的发展,必须要探究有效的商业模式,为此可以做到以下几点:第一,可以尝试将一些物联网技术进行商用,然后对其商用的结果进行评估,从而发现更好的商机;第二,可以借鉴国外的发展经验,目前很多国外的发达国家,已经将物联网技术投入商用,因此可以借鉴国外的成功经验,促进我国物联网技术的商用。

(3)加强对关键技术的研发。物联网技术的不断发展是促进物联网发展的重要动力,因此为了进一步促进物联网在我国的发展,必须要加强对关键技术的研发,为此可以做到以下几点:第一,可以将多个技术部门的人才进行联合,进而能够有效地促进多个领域技术的发展,能够有效地提高对物联网关键技术的开发;第二,可以促使我国的研究人员积极参加国际会议,或者是积极参加国际标准的制定,从而能够了解相关技术的发展现状。

(4)重视对人才的培养。物联网的发展,离不开物联网相关人才的培养,因此为了促进物联网事业的不断发展,必须要重视对人才的培养,为此可以做到以下几个方面:第一,开设与物联网相关的课程,从而使得学生能够接触到物联网相关的技术和发展现状,进而能够掌握物联网的相关技术;第二,吸引国外的人才到我国工作,从而能够借鉴国外物联网的成熟技术和发展经验,能够带动我国物联网事业的发展。

 思考与讨论

1. 简述物流服务供应链定义。
2. 简述物流金融。
3. 简述物联网的内涵与发展趋势。

案例分析

本章要点

● 电子商务物流系统是指在实现电子商务特定过程的时间和空间范围内,由所需位移的商品(或物资)、包装设备、装卸搬运机械、运输工具、仓储设施、人员和通信联系设施等若干相互制约的动态要素所构成的具有特定功能的有机整体。电子商务物流系统的目的是实现电子商务过程中商品(或物资)的空间效益和时间效益,在保证商品满足供给需求的前提下,实现各种物流环节的合理衔接,并取得最佳经济效益。电子商务物流系统既是电子商务系统中的一个子系统或组成部分,也是社会经济大系统的一个子系统。

● 应急物流,就是指以提供突发性自然灾害、突发性公共卫生事件等突发性事件所需应急物资为目的,以追求时间效益最大化和灾害损失最小化为目标的特种物流活动。

● 应急物流的特点和分类。

● 低碳经济与低碳物流。

● 物流服务供应链内涵。

● 物联网是通过射频识别(RFID)、红外感应器、全球定位系统、激光扫描器等信息传感设备,按约定的协议,把任何物品与互联网连接起来,进行信息交换和通讯,以实现智能化识别、定位、跟踪、监控和管理的一种网络。

关键概念

电子商务、应急物流、低碳经济、物流服务供应链、物联网

综合练习题

1. 电子商务条件下物流配送的作用有哪些?

2. 简述应急物流的内涵和特点。

3. 简述应急物流的分类。

4. 简述应急物流管理机制的内容。

5. 简述绿色物流的概念。

6. 物流供应链能力体现在哪些方面?

7. 简述物联网对交通运输业的影响。

微信扫码查看

参考文献

[1]〔美〕大卫·辛奇·利维.供应链设计与管理:概念、战略与案例研究[M].季建华,译.北京:中国人民大学出版社,2009.

[2]〔美〕罗尼尔·乔普拉,(美)彼得·迈因德尔.供应链管理:战略、计划和运作[M].北京:清华大学出版社,2014.

[3]〔英〕马丁·克里斯托弗,马越.物流竞争——后勤与供应链管理[M].马月才,译.北京:北京出版社,2001.

[4]〔美〕唐纳德·J.鲍尔索克斯,戴维·J.克劳斯,M.比克斯比·库珀,约翰·C.鲍尔索克斯.供应链物流管理[M].北京:机械工业出版社,2014.

[5]〔美〕保罗·迈尔森.精益供应链与物流管理[M].梁峥,等译.北京:人民邮电出版社,2014.

[6]王之泰.新编现代物流学[M].北京:首都经济贸易大学出版社,2012.

[7]〔英〕马丁·克里斯托夫.物流与供应链管理[M].何明珂译.北京:电子工业出版社,2012.

[8]马士华,林勇.供应链管理[M].北京:机械工业出版社,2016.

[9]何明珂.物流系统论[M].北京:高等教育出版社,2004.

[10]黄尧笛.供应链物流规划与设计方法、工具和应用[M].北京:电子工业出版社,2016.

[11]宋华.现代物流与供应链管理案例[M].北京:经济管理出版社,2003.

[12]赵刚.现代物流基础[M].成都:四川人民出版社,2008.

[13]刘伟.供应链管理[M].成都:四川人民出版社,2008.

[14]王长琼.物流系统工程[M].北京:高等教育出版社,2016.

[15]王晓东.现代物流管理[M].北京:对外经济贸易大学出版社,2007.

[16]刘宝红.采购与供应链管理:一个实践者的角度[M].北京:机械工业出版社,2015.

[17]黄中鼎.现代物流管理[M].上海:复旦大学出版社,2014.

[18]张芮.物流中心规划设计[M].杭州:浙江工商大学出版社,2011.

[19]骆温平,谷中华.第三方物流教程[M].上海:复旦大学出版社,2006.

[20]梅绍祖,李伊松,鞠颂东.电子商务与物流[M].北京:人民邮电出版社,2004.

[21]董千里.高级物流学[M].北京:人民交通出版社,2006.

［22］周启蕾.物流学概论［M］.北京：清华大学出版社,2009.

［23］刘伟.物流与供应链管理案例［M］.四川：四川人民出版社.2009.

［24］刘元洪.物流管理概论［M］.重庆：重庆大学出版社,2009.

［25］霍红,李楠.现代物流管理［M］.北京：对外经济贸易大学出版社,2007.

图书在版编目(CIP)数据

物流学概论 / 徐旭主编. — 南京：南京大学出版
社，2017.7

高等院校"十三五"应用型规划教材·物流管理专业

ISBN 978-7-305-18638-7

Ⅰ.①物… Ⅱ.①徐… Ⅲ.①物流－高等学校－教材
Ⅳ.①F252

中国版本图书馆 CIP 数据核字(2017)第 107320 号

出版发行　南京大学出版社
社　　址　南京市汉口路 22 号　　　　邮编　210093
出 版 人　金鑫荣

丛 书 名　高等院校"十三五"应用型规划教材·物流管理专业
书　　名　物流学概论
主　　编　徐　旭
责任编辑　张亚男　武　坦　　　　编辑热线 025-83597482

照　　排　南京理工大学资产经营有限公司
印　　刷　丹阳市兴华印刷厂
开　　本　787×1092　1/16　印张 15　字数 374 千
版　　次　2017 年 7 月第 1 版　　2017 年 7 月第 1 次印刷
ISBN　978-7-305-18638-7
定　　价　36.00 元

网　　址：http://www.njupco.com
官方微博：http://weibo.com/njupco
官方微信号：njuyuexue
销售咨询热线：(025)83594756

＊版权所有，侵权必究
＊凡购买南大版图书，如有印装质量问题，请与所购
　图书销售部门联系调换